高等职业教育汽车营销与服务专业规划教材

Qiche Dianzi Shangwu

汽车电子商务

（第三版）

交通职业教育教学指导委员会　组织编写
张　露　张　宏　主　编

人民交通出版社股份有限公司
China Communications Press Co.,Ltd.

内 容 提 要

本书是高等职业教育汽车营销与服务专业规划教材。全书分为六章,分别从电子商务基本内涵、电子商务系统的实施、汽车制造领域的电子商务、汽车流通领域的电子商务、汽车在道路运输领域的电子商务,以及汽车在保险、金融领域的电子商务这七个方面出发,系统、全面地归纳、总结和分析当前汽车电子商务的发展现状。全书既有理论总结和分析,又有实践介绍和拓展,使读者能够充分了解和掌握在21世纪前叶汽车电子商务的发展现状及相关的技术水平和理论研究等。

本书适用于高职高专汽车类学生的使用,也可作为相关教学、工作和研究者的参考用书。

图书在版编目(CIP)数据

汽车电子商务 / 张露,张宏主编;交通职业教育教学指导委员会组织编写. —3 版. —北京:人民交通出版社股份有限公司,2018.1
高等职业教育汽车营销与服务专业规划教材
ISBN 978-7-114-14438-7

Ⅰ.①汽… Ⅱ.①张… ②张… ③交… Ⅲ.①汽车—电子商务—高等职业教育—教材 Ⅳ.①F766-39

中国版本图书馆 CIP 数据核字(2017)第 312285 号

书　　名:	汽车电子商务(第三版)
著 作 者:	张　露　张　宏
责任编辑:	张一梅
出版发行:	人民交通出版社股份有限公司
地　　址:	(100011)北京市朝阳区安定门外外馆斜街 3 号
网　　址:	http://www.ccpress.com.cn
销售电话:	(010)59757973
总 经 销:	人民交通出版社股份有限公司发行部
经　　销:	各地新华书店
印　　刷:	北京市密东印刷有限公司
开　　本:	787×1092　1/16
印　　张:	10.5
字　　数:	247 千
版　　次:	2005 年 10 月　第 1 版 2011 年 8 月　　第 2 版 2018 年 1 日　　第 3 版
印　　次:	2018 年 1 月　第 3 版　第 1 次印刷　累计第 12 次印刷
书　　号:	ISBN 978-7-114-14438-7
定　　价:	25.00 元

(有印刷、装订质量问题的图书由本公司负责调换)

交通职业教育教学指导委员会
汽车运用与维修专业指导委员会

主 任 委 员：魏庆曜
副主任委员：张尔利　汤定国　马伯夷
委　　　员：王凯明　王晋文　刘　锐　刘振楼
　　　　　　　刘越琪　许立新　吴宗保　张京伟
　　　　　　　李富仓　杨维和　陈文华　陈贞健
　　　　　　　周建平　周柄权　金朝勇　唐　好
　　　　　　　屠卫星　崔选盟　黄晓敏　彭运均
　　　　　　　舒　展　韩　梅　解福泉　詹红红
　　　　　　　裴志浩　魏俊强　魏荣庆

第三版前言

近些年,随着电子商务的迅猛发展,围绕汽车在电子商务领域的应用,也呈现百花齐放的景象。电子商务进一步开拓了汽车的许多领域,包括汽车整车、汽车零配件、汽车销售、汽车使用、汽车后市场等。由此拓展出各种汽车电子商务的应用模式,如汽车生产管理的电子商务,汽车零配件流通的电子商务,汽车销售的电子商务,与汽车有关的物流、供应链的电子商务,汽车保险金融的电子商务,汽车使用中的汽车租赁、出租汽车、智能公交等领域的电子商务,汽车二手车的电子商务等。尤其是汽车使用类电子商务的发展,可谓日新月异。汽车租赁、出租汽车等结合电子商务后的营销模式,彻底改变了人们的出行方式。

《汽车电子商务》自2005年首次出版以来,被国内多所交通类高职院校选为教学用书。2011年,《汽车电子商务》再版,再次获得国内多所交通类高职院校的认同。

《汽车电子商务》(第三版)本着完善内容、更新知识、删减非重点内容为原则,在出版社和各位同仁的帮助与支持下,历经一年,对上一版教材内容进行了完善与更新。在上一版的基础上,更新了部分电子商务和汽车电子商务的基本内容,并增加了当前发展背景下涌现出的汽车电子商务新兴事物。

本教材由内蒙古大学张露、张宏担任主编,姚延钢担任副主编。教材的编写分工:姚延钢编写第1章、第2章,张露编写第3章、第4章,张露和张宏共同编写第5章,张宏编写第6章。

本教材在编写过程中得到了人民交通出版社股份有限公司翁志新副主任以及内蒙古大学李政主任、田永鹏老师的大力支持,在此表示感谢。

限于编者水平,书中难免有疏漏和错误之处,恳请广大读者提出宝贵建议,以便进一步修改和完善。

编　者

2017年11月

目　录

第1章　电子商务概论 ·· 1
  1.1　电子商务的概念 ··· 1
  1.2　电子商务的概念和定义 ·· 3
  1.3　电子商务的发展前景 ··· 4
  1.4　电子商务的功能 ··· 6
  1.5　电子商务的特征 ··· 7
  1.6　电子商务的分类 ··· 9
  1.7　电子商务的交易流程 ··· 12
  思考题 ·· 17

第2章　电子商务系统 ·· 18
  2.1　电子商务系统的建立 ··· 18
  2.2　电子商务系统的信息化 ·· 27
  2.3　电子商务支付系统 ·· 32
  思考题 ·· 38

第3章　汽车制造的电子商务应用 ·· 39
  3.1　电子商务对企业的影响 ·· 39
  3.2　汽车制造配套产品的电子商务 ·· 41
  3.3　汽车制造产品设计开发的电子商务 ·· 46
  3.4　汽车制造生产过程管理的电子商务内容 ·· 49
  思考题 ·· 55

第4章　汽车流通的电子商务应用 ·· 56
  4.1　汽车销售的电子商务 ··· 56
  4.2　二手车交易业务中的电子商务 ·· 63
  4.3　汽车后市场的电子商务 ·· 68
  4.4　客户及产品管理中的电子商务应用 ·· 75
  4.5　第三方销售平台的电子商务 ··· 79
  4.6　汽车流通企业的电子商务应用案例 ·· 83

思考题 ······ 91

第 5 章　汽车道路运输的电子商务应用 ······ 92
　5.1　电子商务物流的影响与发展 ······ 92
　5.2　电子商务物流的服务内容 ······ 101
　5.3　电子商务物流技术 ······ 105
　5.4　电子商务物流的模式 ······ 108
　5.5　供应链的电子商务 ······ 120
　5.6　客运物流电子商务 ······ 128
　　思考题 ······ 136

第 6 章　汽车保险与金融的电子商务应用 ······ 137
　6.1　汽车保险产品 ······ 137
　6.2　汽车保险理赔 ······ 142
　6.3　互联网汽车保险 ······ 146
　6.4　互联网汽车金融的现状与发展 ······ 151
　6.5　互联网汽车金融的运营模式 ······ 155
　　思考题 ······ 159

参考文献 ······ 160

第1章 电子商务概论

学习目标

知识目标
1. 能够简单叙述电子商务的概念和定义;
2. 能够正确描述电子商务的特征和分类;
3. 能够正确描述电子的功能、发展方向和趋势。

能力目标
1. 掌握分析电子商务的基本流程;
2. 能够表述电子商务的相关内容;
3. 在进行电子商务发展规划时,可以对规划内容的合理性作出初步判断,并且能够提出建设性意见。

1.1 电子商务的概念

对电子商务概念的理解,可以从电子手段和商务活动两个方面入手,由于电子商务是一门实践性的学科,而且正处于发展之中,所以对于电子商务来说世界上还没有一个统一的定义。在学习这一节课程时,应该思考这样一个问题,对于那些想利用电子商务改变商务活动方式却又对此很陌生的人来说,能不能用一种通俗的表述方式告诉他们,怎么做就算是跨进了电子商务的大门呢?或者说,能不能告诉他们,电子商务就是运用电子手段进行商务活动。

1.1.1 电子商务的由来和发展

1839年电报出现后,人们萌发了运用电子手段进行商务活动的设想。20世纪60年代,人们开始用电报报文发送商务文件;70年代又普遍采用方便、快捷的传真机来替代电报;80年代计算机的普及和字表处理软件的出现产生了企业内部电子数据处理 EDP(Electronic Data Process)技术,为标准格式商务单证的开发应用提供了条件,使企业商业文件的处理从书面文件转变为电子文件形式。随后,人们又开始尝试在贸易伙伴之间的计算机上使数据能够自动交换。电子数据交换 EDI(Electronic Data Interchange)是通过专用的电信网络,将业务文件按一个公认的标准从一台计算机直接传输到另一台计算机,传递过程见图1-1。由于 EDI 大大减少了纸张票据,因此也被称作"无纸贸易"。这在当时是对传统商务模式的一大突破,但它是一种为满足部分行业需要而发展起来的技术手段,必须遵照统一标准和专用设备及软件对交易活动的电子数据进行相对封闭的交换,买卖双方的选择空间非常小,而且 EDI 的技术要求复杂,使用 VAN(Value-Added Networks)增值网络中心的费用又很高,只有少数实力雄厚的大公司才支付得起采用 EDI 做生意的高昂费用,因此与中小企业和普通老百姓一直无缘。多方面的原因限制了 EDI 应用范围的扩大和应用水平的提高。

图 1-1　EDI 的信息传递方式

计算机技术的发展和普及,尤其是 Internet(因特网)的兴起和应用,使数据的处理和信息的传递突破了时间和地域的限制,并且大大降低了信息传递的费用。越来越多的人开始接触网络,开始使用电子商务。

1.1.2　电子商务的发展

广义的电子商务可以理解为利用一切电子手段进行的商务活动。广义电子商务的发展经历了三个不同的阶段(图 1-2)。

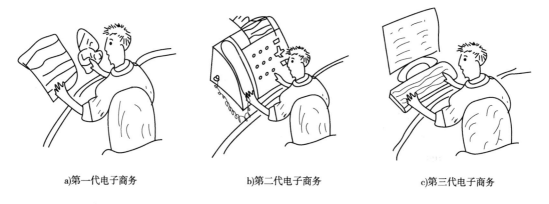

a)第一代电子商务　　　　　b)第二代电子商务　　　　　c)第三代电子商务

图 1-2　广义电子商务发展的三个阶段

1)第一代电子商务

使用电报传递商务信息,是人们第一次使用电子手段传递信息,电报技术的应用节约了信息传递时间、减轻了劳动强度、方便了交易过程。

2)第二代电子商务

电话和传真的出现使得声音、文字和图形能在瞬间传递,提高了信息传递的效率,增强了信息传递的安全性。使用电话和传真实现了大范围点对点的信息传递。但是它不能真正实现"无纸化"办公的要求。

3)第三代电子商务

这是大量使用计算机技术和网络技术的时代。人们先是使用 EDI 技术,但是其成本太高,局限性太多;真正使电子商务实现飞跃的是 Internet 的高速发展。1993 年 WWW(World

Wide Web)技术在 Internet 上出现,使 Internet 具备了支持电子邮件接收与发送、信息浏览查询及多媒体应用的功能,也使得网上的商业贸易活动变得异常活跃,到 1995 年 Internet 上的商业业务信息量首次超过了科教业务信息量。这既是 Internet 此后产生爆炸性发展的开端,又是第三代电子商务发展的标志。

近几年来,随着移动通信技术的发展,无线上网的技术已经成熟,许多专家预言,移动电子商务将是今后电子商务的重要特征之一。

1.1.3　基于 Internet 的电子商务

基于 Internet 的电子商务对企业具有更大的吸引力,这是因为它和早期电子商务特别是和基于 EDI 的电子商务相比具有明显的优势。

1)费用低廉

Internet 是国际的开放性网络,使用费用很便宜,这一优势吸引了许多企业尤其是中小企业。

2)覆盖面广

Internet 几乎遍及全球的各个角落,用户通过普通电话线或专用网线就可以方便地与贸易伙伴传递商业信息和文件。

3)功能全面

Internet 可以全面支持不同类型的用户实现不同层次的商务目标,如发布电子商情、在线洽谈、建立虚拟商场或网上银行等。

4)使用简单

基于 Internet 的电子商务可以不受特殊数据交换协议的限制,商业文件或单证可以通过填写与现行的纸面单证格式一致的屏幕单证来完成,不需要再进行专用软件的翻译和转换,任何人都能看懂或直接使用。

5)高效全时

利用 Internet 可以快速地传递信息,并且不受时间的限制可以二十四小时不间断地接受信息和发送信息。

正因为基于 Internet 的电子商务具有上述无可比拟的特点,所以目前得到了广泛的应用和迅速的发展。

1.2　电子商务的概念和定义

1.2.1　什么是电子商务

1)概念

从应用的层面来说,电子商务可以通俗地理解为电子和商务两个概念的结合,就是利用电子手段从事的商务活动,也可称为商务活动的电子化。电子商务是包括电子交易在内的利用网络进行的全部商务活动,它涵盖了企业内部的生产、管理、营销、财务,以及企业间的商务活动等。它是一个系统的、完整的概念,包括方案的提出、设计、实施,以及建立在其上的商务应用等各个方面。

2)内涵

电子商务是一个很宽泛的概念,电子手段并不仅仅局限于计算机和 Internet。电报、电话、手机、传真、E-mail、EDI 都是电子手段,但是电子商务的概念却是在 Internet 被广泛使用后才出现的。以 Internet 为基础的电子商务并没有在本质上改变商务的内涵,改变的只是用什么方式进行商务活动。Internet 不属于某个国家或某个公司,甚至也没有权威的领导,它是一个开放的全球性网络,已经成为全球电子商务公用的统一平台,这种特性使它不但消除了数据交换的障碍,而且为所有的企业提供了开展电子商务的可能。可以这么说,以计算机技术和 Internet 为基础的现代电子商务,使商务活动变得更加高效、便捷、准确,同时也使商务活动变得轻松自如,见图1-3。

图1-3 电子商务的运用使商务活动变得轻松

1.2.2 电子商务的定义

到目前为止,对于电子商务还没有一种统一的定义,各国政府、各种组织、学者、企业界人士都根据自己所处的位置和对电子商务的参与程度,给出了许多不同的表述。其中一种定义为:电子商务是以电子技术、信息技术、网络技术、通信技术为基础,运用各种方法和策略,以方便客户和满足客户需求为中心,高效率、低成本从事以商品(或服务)交换为核心的各种商务活动。电子商务是商务活动的主体活动和相关活动的全部电子化和自动化,它是生产力水平和科技水平发展到一定阶段的必然产物,社会经济各领域的全面发展才能实现全面的电子商务。以上对电子商务的定义只能体现现阶段我们对电子商务的理解,电子商务是发展中的学科,是注重实践运用的学科,对它的认识必将随着实践的深入而不断深化,对电子商务的概念和定义也会在实践中得到统一。

1.3 电子商务的发展前景

1.3.1 向纵深化发展

1)电子商务的基础设施将日趋完善

随着图像通信网、多媒体通信网的建成与使用,高速宽带互联网扮演着越来越重要的角色,我国电子商务正处于迅猛发展阶段。我国电子商务的发展具备良好的网络平台和运行环境。消费者的上网费用越来越低廉。移动电子商务快速发展,移动通信将成为进行电子商务的主要媒介。

2)电子商务的支撑环境将逐步规范和完善

电子商务的社会及商业环境更趋成熟,企业对电子商务的认识更深化,普遍采用电子商务;电子商务的法律环境日趋完善,随着电子商务的相关基本法律、法规的出台和实施,国内外电子商务将得到有效的法律保障;电子商务的安全性得到有力的提升,消除人们对目前电子商务安全性的担忧;电子商务的物流体系逐步完善,随着电子商务的发展和需要,跨地区的专业性物流渠道适时建立和完善,使得电子商务公司在配送体系的选择方面空间更大、成本将降低。

3)企业发展电子商务的深度将进一步拓展

随着电子商务技术创新与集成度的提高,企业电子商务向纵深挺进,新一代的电子商务将浮出水面,取代目前简单地依托"网站+电子邮件"的方式。电子商务企业将从网上商店和门户的初级形态,过渡到将企业的核心业务流程、客户关系管理等都延伸到互联网上,使产品和服务更贴近用户需求。互动、实时成为企业信息交流的共同特点,网络将成为企业资源计划、客户关系管理及供应链管理的中枢神经。企业将创建形成新的价值链,把新老上下利益相关者联合起来,形成更高效的战略联盟,共同谋求更大的利益。

1.3.2 向专业化发展

1)个人消费者的专业化趋势

要满足消费者个性化的要求,提供专业化的产品线和专业水准的服务至关重要。我国网上购物人口以中高收入水平的人群为主,他们购买力强、受教育程度较高、生活的个性化诉求比较强烈。特别是对那些技术含量、知识含量较高的商品和服务,人们一般希望在购买前能够得到专家的指导。因此,能够提供一条龙服务的"垂直型网站"以及某一类产品和服务的"专业网站"发展潜力更大。

2)面向企业客户的专业化趋势

对B2B(Business to Business)电子商务模式来说,发展以特定行业为依托的"专业电子商务平台"也是一种趋势。如"美国商务网"就是为国内中小企业开拓国外市场服务的专业网站,专为化工企业服务的"中国化工信息网"在行业内影响较大。

1.3.3 向国际化发展

依托于互联网的电子商务能够超越时间、空间的限制,有效地打破国家和地区之间各种有形、无形的壁垒,刺激国家和地区的对外贸易发展。随着国际电子商务环境的规范和完善,我国电子商务企业已然走向世界。这是适应经济全球化、提升我国企业国际竞争力的需要。电子商务对于我国的中小企业开拓国际市场、利用国外各种资源是千载难逢的时机。借助电子商务,中小企业传统市场的竞争力可以得到加强,并有更多机会将产品销售到全球各个国家和地区。

1.3.4 向区域化发展

电子商务的区域化趋势是就我国独特的国情条件而言的。我国是一个人口众多、幅员辽阔的大国,社会群体在收入、观念、文化水平等方面都有不同的特点。我国总体仍然是一个人均收入较低的发展中国家,而且城乡经济的不平衡性、东西部经济发展的阶梯性、地区收入结构的层次性都十分明显。而 B2C(Business to Customer)电子商务模式的区域性特征非常明显。以 B2C 模式为主的电子商务企业在资源规划、配送体系建设、市场推广等方面都必须充分考虑这一现实,采取有重点的区域化战略,才能最有效地扩大网上营销的规模和效益。

1.4　电子商务的功能

电子商务可以提供网上交易和管理等全过程的服务,因此,它具有网上订购、服务传递、网上支付、咨询洽谈、广告宣传、意见征询和业务管理等各项功能。

1.4.1　网上订购

电子商务可借助 Web 中的邮件或表单交互传送实现网上的订购。企业可以在产品介绍的页面上提供友好的订购提示信息和订购交互格式框,当客户填完订购单后,通常系统会回复确认来保证订购信息收悉和处理。订购信息也可采用加密的方式使客户和商家的商业信息不致泄漏。

1.4.2　服务传递

对于已付款客户,应将其订购的货物尽快传递到他们的手中。若有些货物在本地,有些货物在异地,可以在网络中利用电子邮件和其他电子工具进行物流的调配。而适合在网上直接传递的信息产品,如软件、电子读物和信息服务等,则可以直接从电子仓库发到用户端。

1.4.3　咨询洽谈

电子商务可借助非实时的电子邮件、新闻组和实时的讨论组来了解市场和商品信息,洽谈交易事务,如有进一步的需求,还可用网上的白板会议来互动交流有关图形信息。网上的咨询和洽谈能减少交易成本,而且往往能突破人们面对面洽谈所受的一些局限,网络能提供多种方便的异地交谈形式,如三地、四地参加的多方洽谈。

1.4.4　网上支付

电子商务要成为一个完整的过程,网上支付是重要的环节。客户和商家之间可采用多种支付方式,以保证交易的可靠性,并节省费用、加快资金周转。网上支付需要更可靠的信息传输安全性控制,以防止诈骗、窃听和冒用等非法行为的发生。网上支付必须要有电子金融中介的支持,如网络银行、信用卡公司和第三方支付等提供网上操作的金融服务。

1.4.5　广告宣传

电子商务可凭借企业的 Web 服务器,在 Internet 上发布各类商业信息,利用网页和电子邮件在全球范围内做广告宣传,客户也可借助检索工具迅速地找到所需商品信息。与以往的各类广告方式相比,网上广告成本最为低廉,给顾客的信息量却相当丰富。

1.4.6 意见征询

电子商务能十分方便地采用网页上的"选择""填空"等格式文件来收集用户对销售商品或服务的反馈意见,使企业的市场运营能形成一个快速有效的信息回路。客户的反馈意见不仅能提高售后服务的水平,而且能使企业获得改进产品的宝贵信息,发现新的商业机会。

1.4.7 业务管理

企业或政府机构的业务管理包括人、财、物等多个方面,涉及与相关部门和单位、个人的复杂关系,如企业和企业、企业和消费者及企业内部等各方面的协调和管理。电子商务技术为提高各项业务管理的效率创造了重要的基础条件。

1.5 电子商务的特征

电子商务作为一种新型的不断发展成熟的交易方式,具有集成性、高效性、便捷性、安全性、协作性、社会性、虚拟性等特点。

1.5.1 集成性

电子商务是一种新兴产物,其中用到了大量新技术,并不是说新技术的出现就必然导致原有技术、设备的死亡。Internet 的真实商业价值在于协调新旧技术,使用户能更加行之有效地利用他们已有的资源和技术、更加有效地完成他们的任务。电子商务的集成性,还在于事务处理的整体性和统一性,它能规范事务处理的工作流程,将人工操作和电子信息处理集成为一个不可分割的整体。这样不仅提高了人力和物力的利用率,也提高了系统运行的严密性。

1.5.2 高效性

电子商务在时间和空间上的优势使得它具有比传统商务更高的效率。网上购物为消费者提供了一种方便、迅速的购物途径,为商家提供了一个遍布世界各地的、有巨大潜力的消费者群。因而,无论是对大规模的企业,还是中小型企业,甚至个体经营者来讲,电子商务都是一种机遇。

电子商务的高效特性体现在很多方面,如电子商务可拓展市场、增加客户数量。企业通过信息网络记录下客户的每次访问、购买情况、购物动态和客户对产品的偏爱等。这样,企业统计这些数据,可以获知客户最想购买的产品,从而为产品的生产、开发提供有效的信息。网络营销还可以为企业节省大量的开销,如无需营业人员、实际店铺,并可以提供全天候的服务,增加销售量,提供客户满意度和企业知名度等。

1.5.3 便捷性

"足不出户即可获得所需商品"的梦想在电子商务时代变成了现实。在电子商务环境中,传统交易受时间和空间的限制被打破,客户不再像以往那样因受地域的限制而只能在一定的区域内、有限的几个商家中选择交易对象,寻找所需商品。他们不仅可以在更大范围内,甚至可以在全球范围寻找交易伙伴、选择商品,而且更重要的是,他们的目光不仅仅集中在商品的价格上,服务质量的好坏在某种意义上成为商务活动成功与否的关键因素。

企业将客户服务过程移至开放的网络上后,过去客户要大费周折才能获得的服务,现在只要用一种非常便捷的方式就能获得。例如,将一笔资金从一个账户转移到另一个账户或支票户头、查看一张信用卡的收支情况、查询货物的收发情况,乃至寻找或购买稀有产品等,都能方便实时地完成。可见,电子商务提供给客户的是一种查询、购买和服务的便捷性。

1.5.4　安全性

安全性是电子商务中必须考虑的核心问题。由于电子商务是建立在开放的 Internet 基础上的,在带来极大方便的同时,也面临窃取、篡改、欺骗、抵赖、阻断、病毒和入侵等的潜在威胁,尤其是在资金、商业机密、政务办公等方面的安全以及合同、文件签名等方面的真实性和有效性。对于客户而言,无论网上购物如何具有吸引力,如果他们对交易安全性缺乏把握,会导致他们根本就不敢在网上进行买卖,企业和企业间的交易更是如此。

电子商务安全包括三个层次的安全,即物理层安全、数据层安全和商务层安全,在电子商务中,安全性是必须考虑的核心问题。欺骗、窃听、抵赖、病毒和非法入侵,都在威胁着电子商务,因此,在物理层和数据层上,要求网络能提供一种端到端的安全解决方案,包括加密机制、签名机制、分布式安全管理、存取控制、防火墙、安全万维网服务器和防病毒保护等。为了帮助企业创建和实现这些方案,国际上多家公司联合开展了安全电子交易的技术标准和方案研究,并发表了安全电子交易(Secure Electronic Transaction,SET)和安全套接层(Secure Socket layer,SSL)等协议标准,使企业能建立一种安全的电子商务环境。

1.5.5　协作性

商务活动是一种协调过程,它需要参与交易的各方,如客户、生产商、批发商、零售商、物流商按照一定的规则来协调完成。随着电子商务应用领域的不断拓宽,这种协调范围也不断扩大,过程也更加自动化。在电子商务环境中,它更要求从社会上的银行、交通、通信、保险、政府等多个部门通力协作,到企业内部各个业务部门之间的相互协调、配合,才能实现全过程的电子商务,才能真正体现电子商务的优势与价值。

1.5.6　社会性

虽然电子商务依托的是网络信息技术,但电子商务的发展和应用是一个社会性的系统工程,因为电子商务活动涉及企业、政府组织、消费者,要适应电子虚拟市场的法律法规和竞争规则形成等。如果缺少任意一个环节,势必制约甚至妨碍电子商务的发展,如电子商务交易纳税等敏感问题。

1.5.7　虚拟性

电子商务市场环境是建立在以 Internet 为基础的网络之上,它的主要商务活动,如产品发布、交易、结算等都是数字化的,犹如在 Internet 上形成一个跨越全球的虚拟市场,冲破传统商务的时空限制。借助网络,使网上交易不受时空制约,消费者不仅可以与国内经营者交易,而且也可以和世界范围的任何经营者发生交易关系。任何一个企业都可以利用这个虚拟市场向全世界推销自己的产品,这也正是电子商务能在如此短的时间里取得巨大发展的原因之一。

1.5.8 成本低

电子商务使企业有可能大幅降低运营成本提高运作效率。企业通过网络进行销售,不需要建造豪华的营业场所,也无需招聘大量员工,从而降低企业投资。按订单生产的反应型商业模式能减少销售环节、降低库存量,避免了经营盲目性,使经营的成本降低、效率提高。

1.6 电子商务的分类

1.6.1 按电子商务活动的运作方式分类

如果按照电子商务交易的商业活动运作方式分类,电子商务主要包括以下两类基本的商业活动。

1) 间接交易型电子商务

间接交易型电子商务是指在网上直接对有形货物的电子订货以及交易过程中的一系列服务活动,它无法完全依靠电子商务方式实现和完成完整交易过程。电子商务提供的有形商品及有关服务由于要求做到在很广的地域范围和严格的时限内送达,一般均需要委托具有相当规模、拥有很强运输能力、采用自动化手段,特别是充分运用 Internet 进行信息管理的现代物流配送公司和专业服务机构去完成配送工作。

2) 直接交易型电子商务

直接交易型电子商务是指在网上直接对无形的数字化产品和服务的交易活动,它可以完全通过电子商务方式实现和完成整个交易过程。它包括计算机软件、研究性和咨询性的报告、数字化产品、各种信息服务、娱乐内容的联机订购、付款和支付;兑汇及银行有关业务、证券及期货的有关交易、在线游戏、娱乐的实时服务等一系列的交易与服务以及全球规模的信息服务。直接交易型电子商务能使双方越过地理界线直接进行交易,而不需要受到时间、疆域的种种限制,更有利于企业在全球寻找贸易机会,发掘市场潜力。这种模式突出的好处是快速、简便且十分便宜,深受客户欢迎,企业的运作成本显著降低。受限之处是只能经营适合在网上传输的商品和服务。

1.6.2 按使用的网络类型分类

1) EDI 网络电子商务

EDI 是按照一个公认的标准和协议,将商务活动中涉及的文件标准化和格式化,通过计算机网络,在贸易伙伴的计算机网络系统之间进行数据交换和自动处理。EDI 主要应用于企业与企业、企业与批发商、批发商与零售商之间的单、证业务传递联系。

2) Internet 电子商务

基于 Internet 的电子商务是目前电子商务的主要形式。它采用了当今先进的计算机技术、通信技术、多媒体技术、数据库技术,通过 Internet 在网上实现营销、购物等商业服务。它突破了传统商业生产、批发、零售以及进、销、存、调的流转程序和营销模式，实现了少投入、低成本、零库存、高效率。目前，还出现了利用手机、掌上电脑、PAD等移动通信设备，通过连接Internet和专用网络，进行的电子商务活动，包括经营、管理、交易、娱乐等。移动电子商务具体包括移动支付、移动股市、移动办公、移动营销和无线CRM等功能。

3) 内部网络电子商务

基于企业网络环境(Intranet/Extranet)的电子商务，是指在一个大型企业的内部或一个行业内开展的电子商务活动。它能够有效地实现企业部门内部之间、企业与企业之间、企业与合作伙伴及客户之间的授权内数据共享和数据交换，并将每一个各自独立的网络通过互联延伸形成共享的企业资源，方便地查询关联企业的相关数据，形成一个商务活动链。

1.6.3 按应用服务的领域范围分类

按电子商务应用服务的领域范围分类，即按参与电子商务活动涉及的主体对象，电子商务可以分为以下五种基本类型：

1) 企业与消费者之间的电子商务(Business to Customer, B2C)

此种类型的商务类似于零售业，类同于商业电子化的零售商务。企业或商业机构借助Internet开展在线销售，为广大客户提供很好的搜索和浏览功能，提供各种与商品销售有关的服务，使消费者很容易了解到所需商品的品质和价格，在网上直接订购，支付手段通常采用电子信用卡、智能卡、电子现金及电子支票等。目前，在Internet上遍布这种类型的购物网站，通过网上商店买卖的商品可以是实体化的，如书籍、鲜花、服装、食品、汽车、电视等；也可以是数字化的，如新闻、音乐、电影、数据库、软件及各类基于知识的商品；还有提供的各类服务，如安排旅游、住宿、订票、在线医疗诊断和在线教育与培训、网上游戏和娱乐等。B2C对于企业来说是扩大企业产品的知名度，拥有更大的市场，以及利用网络的跨地域性，在销售通道上，更易控制和掌握。而对于个人来说，进行电子消费，不受时间及地域限制，有更多的自主权。在消费变得方便的同时，消费者作为个体，将有更多的时间及精力来完成其他生活事务。

2) 企业与企业之间的电子商务(Business to Business, B2B)

B2B方式是电子商务应用中最受企业重视的形式，这是电子商务的主流，主要着重企业的经营效率，利用网络整体提高企业的管理、经销、产品推广实力水平。从而改善传统商业模式所带来的弊端，对于企业的新产品推广，更易快速打入市场。企业可以使用Internet或其他网络寻找最佳合作伙伴，完成从订购到结算的全部交易行为，包括向供应商订货、签约、接受发票和使用电子资金转移、信用证、银行托收等方式进行付款，以及在商贸过程中发生的其他问题，如索赔、商品发送管理和运输跟踪等。这类电子商务除当事人双方之外，更需要涉及相关的银行、认证、税务、保险、物流配送、通信等行业部门；对于国际B2B，还要涉及海关、商检、担保、外运、外汇等行业部门。

这种模式的电子商务又包括特定企业间的电子商务和非特定企业间的电子商务。特定企业间电子商务是指以往一直有交易关系的或者今后肯定要继续进行交易的特定企业为了共同的经济利益，彼此在市场开拓、库存管理、订供货、收付款等方面仍会进行更紧密的默契式的合作，保持相当程度的信任。非特定企业间的电子商务是在开放的网络中对每笔交易寻找最佳伙伴，与伙伴进行从订购到结算的全部交易行为。这里，虽说是非特定企业，但由于加入该网络的只限于需要这些商品的企业,可以设想是限于某一行业的企业,不过,它不以持续交易为前提。

3)消费者与消费者之间的电子商务(Customer to Customer,C2C)

C2C 是一种个人对个人的网上商务交易方式,也有人称之为 P2P。消费者可以在网上卖出自己多余或不再使用的商品,亦可以在网上买到自己所需要的商品和所喜爱的物品,甚至可以进行物物的直接交换。其中最典型的是在网上拍卖或竞买,开展网上竞价交易。由于这种模式为消费者之间直接交易的开展提供了信息和交易的平台,不仅大大节省了消费者之间交易的时间和成本,也提高了社会效益,受到消费者的喜爱,使得 C2C 电子商务的发展非常迅速。

4)政府与企业的电子商务(Government to Business,G2B)

它覆盖企业与政府之间的各种事务。政府通过网上服务,为企业创造良好的电子商务环境,诸如网上报批、网上报税、电子缴税、网上报关、EDI 报关、电子通关等;企业对政府发布的采购清单,以电子化方式回应;企业对政府的工程招标,进行投标及竞标;政府可经过网络实施行政事务的管理,诸如政府管理条例和各类信息的发布;涉及经贸的电子化管理;价格管理信息系统的查询;工商登记信息、统计信息、社会保障信息的获取;咨询服务、政策指导;政策法规和议案制订中的意见收集;网上产权交易;各种经济政策的推行等。

5)政府与消费者的电子商务(Government to Customer,G2C)

在现代社会中,政府势必要将对个人的繁杂的事务处理转到网上进行。这也正是电子商务中政府作为参与方所要从事的管理活动。这包括政府对个人身份的核实;对公民福利基金、生活保障费的发放;收集民意和处理公民的信访及举报;政府主持的拍卖;公民的自我估税、报税及电子纳税;公民行使对政府机构和官员的监督;政策法规的查询等。

当今世界上,许多政府都将 G2B、G2C 的电子商务看作树立良好形象,提供优良服务的基本办法。主要运作方式是政府上网,就是将政府职能上网,在网络上成立一个虚拟的政府,在 Internet 上实现政府的职能工作。政府上网后,可以在网上发布政府部门的名称、职能、机构组成、工作章程以及各种资料、文档等,并公开政府部门的各项活动,增加了办事执法的透明度,为企业和公众与政府打交道提供方便,同时也接受社会的民主监督,提高公众的参政议政意识。与此同时,由于 Internet 是跨国界的,政府上网将能够让各国政府互相了解(在有限的范围内)、加强交流,从而适应经济全球化的趋势。

1.6.4 按信息网络范围分类

按开展电子交易的信息网络范围分类,电子商务可以分为以下四种类型:

1)企业内部电子商务

企业内部电子商务即企业内部之间,通过企业内部网的方式处理与交换经营管理信息。企业内部网是一种有效商务工具,通过防火墙,企业将自己的内部网与 Internet 隔离,它可以用来自动处理商务操作及工作流,增强对重要系统和关键数据的存取,共享经验,共同解决客户问题,并保持组织间的联系。通过企业内部的电子商务,可以增加商务活动处理的敏捷性,对市场状况能更快地作出反应,能更好地为客户提供服务。

2)本地电子商务

本地电子商务通常是指利用本城市内或本地区内的信息网络实现的电子商务活动,电子交易的地域范围较小。本地电子商务系统是利用Internet、Intranet或专用网将下列系统联结在一起的网络系统:一是参加交易各方的电子商务信息系统,包括买方、卖方及其他各方的电子商务信息系统;二是银行金融机构电子信息系统;三是保险公司信息系统;四是商品检验信息系统;五是税务管理信息系统;六是货物运输信息系统;七是本地区EDI中心系统(实际上,本地区EDI中心系统联结各个信息系统的中心)。本地电子商务系统是开展有远程国内电子商务和全球电子商务的基础系统。

3)远程国内电子商务

远程国内电子商务是指在本国范围内进行的网上电子交易活动,其交易的地域范围较大,对软硬件和技术要求较高,要求在全国范围内实现商业电子化、自动化,实现金融电子化,交易各方具备一定的电子商务知识、经济能力和技术能力,并具有一定的管理水平和能力等。

4)全球电子商务

全球电子商务是指在全世界范围内进行的电子交易活动,参加电子交易各方通过网络进行贸易。涉及有关交易各方的相关系统,如买方国家进出口公司系统、海关系统、银行金融系统、税务系统、运输系统、保险系统等。全球电子商务业务内容繁杂,数据来往频繁,要求电子商务系统严格、准确、安全、可靠,应制定出世界统一的电子商务标准和电子商务(贸易)协议,使全球电子商务得到顺利发展。

1.7 电子商务的交易流程

1.7.1 电子商务的交易过程

电子商务的交易过程,大致可以分为以下四个阶段。

1)交易前的准备

这一阶段主要是指买卖双方和参加交易各方在签约前的准备活动。

买方根据自己要买的商品准备购货款,制订购货计划,进行货源市场调查和市场分析,反复进行市场查询,了解各卖方国家的贸易政策,反复修改购货计划和进货计划,确定和审批购货计划。再按计划确定购买商品的种类、数量、规格、价格、购货地点和交易方式等。尤其要利用Internet和各种电子商务网络寻找自己满意的商家和商品。

卖方根据自己所销售的商品召开商品新闻发布会,制作宣传广告,全面进行市场调查和市场分析,了解各买方国家的贸易政策,制订各种销售策略和销售方式,利用Internet和各种电子商务网络发布商品广告,寻找贸易伙伴和交易机会,扩大贸易范围和商品所占市场的份额。其他参加交易各方,如中介方、银行金融机构、信用卡公司、海关系统、商检系统、保险公司、税务系统、运输公司,也都为进行电子商务交易做好准备。

2)交易谈判和签订合同

这一阶段主要是指买卖双方对所有交易细节进行谈判,将双方磋商的结果以文件的形式确定下来,即以书面文件形式和电子文件形式签订贸易合同。

电子商务的特点是可以签订电子商务贸易合同,交易双方可以利用现代电子通信设备和通信方法,经过认真谈判和磋商后,将双方在交易中的权利、义务以及对所购买商品的种类、数量、价格、交货地点、交货期、交易方式和运输方式、违约与索赔等合同条款,全部在电子交易合同中作出全面详细的规定。合同双方可以利用EDI进行签约,也可以通过数字签名等方式签约。

3) 办理交易进行前的手续

这一阶段主要是指买卖双方签订合同后到合同开始履行之前办理各种手续的过程,也是双方贸易前的交易准备过程。交易中要涉及有关各方,即可能要涉及中介方、银行金融机构、信用卡公司、海关系统、商检系统、保险公司、税务系统、运输公司等,买卖双方要利用EDI与有关各方进行各种电子票据和电子单证的交换,直到办理完可以将所购商品从卖方按合同规定开始向买方发货的一切手续为止。

4) 交易合同的履行和索赔

这一阶段从买卖双方办完所有各种手续之后开始,卖方要备货、组货,同时进行报关、保险、取证、信用等,然后将商品交付给运输公司包装、发货、起运。买卖双方可以通过电子商务服务器跟踪发出的货物,银行和金融机构也按照合同处理双方收付款,进行结算,出具相应的银行单据等,直到买方收到自己所购商品,就完成了整个交易过程。

索赔是在买卖双方交易过程中出现违约时,需要进行违约处理的工作,受损方要向违约方索赔。

不同类型的电子商务交易虽然都包括上述四个阶段,但其流转程式是不同的。对于电子商务来讲,大致可以归纳为两种基本的流转程式:网络商品直销的流转程式和网络商品中介交易的流转程式。

下面这个小笑话想必大家都知道,但却没有人注意它所表现出来的过程的思想。问把大象放到冰箱里总共要几步(把大象放到冰箱里的过程)?如图1-4所示,共三步:第一步,打开冰箱门;第二步,把大象放进去;第三步,关上冰箱门。

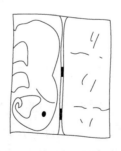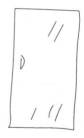

图1-4 把大象放到冰箱里的过程

1.7.2 网络商品直销的流转程式

网络商品直销,是指消费者和生产者或需求方和供应方直接利用网络形式所开展的买卖活动。这种买卖交易的最大特点是供需双方直接见面,环节少,速度快,费用低。其流转程式如图1-5所示。

由图1-5可以看出,网络商品直销过程可以分为以下六个步骤:

①消费者进入 Internet,查看在线商店或企业的主页。
②消费者通过购物对话框填写姓名、地址、商品品种、规格、数量、价格。
③消费者选择支付方式,如信用卡、借记卡、电子货币或电子支票等。
④在线商店或企业的客户服务器检查支付方服务器,确认汇款额是否认可。
⑤在线商店或企业的客户服务器确认消费者付款后,通知销售部门送货上门。
⑥消费者的开户银行将支付款项传递到消费者的信用卡公司,信用卡公司负责发给消费者收费清单。

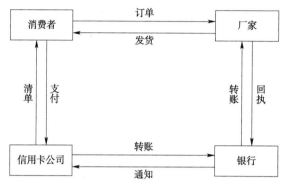

图1-5 网络商品直销的流转程式

为保证交易过程中的安全,需要有一个认证机构对在 Internet 上交易的买卖双方进行认证,以确认他们的真实身份,如图 1-6 所示。

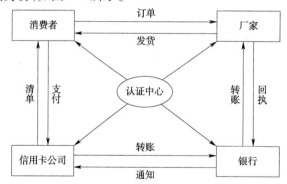

图1-6 认证中心存在下的网络商品直销流转程式

上述过程应当在 SET 协议下进行。在安全电子交易的四个环节中,即从消费者、商家、支付网关到认证中心,IBM、Microsoft、Netscape、SUN、Oracle 均有相应的解决方案。

上述过程也可以用图 1-7 所示的流程图表示。

网络商品直销的诱人之处在于它能够有效地减少交易环节,大幅度地降低交易成本,从而降低消费者所得到的商品的最终价格。在传统的商业模式中,企业和商家不得不拿出很大一部分资金用于开拓分销渠道。分销渠道的扩展虽然扩大了企业的分销范围、加大了商品的销售量,但同时也意味着更多分销商的参与。无疑,企业不得不出让很大一部分利润给分销商,用户也不得不承担高昂的最终价格,这是生产者和消费者都不愿看到的。电子商务的网络直销可以很好地解决这个问题——消费者只需输入厂家的域名,访问厂家的主页,即可清楚地了解所需商品的品种、规格、价格等情况,而且主页上的价格既是出厂价,同时也是消费者所接受的最终价。这样就达到了完全竞争市场条件下出厂价格和最终价格的统一,从而使厂家的销售利润大幅度提高,竞争能力不断增强。

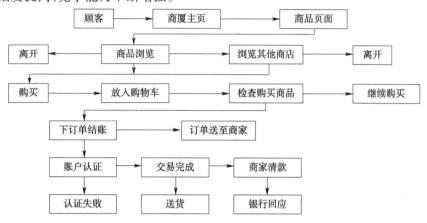

图1-7 网络商品直销流程图

从另一方面讲,网络商品直销还能有效地减少售后服务的技术支持费用。许多使用中经常出现的问题,消费者都可以通过查阅厂家的主页从中找到答案,或者通过电子邮件与厂家技术人员直接交流。这样,厂家可以大大减少技术服务人员的数量,减少技术服务人员出差的频率,从而降低企业的经营成本。

网络商品直销的不足之处主要表现在两个方面:第一,购买者只能从网络广告上判断商品的型号、性能、样式和质量,对实物没有直接的感知,在很多情况下可能产生错误的判断,而某些生产者也可能利用网络广告对自己的产品进行不实的宣传,甚至可能打出虚假广告欺骗顾客;第二,购买者利用信用卡进行网络交易,不可避免地要将自己的密码输入计算机,由于新技术的不断涌现,不法分子可能利用各种高新科技的作案手段窃取密码,进而盗窃用户的钱款,这种情况国内外均有发生。

1.7.3 网络商品中介交易的流转程式

网络商品中介交易,是通过网络商品交易中心即虚拟网络市场进行的商品交易。在这个交易过程中,网络商品交易中心以 Internet 为基础,利用先进的通信技术和计算机软件技术,将商品供应商、采购商和银行紧密地联系起来,为客户提供市场信息、商品交易、仓储配送、货款结算等全方位的服务。其流转程式如图1-8所示。

网络商品中介交易的流转程式可分为以下几个步骤:

①买卖双方将各自的供应和需求信息通过网络告诉给网络商品交易中心,网络商品交易中心通过信息发布服务向参与者提供大量详细准确的交易数据和市场信息。

②买卖双方根据网络商品交易中心提供的信息,选择自己的贸易伙伴。网络商交易中心从中撮合,促使买卖双方签订合同。

③买方在网络商品交易中心指定的银行办理转账付款手续。

④指定银行通知网络商品交易中心买方货款到账。

⑤网络商品交易中心通知卖方将货物送到距离最近的配送部门,配送部门送货给买方。

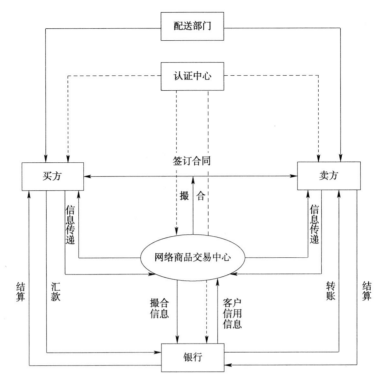

图 1-8　网络商品中介交易的流转程式

⑥买方验证货物后提货,并通知网络商品交易中心货物收到。

⑦网络商品交易中心通知银行将买方货款转交卖方。

⑧卖方将回执送交银行,银行将回执转交买方。

通过网络商品中介进行交易具有许多突出的优点:

第一,网络商品中介为买卖双方展现了一个巨大的世界市场。以中国商品交易中心为例,这个中心控制着从中心到各省分中心、各市交易分部及各县交易所的所有计算机系统,构成了覆盖全国范围的"无形市场"。该计算机网络能够储存中国乃至全世界的几千万个品种的商品信息资料,可联系千万家企业和商贸单位。每一个参加者都能够充分地宣传自己的产品,及时地沟通交易信息,最大限度地完成产品交易。这样的网络商品中介机构还通过网络彼此联结起来,进而形成全球性的大市场。这个市场是由全球拥有电脑、电话和调制解调器的 1 亿多个 Internet 用户,即国际消费者组成的,而且其数目仍以每年 70% 的速度递增。

第二,网络商品交易中心可以有效地解决传统交易中"拿钱不给货"和"拿货不给钱"这两大难题。在买卖双方签订合同前,网络商品交易中心可以协助买方对商品进行检验,只有符合质量标准的产品才可入网,这就杜绝了商品"假、冒、伪、劣"的问题,使买卖双方不会因质量问题发生纠纷。合同签订后便被输入网络系统,网络商品交易中心的工作人员开始对合同进行监控,注视合同的履行情况。如果出现一方违约现象,系统将自动报警,合同的执行就会被终止,从而使买方或卖方免受经济损失。如果合同履行顺利,货物到达后,网络商品交易中心的交割员将协助买方共同验收。买方验货合格后,在 24h 内将货款转到卖方账户方可提货,卖方也不用再担心"货款拖欠"现象了。

第三,在结算方式上,网络商品交易中心一般采用统一集中的结算模式,即在指定的商业银行开设统一的结算账户,对结算资金实行统一管理,这就有效地避免了多形式、多层次的资金截留、占用和挪用,提高了资金的风险防范能力。这种指定委托代理清算业务的承办银行大都以招标形式选择,有商业信誉的大型商业银行常常成为中标者。

网络商品交易中心仍然存在一些问题需要解决:目前的合同文本还在使用买卖双方签字交换的方式,如何过渡到电子合同,并在法律上得以认证,尚需解决有关技术和法律方法的问题;信息资料的充实也有待于更多的企业、商家和消费者参与;整个交易系统的技术水平如何与飞速发展的计算机网络技术保持同步,则是在网络商品经交易中心起步时就必须考虑的。

1. 为什么 EDI 系统的应用范围和发展速度远没有 Internet 发展得那么快?
2. 为什么到目前为止全球还没有一个统一的电子商务的定义?
3. 为什么我国政府十分重视电子商务在我国的发展?
4. 电子商务的发展经历了几个阶段?
5. 基于 Internet 的电子商务具有哪些优势?
6. 电子商务的特征有哪些?
7. 简述电子商务的交易过程。
8. 网络商品中介交易的流转程式可分为哪几个步骤?
9. 简述我国电子商务发展的现状。

第 2 章　电子商务系统

> **学习目标**
>
> **知识目标**
> 1. 能够简单叙述电子商务建设所采用的方法及运行环境；
> 2. 能够简单叙述电子商务各系统所涉及的方向；
> 3. 掌握电子支付系统的概念、种类。
>
> **能力目标**
> 1. 在进行电子商务系统建设时，能够分析系统建设的合理性；
> 2. 会表述电子商务各系统在建设时应该考虑的问题；
> 3. 掌握电子商务系统建设与维护的方法，在进行电子商务系统建设时具有管理和控制的能力。

2.1　电子商务系统的建立

企业要进行完全意义下的电子商务活动，就要为本企业建立电子商务系统，在电子商务系统的平台上进行企业的各项商务活动。要实现这一步骤，就要了解并掌握电子商务应用系统的构成，以及企业建立电子商务的相应步骤。

2.1.1　电子商务系统的构成

在建立完善的企业 Intranet（内联网）和实现了与 Internet 的安全互联后，企业已经为建立一个自己的电子商务系统打下了基础。在此基础上，再增加电子商务应用系统，就可以建立一个企业的电子商务应用系统了。一般情况下，电子商务应用系统主要以应用软件形式实现，它运行在已经建立的企业内联网之上。

电子商务应用系统分为两部分：一部分是完成企业内部的业务处理和向企业外部用户提供服务，如用户可以通过互联网查看产品目录、产品资料等；另一部分是安全的电子支付系统。电子支付系统使得用户可以通过互联网在网上购物、支付等，真正实现电子商务。

1）电子商务的主要部件及关键技术

（1）用户

个人用户使用基于 Java 的浏览器、电视机机顶盒、个人数字助理、可视电话等接入 Internet 以获取信息，他们是以购买商品为主要目的的 Internet 用户。企业用户是以利用 Internet 作为企业信息载体进行日常商业活动的用户,如大型跨国公司、金融机构、连锁企业、政府机构等。

(2)电子商场

在全球电子商务环境中,电子商场就是指发布产品信息并且接受订单的站点。从这个意义上说,任何企业、个人,无论其经营规模大小,都可以通过Internet建立一个跨越地区、跨越国家、跨越时间限制的电子商场。因此,人们说,Internet给无数的中小企业也带来了无限商机。但是,网上商场的实现也并不是轻而易举的工作。第一,商家要建立动态网页、提供个性化服务,同时保证用户私人信息不会泄露。第二,网上商场还应有提供自己的身份证明,获取用户身份的能力。第三,要保证用户的订单信息在网上传输时,不被窃取、修改。订单一经发出,具有不可否认性。订单到达后,有一套完善的处理方法和管理保存机制。第四,要与银行等金融机构合作,提供可靠的结算方式。第五,还要保证网上购物系统与企业原有系统以安全、合理的方式集成,保证企业私有网络和私有信息的安全。

(3)网上银行

在Internet上实现一些传统的银行业务,突破时间和区域的限制,使普通用户在世界上的任何地方,都可以查看和管理自己的账户,使企业用户不必进入银行营业厅,就能得到天天、时时的服务,减少银行在修建和维护营业场所、保安、支付售货员费用等方面的开销,大大提高银行的办公效率。另一方面,网上银行与信用卡公司等进行合作,发放电子钱包,提供网上支付手段,为电子商务交易中的用户和商家服务。由于金融信息的重要性,网上银行与企业、个人用户之间的信息传输就更要保证安全、完整、不可否认,而且银行在提供在线服务的同时,还要确保内联网络和数据的安全。

(4)CA中心(电子商务认证中心)

CA中心是一些不直接从电子商务交易中获利的受法律承认的权威机构,负责发放和管理电子证书,使网上交易的各方能互相确认身份,持卡人对商家的验证如图2-1所示。电子证书的管理不仅要保护证书能有效存取,而且要保证证书不被非法获取。这是一项非常复杂的工作,通常通过以下环节加以保证:发展证书遵循一定的标准、证书的存放管理应遵循相关的协议和标准、管理密钥和证书的有效期限。这里,CA中心内部的网络及数据安全也极为重要。

(5)配送中心

配送中心接受商家的送货请求,组织运送无法从网上直接得到的商品(物资流),跟踪商品流向。

(6)电子钱包

电子钱包是用户在电子商务活动中使用的一种支付工具。电子钱包实际上是一个软件包,通常都是对用户免费提供的。用户可以直接使用预先装载在自己终端里

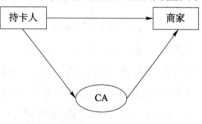

图2-1 CA认证的过程

的电子钱包软件,也可以从Internet上下载。电子钱包内可以装入电子信用卡、在线货币等。用户可以用电子钱包管理器改变保密口令或者保密方式,查看自己信用卡上收付往来的账目、清单和数据。

(7)数字签名

数字签名是用来保护在网上传输信息的完整性和识别发送人的身份。首先,用散列算法将要传输的信息内容变换成一个固定长度的信息段,即信息摘要,然后用发送者的私有密钥对

信息摘要加密,就生成了数字签名。

(8)电子证书

电子证书就是一个数字文件,通常由四部分组成。第一是证书持有人的姓名、地址等关键信息;第二是证书持有人的公开密钥;第三是证书序号、有效期等;第四是发证单位的电子签名。这种证书由特定的授权单位机构(CA 中心)发放,具有法律效用,是电子商务交往中个人或单位身份的有效证明,类似于现实生活中的身份证、护照等。

2)其他相关的内容

电子商务是用电子方式和网络进行商务活动,通常参与各方是互不见面的,因此身份的确认与安全通信变得非常重要。解决方案就是建立中立的、权威的、公正的 CA。它所承担的角色类似于网络上的"公安局"和"工商局",给个人、企事业单位和政府机构签发数字证书——"网上身份证",用来确认电子商务活动中各自的身份,并通过加解密方法实现网上安全的信息交换与安全交易。

需要强调的是,由于各国国情的特殊性,CA 认证中心似乎需要政府的授权,但实际上,CA 认证中心只是根据政府机构已签发的身份、资质证明文件进行审核,而并没有增加新的内容,实际上是一种更为安全的会员制。因此,CA 认证中心的商业运作性质应当超越政府的行为,除非以后真正由 CA 认证中心来发放电子身份证、电子营业执照等。

支付网关的角色是信息网与金融网连接的中介。它承担双方的支付信息转换工作,所解决的关键问题是让传统的封闭的金融网络能够通过网关面向 Internet 的广大用户,提供安全方便的网上支付功能。

客户服务中心也称为呼叫中心,与传统的呼叫中心的分别在于不但支持电话接人的方式,也能够支持 Web、E-mail、电话和传真等多种接入方式,使得用户的任何疑问都能很快地获得响应与帮助。客户服务中心不是以往每个企业独立建设和运作的概念,而是统一建设再将席位出租,从而大大简化和方便中小型企业进行电子商务,提供客户咨询和帮助。

2.1.2 服务器的选择

服务器是在网络环境下提供网上客户机共享资源(包括查询、存储、计算等)的设备,具有较高的性能、可靠性高、吞吐能力强、内存容量大、联网功能强、人机界面友好等特点,是当代网络计算机系统的主设备。市场上服务器产品种类繁多、档次高低不同、性能各有千秋、应用领域和应用范围亦有差异。在应用系统中,如何采购适合自己需要的服务器,已成为广大用户十分关心的问题。为了选择到适应于电子商务的最佳的服务器产品,应着重从以下几个方面考虑。

1)安全性

电子商务服务器作为整个网络的核心,必须具有高度的安全性,要建立授权体系:告诉系统你的姓名和密码,使系统允许你访问服务器的所选区域。授权文件列有用户名和密码字,服务器配置文件可将用户与许可访问区域连接。同时,要保证网络的灵活性。另外,电子商务服务器的应答时间和正常运行时间对于企业来说是至关重要的。一个电子商务服务器必须有很强的故障排除能力,即它必须有很强的容错能力。

2) 开放性

开放性的最大好处是给用户留下了可选择的余地,使用户可以很从容地选择不同公司的产品。衡量一个服务器的开放性的标准有很多,在购买时应从软硬件两个方面加以考虑。

在硬件方面,如果对网络服务器的可靠性要求特别高,就购买传统专用机型,如 IBM 公司、Sun 公司的系列服务器。不过以后的升级或额外的采购也要找这家公司。所以,只要对服务器没有什么特别的要求,还是选择"工业标准"的服务器结构,这样便于以后升级。择优选择可兼容的外设,并且不必局限于一家的产品。

在软件方面,开放的服务器平台应该能运行各种不同的操作系统。即同一个服务器可运行各种操作系统,用户可以有选择地安装不同的软件操作系统,以达到最佳组合。

3) 性能价格比

比较服务器的性能时,不仅要注意 CPU 速度、总线结构、I/O 吞吐带宽、网卡速度、硬盘速度等,还应注意其整体指标。有时可以借鉴某些独立组织对计算机的整体性能测试数据来进行对照。如果有些服务器在某一方面显得很有特色,则可用作专用服务器(如打印服务器),以便更好地为用户服务。根据实际需求,选择合适的专用或综合服务器,不仅可以节约经费,而且也可以使服务器能更好地发挥它的性能。

4) 可扩展性

可扩展性是选择服务器的必要因素。为适应网络技术的发展,有时需要对系统增加内、外设(如内存、硬盘等),这时,服务器的可扩展性便变得尤为重要。

5) 其他

另外,还要考虑到其他一些因素。要确保电子商务服务器的出口有足够的带宽,以满足众多来访者的反应速度;要注意内存,内存的大小直接影响到服务器的性能;要保证输入输出子系统的高数据吐吞量。如果用户准备提供一个查寻引擎,不妨考虑采用多 CPU 系统,以加快查寻速度。要了解增值销售商升级的费用和方式,例如是否可增加硬盘、是否可增加 RAM、是否可扩充 CPU 等。

2.1.3 操作系统的选择

能够胜任电子商务服务器要求的操作系统主要包括 Unix 操作系统、Linux 操作系统、Microsoft 公司的 Windows 类操作系统和 Novell 公司的 Netware 操作系统。

1) Unix 操作系统

Unix 的主要特点是技术成熟、可靠性高。许多 Unix 主机和服务器都是每天 24h,一年 365 天不间断运行,其结构简练、便于移植。Unix 系统是世界上唯一能在笔记本电脑、PC、工作站直至巨型机上运行的操作系统,而且能在所有体系结构上运行。

开放性是 Unix 最重要的本质特征。Unix 是开放系统的先驱和代表,它不受任何厂商的垄断和控制。Unix 系统从一开始就为软件开发人员提供了丰富的开发工具,成为工程工作站的首选和主要的操作系统和开发环境。Unix 具有强大的支持数据库的能力和良好的开发环境,所有主要数据库厂商,包括 Oracle、Infomix、Sybase、Progress 等,都把 Unix 作为主要的数据库开发和运行平台。

网络功能强大是 Unix 的另一特点。作为 Internet 技术基础和异种机连接重要手段的

TCP/IP 协议就是在 Unix 上开发和发展起来的。TCP/IP 是所有 Unix 系统不可分割的组成部分。

此外,Unix 还支持所有需用的网络通信协议,包括 NFS、DCE、IPX/SPX、SLIP、PPP 等,这使得 Unix 系统能方便地与已有的主机系统以及各种广域网和局域网相连接,这也是 Unix 具有出色的互操作性的根本原因。

Unix 操作系统有多种不同的版本,主要有 Sun 公司的 Solaris、SCO 的 OpenServer 与 UnixWare、惠普公司的 HP-UX、IBM 的 AIX 等。用户可以依据产品特性调查的结果选择适合自己的版本。

2)Linux 操作系统

Linux 是所有类 Unix 操作系统中最出色的一个。在计算机操作系统市场,Linux 是增长率最快的操作系统,而且也是唯一市场份额尚在增加的非 Windows 操作系统。

Linux 操作系统的网络功能也相当强大。它的网络功能和其内核紧密相连,用户可以轻松实现网页浏览、文件传输、远程登录等网络工作,并且可以作为服务器提供 WWW、FTP、E-Mail 等服务。

Linux 操作系统是一种自由的、没有版权限制的软件,现在,它在受到全球众多个人用户认同的同时,也赢得了一些跨国大企业客户的喜爱,如波音公司和奔驰汽车公司在一些项目中就使用了 Linux。

对于应用软件开发商,Linux 可能会是一个新的平台,一个潜在的产品市场。特别是 Linux 是免费平台,开发商不需系统平台的注册,用户也不必花钱买操作系统,双方都省了钱。Linux 流行不仅仅是因为免费,平台性能同时也是一个关键因素。Linux 之所以成熟,原因在于它在稳定和性能上与其他操作系统有竞争力。它具有一些非常有吸引力的品质,而不仅仅是因为它开放代码。

3)Windows 类操作系统

windows 类操作系统是全球最大的软件开发商 Microsoft 公司开发的。Microsoft 公司的 Windows 系统不仅在个人操作系统中占有绝对优势,它在网络操作系统中也具有非常强劲的力量。这类操作系统在整个网络配置中是最常见的,但由于它对服务器的硬件要求较高,且稳定性能不是很高,所以 Microsoft 的网络操作系统一般只是用在中低档服务器中,高端服务器通常采用 Unix、Linux 等非 Windows 操作系统。Microsoft 的网络操作系统主要有:Windows NT、Windows Server 2003,以及 Windows Server 2008 和 Windows 7 发布的服务器版本——Windows Server 2008 R2 等,工作站系统可以采用任一 Windows 或非 Windows 操作系统。

Windows 网络操作系统几乎成为中小型企业局域网的标准操作系统,一则是它继承了 Windows 家族统一的界面,使用户学习、使用起来更加容易。再则它的功能也的确比较强大,基本上能满足所有中小型企业的各项网络需求。它对服务器的硬件配置要求较低,可以更大程度上满足许多中小企业的 PC 服务器配置需求。

Internet 信息服务器(Internet Information Server,IIS)是 Microsoft 公司一种集成了多种 Internet 服务(WWW 服务、FTP 服务等)的服务器软件,利用它可以很容易地构造 Web 站点。由于是同一家公司的产品,IIS 和 Windows 紧密地集成在一起,可以充分利用 Windows 的多种功能,其安全机制也以 Windows 的 NIFS 安全机制为基础,因此可以实现用 IIS 构建的 Web 站点的安全性。IIS7.0 版是 Windows Vista 和 Windows Server 2008 中的 Web 服务器角色。Web 服务器在 IIS 7 中经过重新设计,将能够通过添加或删除模块来自定义服务器,以满足特定的需求。

由于 Microsoft 公司在桌面操作系统上长期的垄断地位,很多应用程序开发商专门开发各种基于 Windows 系列的操作系统上的应用程序。因此,使用 Windows 操作系统能够更容易地得到各种服务软件,这是它得以流行的一个重要原因。

4)Netware 操作系统

Novell Netware 是 Internet 进入我国之前最为流行的一种网络操作系统。它一开始是为 MS-DOS 网络设计的比较专用的文件服务器操作系统。它能很好地处理从客户工作站发出的远程 I/O 请求。但是,由于 20 世纪 90 年代计算机系统逐渐由大型变为小型而且多数都转移到了客户服务器计算结构上,所以网络服务器的作用也已经随之发生了相应的变化。越来越多的公司都把网络服务器看作是一个平台,希望它能支持内部事务处理系统,这些系统原来是在小型机和大型机上运行的。在一个客户服务器环境中,网络服务器必须能像大型机那样管理多个使用大量资源的服务器进程,而且保证同样的完整性、安全性和可靠性。

Netware 最重要的特征是基于基本模块设计思想的开放式系统结构。Netware 是一个开放的网络服务器平台,可以方便地对其进行扩充。Netware 系统对不同的工作平台(如 DOS、OS/2、Macintosh 等),不同的网络协议环境如 TCP/IP 以及各种工作站操作系统提供了一致的服务。该系统内可以增加自选的扩充服务(如替补备份、数据库、电子邮件以及记账等),这些服务可以取自 Netware 本身,也可取自第三方开发者。

2.1.4 ISP 的选择

我国提供 Internet 服务的机构(即 ISP)分为两类:第一类是官方性质的 ISP 服务,如中国公用信息网(ChinaNet)和国家教育与科研网络(CerNet,只对学校科研机构及其下属单位提供服务);第二类则是新兴商业机构,它们能为用户提供全方位的服务,对较大区域的联网可以提供专线、拨号上网及用户培训等服务,例如:网通、上海热线、吉通、讯业、263 等。这类 ISP 拥有自己的特色信息源,建设投资大、覆盖面广,是未来 Internet 建设的主要力量。选择 ISP 主要应该考虑以下几个因素:

1)考虑 ISP 出口带宽以及接入用户的数量

出口带宽是指该 ISP 本身以多高的速率连接到 Internet 或其上级 ISP,是体现该 ISP 接入能力的另一关键参数。当用户真正访问 Internet 或国内其他网站时,起决定作用的就是出口带宽。目前许多 ISP 据称能使用户以若干兆的速率访问 Internet,实际是以该速度访问 ISP 的信息;某些 ISP 宣称自己拥有若干兆的速度接入国际出口,实际上目前国内所有互联单位都是使用信息产业部的国际出口电路,这是由《中华人民共和国计算机信息网络国际联网管理暂行规定》规定的。

ISP 是否具有独立国际出口、其出口带宽接入用户数量、二级代理接入上级 ISP 的带宽大小等都是评价其服务好坏的标志。在条件允许的情况下,应优先考虑接入具有国际出口的 ISP。

2)考虑 ISP 提供的服务种类和技术支持能力

接入 Internet 只是大多数用户上网获取和发布信息或进行某种业务交易,并掌握相应的各种技能的手段,因此 ISP 提供的服务种类、技术支持能力也是一个十分重要的问题。ISP 提供信息的能力和 ISP 的实力是必须考虑的问题。电子商务是一种通过 Internet 进行信息传递和实时处理的无纸交易,对接收信息的速度和安全性要求很高,提供该项服务的 ISP 一般需要使用专用的软硬件设备,因此入网时一定要注意 ISP 是否有足够实力能保证信息的速度和安全性。

3)考虑 ISP 的收费水平

不同的 ISP 收费的形式和数量都不同,如果网费是其中一个决定因素的话,那么要根据使用 Internet 的总时间和时段的情况,而决定该向哪个 ISP 申请账户和选择这个 ISP 提供的哪项收费服务。如果经常使用 Internet,那么可以选择按月租费的 ISP,相反选每分钟收费。如果多在节假日使用 Internet,有些在节假日时段半价收费的 ISP 如 ChinaNet 应该是好的选择。

4)其他需要注意的问题

是否有备用线路和升级扩容能力。备用线路是指主要连接电路发生故障时可供使用的另一线路,它反映了 ISP 提供服务的可靠性。若某 ISP 只有单线连接而无备用线路,则一旦发生电路故障,所有用户均无法上网。升级扩容能力是指随着用户数量和通信量的增长,ISP 接入能力能否随之提高,主要包括中继线、出口带宽和备用线路的增长。它是最能体现一家 ISP 整体实力和发展趋势的因素。

需要说明的一点是,用户在选择 ISP 时,不仅应着重考察以上指标,还应要求对方出示权威的证明材料。

2.1.5 Web 服务器的建立

1)Web 服务器的建立

不同的 Web 服务器支持不同的功能,选择电子商务站点的 Web 服务器时,应注意一些事项。其中最重要的是 Web 服务器提供的安全程序,因为电子商务站点要在网上传送大量的有关企业与客户交易的重要信息,应确保数据在传输之前进行加密,使用一种安全机制进行传输。其次选择 Web 服务器时应注意如何易于管理。Web 服务器必须支持 CGI 脚本。通过提供动态内容和及时响应用户输入,CGI 脚本使得用户可以和服务器进行交互。要确保 Web 服务器提供具有 CGI 环境变量的 CGI 脚本并且支持服务器方的嵌入部件,它是可以嵌入在 HTML 文件的特殊命令。在 HTML 被传输给 Web 浏览器之前,Web 服务器对这些命令进行处理。Web 服务器还应支持日志文件,这对于 Web 管理员及时了解站点的访问情况并作出相应决策十分有用。选择 Web 服务器时价格问题也是一个应该考虑的方面。

下面列出了在选择 Web 服务器时应考虑的一些功能:

①Web 服务器按 CERN/NCSA 公共日志格式生成日志文件。

②服务器具有性能测试日志程序和工具。

③可以配置服务器禁止通过域名和亚地址来访问。

④通过请求基于用户口令和用户组的口令控制访问。

⑤基于访问 Web 站点的用户的 IP 地址可以配置对数据的访问。

⑥服务器支持服务器方嵌入部件。

⑦服务器支持目录浏览。

一个完整的电子商务站点一般应有两台服务器以及它们的备份服务器。

第一台服务器作为前端服务器,主要用来做企业形象宣传、产品介绍与展示,通过 Internet 提供有关产品和服务的信息。在客户选购商品时,需兼顾各种客户的不同需求,将商品以分类预览方式或查询方式让客户能快速地选择其所需商品。应该为客户设计电子购物车,使客户在购物架选取商品后可以先置于购物车中,并可随时检查自己的购物车内所选取的商品或将购物车中的商品放回架上。客户选定自己所需的商品后可以通过使用安全的 Internet 支付手段或非联机支付手段来支付款项。客户购买商品后,还应该能够随时上网站查询其所购买商品的处理情形,如商场是否已送货、该交易是否已清款等,要采取某种措施来使客户或商业伙伴填写需求文件,收集整理这些信息,以便使自己的电子商务站点个性化。还可通过跟踪顾客在站点栏目中出现的频率来判断客户的兴趣,通过这些手段来促使人们购买感兴趣的商品。

第二台服务器作为交易系统,运行信用卡处理的后台监控进程,对信用卡的合法性进行验证并负责清算。这是电子商务站点的后台系统,负责从 Web 浏览器得到订单并安全可靠地处理它。一旦客户给出了一个订单,后台系统通过验证支付方法来确保支付的安全性,这些系统可与网络银行的系统协同工作,允许客户打开信用卡记录,并在购物时付账。为确保安全,在电子购物中系统使用加密的口令替代信用卡号,后台系统创建并验证接到的电子信号。

如果支付方法可靠,后台系统把来自 Web 服务器的订单转到厂商的订单录入和处理系统,计算税额,并计算邮寄费用。这些系统或许要和传统系统连接,以便更新会计信息、库存管理和订单处理系统,还可以支持与贸易伙伴的有限电子数据交换。

2) 站点资料的管理

如何能方便且有效地管理整个站点内的所有资料是一个不可忽略的问题。针对这一问题,服务器不但应该提供给使用此电子商务站点的客户多样性的功能,对站点的管理者同样也提供了一系列相关的管理功能,使得管理者能很轻易地管理站点中的所有资料。依据电子商务站点提供的功能及资料的特性,管理系统应提供给管理者的功能区分为系统账号管理、站点及商品资料管理、订单资料管理、会员资料管理、留言板管理、最新消息管理六大部分。

(1) 系统账号管理

电子商务站点管理系统是负责整个站点所有资料的管理,因此管理系统的安全性显得格外重要。系统账号管理应该限制所有使用电子商务站点管理系统的人员的使用权限,给予每个管理账号专属的进入代码与确认密码,以确认各管理者的真实身份。此外,也有账号等级的设定。依据不同的管理需求设定不同的管理等级,让各管理者能分工管理自己分内的工作且不会改动其没有权限去改动的资料。其他如密码有效天数、账号有效期限的设定等,提高管理账号的安全性。而账号进入首页则可让不同的管理账号等级看到不同的管理网页样式,拥有不同操作界面的管理网页,让其管理工作更为方便。

(2) 站点及商品资料管理

站点及商品资料管理部分的功能应该提供电子商务站点管理者对于整个站点各商店与商店内的商品相关的管理功能,让管理者可以很方便地新增、删除与修改各项资料。并可针对各商店不同的需求,能有不同的商品属性与商品管理功能。除此之外,还应有对于特价商品的管理功能,使得站点内特价商品能在特别明显的位置出现,让客户在选购时能更为便利。

(3)订单资料管理

此部分的功能应包含所有对于站点订单的相关管理功能,可以统计出目前站点中各项商品的销售情况,依据销售数量与销售金额等来排名,使得结果一目了然。也可查询站点中的订单目前的处理状态如何、有多少新订单进来、能打印出订货单、设定订单出货,以及进行线上清款与客户退货等相关信用卡交易行为。

(4)会员资料管理

电子商务站点对于客户通常是采用会员制度,可让客户登录为会员,并保留客户的基本资料,除可借此了解客户并与客户取得联系外,系统将同时记录下客户的相关资料,有需要时可直接从资料库取出,不需客户重复输入很多繁杂的资料。管理系统也应提供相关的功能让站点管理者能够简单地管理会员资料,随时根据所需查询会员资料,了解客户的消费群等资料,以作为销售商品的参考。

(5)留言板管理

站点留言板是为了增加站点与客户间良好互动关系而设的,客户可在此留言板上留下各种意见和想法。对于留言板管理部分,系统应提供有多项功能以协助管理者能方便地新增、删除与修改留言板上的留言内容,并能对部分留言内容进行回应。

(6)最新消息管理

新消息管理应提供对站点最新公告事项的相关管理功能,包含了新增、删除、修改等功能,使得电子商场管理者能很方便地发布要告知客户的各项最新消息。

2.1.6 数据库技术

在电子商务业务中,需要使用储存在数据库中的大量信息。如商家为用户提供的商品信息、认证中心储存的交易角色的信息、配送中心需要使用的配送信息、用户的一些购买信息等。这些信息的存储和使用均需要有好的数据库技术作为支持。

数据库技术的发展非常快速,从简单的数据存储已经发展成为具有数据智能化的数据库处理系统。当前:数据库管理系统已发展到相当成熟的阶段,能高效、高质、安全地管理数据。数据库技术是企业管理信息系统的核心技术。该技术包括数据模型、数据库系统(db2、Oracle、Sybase、SQL server 和 FoxPro 等)、数据库系统建设和数据仓库、联机分析处理和数据挖掘技术等。

数据库技术的发展前沿仍然在美国,美国的 IBM、Oracle、Microsoft、Sybase 目前处于领先地位。我国的电子商务网站也多半在这些数据库厂商提供的数据库平台上建立网站。这些数据库都是关系型数据库,主要是通过二维表格将现实中事务的数据属性记录下来。同时,这些数据库自己也有强大的数据处理功能,包括:检索查询、事件触发、数据相关性检测等,甚至有些数据库还提供数据挖掘和数据职能等功能,为我们的网站系统提供了坚强的技术支持。

目前,IBM 的 DB2 是世界上存储数据量最大的数据库,在许多大型计算机应用中,包括电子商务应用,它都占有非常大的份额。而 Oracle 也是当仁不让,值得一提的是 Microsoft 的 MS SQL Server 后来居上已经占据了世界第三的位置,将原来的合作伙伴 Sybase 抛在了后边,在全世界最成功的电子商务网站 DELL,Microsoft 的数据库独领风骚,为 DELL 成为世界上最好的电子商务网站起到了非常重要的作用。

越来越多的第三方软件开发商帮助这些数据库生产商开发生产了更多更好的数据处理软件,包括了更多功能的数据挖掘和分析统计软件,为更好的数据库应用提供了发展的土壤。

应用于电子商务中的数据库技术主要完成:

①数据的收集、存储和组织,这些是每个数据库应用最基础和最繁杂的工作,这些数据的有效性和规范性直接影响到后期数据的个性处理,所以,网站开发的时候,开发商应该对这方面的处理非常谨慎和小心,目的就是为了处理日益增多的海量数据,为今后的决策等业务提供更好的基础性支持。

②若是有了非常严谨的数据基础,就为网站经营者提供了坚实的基础数据准备,网站的经营者就可以应用这些数据进行决策支持。

③数据挖掘,数据挖掘主要是为经营者提供更多的数据分析和决策支持,为整个网站的发展和经营决策提供更多的支持和帮助。

④商业智能,通过利用大量的数据积累,建立实用性非常强的经营数学模型,通过数学模型分析这些数据,从而找出规律性非常强的决策和经营指导依据,为电子商务的良性发展提供从基础数据到智能化分析的一揽子解决支持方案。

目前,大多数成功的数据库开发商都把数据挖掘和数据智能化作为自己的发展目标和发展方向,为了更好地使技术造福于人类,软件公司不断地积累、不断地研发电子商务的发展技术平台不断地完善和壮大,为更多的电子商务经营者提供了更好的技术后盾。

2.2 电子商务系统的信息化

企业信息化是开展电子商务的基础,企业信息化就是企业利用现代信息技术,通过信息资源的深入开发和广泛利用,不断提高生产、经营、管理、决策的效率和水平,进而提高企业经济效益和企业竞争力的过程。

2.2.1 企业信息化与电子商务的关系

1)企业信息化是实施电子商务的基础

在信息经济环境中,企业围绕着信息组织生产,企业首先要有获得信息的技术手段,在信息技术的支撑下,企业可以清楚地知道现实的市场需求、在什么地方、需要什么产品、需要多少。企业信息化不是在现行的业务流程中增设一套并行的信息流程,而是要按照现代企业制度的要求,适应市场竞争的外部环境,对企业业务流程进行重组和优化,并用现代信息技术支撑动作。电子商务的实质并不是通过网络购买东西,而是利用 Internet 技术,彻底改变传统的商业动作模式。电子商务将会帮助企业极大地降低成本、节约开支、提高动作效率、更好地服务于客户。对企业来说,电子商务是一种业务转型,真正的电子商务使企业得以从事在物理环境中所不能从事的业务。

2)电子商务是企业信息化建设的助推器

企业信息化建设成本高导致电子商务的应用效果不佳,但却又能通过电子商务来降低其交易成本。电子商务有助于降低企业的成本,为企业节约资金,企业恰好就可以利用这笔资金作为企业信息化建设的投资。此外,由于电子商务的发展已形成一定的客户和信息基础,这些

客户和信息又可以被企业信息化建设所利用。总的来说,发展电子商务可以从下列几方面促进企业信息化进程:

①通过外部竞争效益促进企业信息化建设。

②通过电子商务交易标准化促进企业信息化的标准化。

③电子商务的发展将通过倒逼机制促进网络安全的运行,从而为企业信息化建设提供安全保障。

④电子商务的发展将在全社会培养一批相关人才,从而为企业信息化建设提供人才支持。

在电子商务的引领下,企业不仅把互联网作为买卖的通信工具,更是作为基础的信息环境,把企业的客户、供应商与企业内部处理三条线集成在一起。

同时由于网络的扩充性非常好,这样就使企业在成长过程中有比较好的基础平台来支撑这种成长,企业可以利用电子商务为基础进行基于互联网的转型,从而实现企业信息化。因此,电子商务有助于企业尽快实现信息化,提高核心竞争力,是企业信息化建设的助推。

3)企业信息化与电子商务相互制约

企业信息化的现有技术状况阻碍了电子商务的发展,同时电子商务的发展又给企业信息化建设带来许多难题。电子商务本身要靠企业信息化建设的深入来发展,而多数企业的信息化程度和水平都达不到标准,这已成为制约电子商务发展的重要因素。

另一方面,电子商务又肩负着推进企业信息化建设的重任,企业希望通过电子商务的发展来促进企业信息化建设的开展。但是,由于电子商务环境与传统机构的经营模式有很大的区别,传统企业通过信息化开展电子商务,就必须依靠IT技术思想来修改自身的组织构架、业务流程和经营策略。但传统企业在利用IT技术时,很容易依循工业化的思路,单纯追求IT技术的自动化应用,不但创造不出新的高绩效的流程来组织生产,反而会由于对IT的投资造成新的成本来源,企业投资增加,影响企业信息化的投资和电子商务的进一步实施。

电子商务之所以这么难以迅速普及,就是因为企业缺乏这些完善的信息化环境。电子商务在实施的过程中要求企业在人事、技术、资金等方面都达到一定的深度,这对企业信息化建设带来更大的压力,发展电子商务的同时,企业信息化建设将面临更大的挑战。

2.2.2 信息系统建设的方法和过程

1)做好规划和准备

企业信息化对企业是一次机遇,同时也是一个艰苦而富有挑战的工程。在Internet的基础上,我国企业必须先解决好基础管理问题,抓住企业经营的核心要素,少走弯路,更直接地与网络时代的经济紧密融合。企业信息化建设,需要注意以下几个方面的问题:

(1)组建机构进行规划

首先,信息化具有综合性、系统性、整体性特点,是一项系统工程,涉及企业的各个方面。企业信息化应坚持"统一规划、统一投资、统一标准、统一建设和统一管理"的工作原则。必须清醒地认识到信息化的本质意义,不能简单地理解为买了微机、建一套网络或者上了网就实现了信息化,要看到信息化建设是由硬件建设和应用工作两部分组成的。硬件建设是必要条件,应用才是根本目的。

(2) 加强信息化建设的地位

推进信息化建设的管理机构要具有高层次的综合职能,才能适应信息化发展内在规律的要求。因此,这个部门不能简单地由某个科技或规划部门兼管,应该是一个具有全局性、独立的部门,要懂技术、能管理、会规划三者合一,否则将很难开展工作。企业应尽快将这项工作纳入到议事日程上来。

(3) 领导挂帅高度负责

实施信息化是一项"一把手"工程,企业最高领导层对信息化的重视、期待和参与程度是信息化获得成功的关键因素。没有胸怀全局、高瞻远瞩的企业高层领导人来亲自领导这项工作,没有责任心强、工作勤奋和精通信息技术的工作人员具体负责这项工作,信息化是很难发挥效益的。

2) 架构网络平台实现资源共享

如何合理有效地将企业人、财、物等资源更好地优化配置,是企业经营的根本之道。传统企业经营管理主要以金字塔型直线管理模式为主,纵向上由职能部门对所属业务进行垂直管理。这样的管理模式在传统企业运作中具有一定的积极作用。但是随着新经济时代的到来,它的副作用也日益明显,即横向上各部门之间缺乏有效的信息交流手段,纵向上信息的下行和反馈行为滞缓,不能高效率地组织好信息资源。所以,利用现代信息技术来改善传统企业的生产经营管理模式,就必须架构一个供大家共享资源的平台,即信息网络平台。实现的方法就是进行计算机网络建设,并与数据库和应用软件开发相配套。

目前,Intranet 作为一种利用 Internet 技术组建企业内部网络的成熟先进技术,已成为企业各部门之间信息查询的通用平台,是实现企业信息化最重要的途径。这种解决方案在实际应用中是切实可行的,目前已有成功的先例可以借鉴。尤其是计算机网络系统结构已从过去的终端/主机模式、客户/服务器模式发展到现在的浏览器/Web 服务器模式。由于浏览器/Web 服务器概念,实现了开发环境与应用环境的分离,使开发环境独立于用户前台应用环境,便于用户的使用。在业务应用方面,达到将企业各部门业务信息管理系统构筑到网络平台之上,帮助企业实现决策支持。在内部信息发布方面,达到企业的新闻消息、重大事件、生产行为、决策信息快捷准确地发布到内部网上,每一名关心企业发展的职工都可以在第一时间了解企业里的有关情况。

3) 启动上网工程开展电子商务

企业上网是企业信息化的重要内容,企业网站在现代及未来的资讯社会将成为不可缺少的企业识别标志之一,有人将其形象地称为企业的电子商标。由于 Internet 在全球迅速普及,上网人数呈几何级数增长,一些具有前瞻性的企业纷纷启动上网工程。建立门户网站,不仅可以展示企业形象、提高知名度,而且也有助于加强企业与社会之间的信息联系、沟通及互动交流。

企业上网包含两方面的含义,一是企业登录 Internet,浏览查询各类信息,帮助企业了解外部世界,从而快捷准确地寻找到有价值的信息。主要有两种途径可以实现这项工作,即拨号接入和专线接入,企业可根据自己的实际情况来选择。二是企业在 Internet 上建立自己的网站和主页,让众多的上网者了解企业的有关情况,达到宣传自己、提高影响力的目的。

4) 信息化建设的具体步骤

电子商务系统是商务与技术结合的产物,所以在电子商务应用的全过程中,都必须充分兼顾商务和技术两个方面的因素,以科学、合理的程序展开系统设计、建设和应用工作。如果按阶段划分,要实现电子商务应用,电子商务系统建设大致需要经过下列五个阶段。

(1) 商务分析阶段

这是实现电子商务应用计划的第一步。这一阶段的工作主要是进行充分的商务分析,主要包括需求分析(包括企业自身需求、市场需求以及客户需求等)和市场分析(包括市场环境、客户分析、供求分析和竞争分析等)两个方面。

在电子商务条件下,市场范围扩大,创新速度加快,竞争的压力越来越大,竞争的频率越来越高,因此必须对拟建的电子商务系统在未来可能面临的竞争尽可能作出分析,最大限度地避免竞争失利。此外,还要对企业自身状况进行分析,包括对企业组织、管理、业务流程、资源、未来发展的分析等等。要结合电子商务的特点,从供应链的角度重新审视企业组织、管理与业务流程,寻找与电子商务的最佳结合位置。

(2) 规划设计阶段

在完成上述商务分析的基础上,并在掌握电子商务最新技术进展的情况下,充分结合商务和技术两方面因素,提出电子商务系统的总体规划,提出电子商务系统的系统角色,提出电子商务系统的总体格局,亦即确定电子商务系统的商务模式,以及与商务模式密切相关的网上品牌、网上商品、服务支持和营销策略四个要素。

电子商务系统设计工作可以由此展开,也即从子系统、前台、后台、技术支持、系统流程、人员设置等各个方面全面构架电子商务系统。此阶段工作完成的好坏,将直接关系到后续电子商务系统建设和将来电子商务系统运行和应用的成功与否。

(3) 建设变革阶段

这个阶段的工作分为两条线:一条线是按照电子商务系统设计,全面调整、变革传统的组织、管理和业务流程,以适应电子商务运作方式的要求;另一条线是按照电子商务系统设计,全面进行计算机软硬件配置、网络平台建设和电子商务系统集成,完成电子商务系统技术支持体系的建设,从技术上保障电子商务系统的正常运作。

(4) 整合运行阶段

上述建设变革阶段完成后,就可以将经过变革的组织、管理和业务流程,与已经建好的电子商务技术平台整合起来,进行电子商务系统的试运行。再经过必要的调整、改进以后,实现电子商务应用的工作就可以进入整合运行阶段,开始实现电子商务应用。

(5) 维护完善阶段

企业电子商务系统建设绝不是一旦建成就可以一劳永逸的事情,必须在系统应用的过程中,根据企业商务和网络技术等各个方面的变化,不断创新、改进、完善,确保和提高企业电子商务系统的竞争能力。

无论是传统企业还是新兴的电子商务企业,在企业电子商务化过程中,一方面需要加强企业内部的信息集成,通过实时、正确、一致的信息强化企业内部各个环节之间的协作,优化企业内部从营销到采购、生产和售后服务等各个环节的业务流程,高效率地组织企业的内部资源。另一方面,利用 Internet 紧密连接经营管理过程中所涉及的外部力量,从而形成一条畅通于客户、企业内部和供应商之间的信息流,通过 Internet 把客户、企业、供应商连接在一起,进行高效率的商务协作,使企业能够借助内外部的力量,以最快的速度、最低的成本响应市场,及时提供个性化的产品和服务。因此,无论是传统企业还是新兴的电子商务企业,要实现真正的电子商务,需要对企业的信息技术、业务流程管理、组织结构和企业文化进行根本性的变革,以适应电子商务时代企业发展的需要。因此,企业在对电子商务解决方案的技术选型时,需要充分考虑解决方案的先进性、实用性和前瞻性,不仅能够满足企业现在的应用需要,而且能够方便、高效率地对已有系统进行扩展,及时满足不断提高的应用需求。

2.2.3 企业信息化建设的内容

1)企业信息化的基本要求

(1)以提高企业的效益和竞争力为目标

这里所说的效益包括经济效益和社会效益,这里所说的竞争力包括在国内市场和国际市场赢得或保持竞争优势的能力。企业搞信息化,无论是计算机辅助设计、计算机辅助制造或者管理信息系统、制造资源计划,还是柔性制造系统、计算机集成制造系统或者 Internet、Intranet,都要注重效益,有利于增强竞争力。企业信息化的目的务必明确,并需把它用来作为衡量企业信息化成败的标准。

(2)以企业管理的规范与优化为基础

企业信息化是三分技术、七分管理,不能单纯依靠技术人员的努力,必须有全体管理人员特别是高层管理者的积极参与和领导。信息化是为了改进管理,提高管理效率,而在管理制度不健全、管理机构不稳定,管理还不规范的情况下,追求信息化往往是劳民伤财。在整顿和加强管理的基础上推进信息化,用信息化促使企业管理的重组和革新,才会走向成功之路。

(3)以信息资源的深入开发和充分利用为核心

重硬轻软、重信息设备轻信息内容,以及重规划轻实施,是企业信息化的通病。企业信息化能否奏效的关键,在于对企业内外的数据和信息的整理和分析,以及这些数据或信息在生产、销售和管理、经营中发挥作用的程度。数据库或数据仓库也好,信息系统或信息网络也好,它们的功能就表现在其内含的信息资源的有效利用上。在信息时代,把信息提炼为知识,再把知识激活为智力,即企业智商,使其成为经济和社会不断发展的源泉尤为紧迫。

(4)以围绕企业的产出为重点

企业的产出表现为产品或服务。企业搞信息化要紧紧围绕着产出,为其降低成本、提高质量、快速供应、减少库存、扩大销路、持续创新、缩小开发和生产周期,以及增进顾客对消费的满意度服务。朝这个方向努力,企业信息化必然会得到企业主管的重视和支持。

(5)以提高人员素质为根本

企业信息化同其他任何工作一样,最终决定于人及其素质。人员的培训和他们水平的提高是个根本性问题。专业人员的技术和创造力固然重要,企业领导干部的观念和智慧以及全体职工的信息意识和整体素质尤为重要。这个问题的解决非一日之功,需持之以恒。

2)企业信息化的内容

信息化建设并不是一个单纯的技术问题,而是一项系统工程,它不仅包括了计算机软硬件技术、网络技术,更重要的是在信息化的过程中,必须对企业的管理制度、组织机构、运行机制进行深层次的变革,必须融入现代化思想,应用现代化管理方法,提高职工的整体素质。交流、协作、控制是现代化企业办公管理的目标,企业的 Intranet 应能实现如下的功能:采集、加工、传递、查询、分析各类业务系统信息数据,员工之间、部门之间、企业之间的信息交流与协作,人事、档案、公文、会议等办公管理,企业资源管理,财务管理,工作、项目、任务管理与监控,客户信息管理、技术支持、售后服务、产品维护等管理,Internet 信息、卫星信息的自动采集与查询,企业信息发布以及各类 Internet 网上行销行为,对各类业务数据、办公信息、外来信息的分析处理,电子商务等等。基本可以概括为以下几个方面:

(1)办公自动化

办公自动化、信息化(OA 系统):实现信息传递、信息类资源的共享、电子邮件、公文流转、工作日程安排、小组协同办公、工作流程自动化。

(2)业务处理自动化

业务处理自动化、实时化(即企业的 MIS 系统、辅助决策系统):实现企业业务管理下的计划管理、项目管理、财务管理、人力资源管理等为主要内容的基础管理业务处理活动自动化和信息化。

(3)生产自动化

设计、生产过程自动化、信息化:侧重于生产过程自动化、信息化、制造资源规划(MRP)、企业资源规划(ERP)、计算机集成制造系统(CIMS)的建设。

(4)客户服务网络化

利用信息系统及时了解客户信息,并以最快的速度提供客户满意的服务。客户服务自动化在国外已被作为公司发展最为重要的一部分,在国内刚刚起步,但其重要性正在被更多的企业所认识。

2.3 电子商务支付系统

支付系统、配送系统和安全系统被认为是电子商务发展的三大瓶颈,其中支付系统的可靠和安全是最为重要的。

2.3.1 电子支付系统

电子商务一个基本的问题就是如何通过现有的网络技术如 Internet Web、数据加密、PKI-CA 系统、防火墙技术、各种交易协议(如 SET)、客户端浏览技术和软件等,使得消费者和商家透明地进行安全交易。其中,支付系统的可靠和安全,是整个电子商务框架的基础和保障。当前的主要支付方法有信用卡支付、电子支票、电子现金、Smart Card,同时衍生出很多类型的支付方案。

1)电子支付系统的定义

电子支付系统是指用电子技术,主要包括计算机和通信技术,在网络中发出、传递支付指令,通过电子支付工具完成支付结算的支付系统。它包括了支付工具的电子化和支付技术的电子化,统称为电子支付系统。电子支付系统的实现机理与传统支付系统之间存在内在的联系。

在一般情况下,消费者首先以一定金额的现金或存款从发卡者处兑换得代表相同金额的数据,通过使用某些电子化方法将该数据直接转移给支付对象,从而能够清偿债务。这种方法实施的基础是金融电子化,以商用电子化设备和各类交易卡为媒介、计算机技术和通信技术为手段、二进制(0,1)为存储形式,通过计算机网络系统进行买卖交易。

2)电子商务的电子支付发展阶段

①银行利用计算机处理银行间的业务,办理结算。

②银行计算机与其他机构计算机之间的结算,如代发工资等。

③利用网络终端向消费者提供各项银行业务,如消费者在 ATM 上进行取款、存款、转账、密码设置和更改、账户查询等操作。

④利用银行销售点终端(POS)向消费者提供自动的扣款服务,此为现阶段电子支付的主要方式。

⑤网上支付,即电子支付可随时随地地通过互联网进行直接转账结算,形成电子商务环境。

3)电子商务支付系统分类

目前,全世界所使用的支付系统不下几十种,根据在线传输数据的种类(加密、分发类型),大致可以分为三类:

(1)使用"信任的第三方(Trusted Third Party)"

消费者和商家的信息比如银行账号、信用卡卡号都被双方信任的第三方托管和维护。当要实施一个交易的时候,网络上只传送订单信息和支付确认、清除信息,而没有任何敏感信息。实际上通过这样的支付系统没有任何实际的金额交易是在线(On-line)实施的。First Virtual 是典型的信任第三方系统。在这种系统中,网络上的传送信息甚至可以不加密,因为真正金融交易是离线实施的,但是不加密信息,同样可以看成是一个系统的缺陷,而且消费者和商家必须到第三方注册才可以交易。我国的支付宝现在已经是国内领先的独立第三方支付平台,由阿里巴巴集团创办。

(2)传统银行转账结算的扩充

在利用信用卡和支票交易中,敏感信息被交换。例如,消费者要从商家购买产品,可以通过电话告知信用卡号以及接收确认信息;银行同时也接收同样的信息,并且相应地校对用户和商家的账号。如果这样的信息在线传送,必须经过加密处理。著名的 Cyber Cash 和 VISA/Master Card 的 SET 就是基于数字信用卡(Digital Credit Cards)的典型支付系统。这种支付系统,对于 B2C 在线交易是主流,因为现在大部分人更习惯于传统的交易方式。通过合适的加密和认证处理,这种交易形式,应该比传统的电话交易更安全可靠,因为电话交易缺少必要的认证和信息加密处理。

(3)各种数字现金(Digital Cash)、电子货币(Electronic Money and Electronic Coins)

和前面的系统不一样,这种支付形式传送的是真正的"价值"和"金钱"本身。前面两种交易中,信息的丢失往往是信用卡号码,被伪造的信息也只是信用卡号等。在这种交易中偷窃信息,不仅仅是信息丢失,往往也是财产的真正丢失。

通过支付手段又可以分为电子信用卡支付、Smart Card 支付、电子现金支付、电子支票支付等。

2.3.2 电子支付系统安全

1)电子支付系统的安全技术

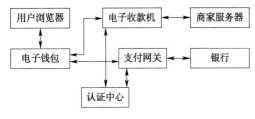

图 2-2　电子商务电子支付框架

电子商务支付信息流动典型结构如图 2-2 所示。在图 2-2 中,信任第三方是 CA 认证中心。商家和客户都必须从 CA 认证中心得到自己的证书,然后通过 CA 认证。很明显,各个部分的信息传递,必须要经过加密处理;信息来源和目的,必须经过认证。

在电子商务支付系统中,消费者和商家面临的威胁有:

① 虚假订单:假冒者以客户名义订购商品,而要求客户付款或返还商品。
② 付款后收不到商品。
③ 商家发货后,得不到付款。
④ 机密性丧失:PIN 或口令在传输过程中丢失;商家的订单确认信息被篡改。
⑤ 电子钱包的丢失:可能是物理破坏,或者被偷窃。这个通常给用户带来不可挽回的损失。

相应的安全技术有:

① 网络安全检测设备(SAFT suite)。
② 访问设备(安全认证卡)。
③ 浏览器/服务器软件(支持 SSL)。
④ 证书(VeriSign)(PKI-CA、公钥密钥加密算法)。
⑤ 商业软件(支持电子支付)。
⑥ 防火墙(RSA 的 BSAFE:支持 RSA、DES、Triple DES、RC2、RC4 等)保护传输线路安全(电磁辐射屏蔽等)。
⑦ 防入侵措施、IDS、DIDS(入侵检测系统、分布式入侵检测系统)。
⑧ 数据加密(最基本的安全技术,如链路、节点、端对端加密等)。
⑨ 访问控制(根据角色访问等控制)。
⑩ 鉴别机制(报文鉴别、数字签名、终端识别等)。
⑪ 路由选择机制(阻止不合适的 IP 访问、DOS 攻击防范)。
⑫ 通信流控制(掩盖通信频度、报文长度、报文形式、报文地址等)。
⑬ 数据完整性控制(来自正确的发送方、数据传送到正确的接收方)。
⑭ 端口保护(反端口扫描等)。
⑮ 病毒木马防范措施。

2)典型的电子支付系统应用及安全

(1)中间介质服务和信任第三方支付系统

① First Virtual 支付系统(无敏感信息在网上传送)。First Virtual 系统的特点是,操作简单,不需要加密信息,适合小面额的交易。它的购物过程,如图 2-3 所示(数字标号表示信息流动时间顺序)。

买方、卖方和信任第三方之间的数据流动关系,如图 2-4 所示。First Virtual 的缺点是,传送的信息都没有加密,身份认证也仅仅处于表面上的账号验证。客户和商家必须都在第三方上注册。用户容易被别人冒充;第三方发送给用户的账户确认信息,也可以被冒充者伪造;订单和用户账号信息完全暴露。适合的支付范围只是小面额的交易。

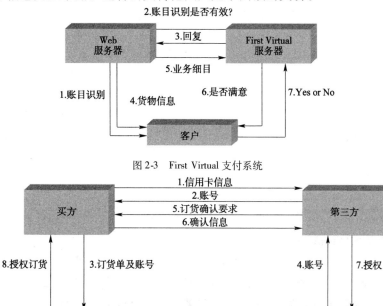

图 2-3　First Virtual 支付系统

图 2-4　买方、卖方和信任的第三方之间的数据流动关系

②Cyber Cash(敏感信息加密,委托的第三方代理)。使用 Cyber Cash 支付系统,客户端必须先下载 Cyber Cash 软件,即"钱夹"。在建立钱夹过程中,买方将信用卡信息提供给第三方 Cyber Cash;Cyber Cash 指定一个加密的代码代表信用卡号码,传送给买方;当买方向接收 Cyber Cash 的卖方购物时,它只需简单地输入代码;卖方将代码及购买价格传送给 Cyber Cash;Cyber Cash 证实这一情况并将资金及购买商品的授权传送给卖方。

加密技术使用 56 位和 768~1024 位的 RSA 公开密钥对产生数字签名。整个过程历时 15~20s,如果网络拥挤会要更长时间。客户使用的整个购物和支付过程只需输入一个信用卡号,而后台的第三方和银行,以及商家之间的交换信息需要一系列的加密、授权、认证。交易本身需要的成本比较高,适合大面额的交易,安全度也比较高。特别是交易的各方,都要采用数字签名来验证自己的身份,所以抗伪造性和抗业务否定性比较好。需要说明的是,客户和商家双方均必须使用 Cyber Cash 软件。这就是说,要非常信任第三方。由客户和商家注册到第三方,比如 Cyber Cash 服务器上的时候,注册后的签名是不能修改的。如果要修改,就要重新注册。

③支付宝(第三方担保)。简单来说,它的功能就是为网络交易的双方乃至线下交易者提供"代收代付的中介服务"和"第三方担保"。从支付流程上来说,类似于电子邮件支付模式,业务上的不同之处在于电子邮件支付业务是基于信用卡的支付体系,并且很大程度上受制于信用卡组织规则(在消费者保护方面)和外部政策的影响,另外支付宝虽然不排斥"国际使用者",但是规定"则需具备国内银行账户"。支付宝的设计初衷同样也是为了解决内网上交易资金安全的问题,特别是为了解决在其关联企业淘宝网 C2C 业务中买家和卖家的货款支付流

程能够顺利进行。其早期基本模式是买家在网上把钱付给支付宝公司,支付宝收到货款之后通知卖家发货,买家收到货物之后再通知支付宝,支付宝这时才把钱转到卖家的账户上,交易到此结束。在整个交易过程中,如果出现欺诈行为,支付宝将进行赔付。现在支付宝交易流程,如图 2-5 所示。

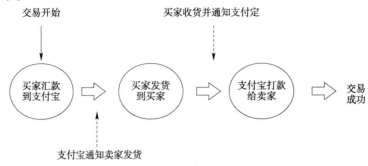

图 2-5　支付宝交易流程示意简图

（2）智能卡系统（Smart Card System）

智能卡（Smart Card IC），即嵌入式微型控制器芯片的 IC 卡。使用智能卡,必须使用相应的读卡设备和智能卡操作系统。开发商使用智能卡的程序编制器,同时提供智能卡应用程序接口。支付过程是:启动浏览器;通过读卡机登录到开户银行上,将卡上信息告知银行;用户从智能卡上下载现金到商家的账户上,或从银行账号下载现金存入卡中。

CAFE（Conditional Access For Europe）是欧共体 ESPRIT 计划的一个项目。这个计划主要是关于商店支付,而不是在 Internet 上的支付。主要的硬件是 Pocket-sized Electronic Wallets（便携式电子钱包）。CAFE 主要是支持离线交易,允许客户在丢失电子钱包的情况下,一样使用。钱包中所有关于钱的数据都是被加密过的格式。CAFE 支付设备通过 ATM 从一个银行账户上获得"货币"。这个就是"提前支付"的概念,本身下载下来只是货币的相关信息,不是真正流通货币。当用户要购买东西的时候,用户的 CAFE 设备向商家传送相关价值的"Coins"（硬币）。然后商家就得到了有关这些 Coins 的价值信息。然而,商家必须存储这些电子的货币价值形式,然后再兑换成真实的货币。这些 Coins 的流通,是有代号确定的,以防止被重用。

CAFE 交易模式:用户离线交易模式。由于用户和商家的交易是在离线状态下进行的,所以需要在一定的时候在线确认。CAFE 对于客户而言是原子（Atomic）性质的交易,也就是说,一次只做一次。而对于商家来说,就不是了。商家得到了用户的电子形式的货币,并不能马上兑换成实际的货币。CAFE 和其他形式的支付的接口,严重依赖硬件设备协议实现方式。知道设备 PIN 的用户才是唯一合法的用户。CAFE 的硬件设备,完全记录整个的交易,用户可以查询得到自己的花费信息。用户使用 CAFE 是比较安全的。从交易信息开始传输到传输结束,整个过程对用户来说都是透明的。而且,CAFE 本身有良好的便携带性。适合商店使用的 CAFE 比适合 Internet 的交易更富有通用性和挑战性。CAFE 本身也是适合比较小面额的交易。所有的用户信息,都记录到 CAFE 本身的终端硬件设备上面,如果硬件设备损坏,将是不可挽回的损失。

Mondex 属于磁条卡式电子现金卡。国际三大信用卡组织（Visa、MasterCard 和 EuroPay）合作开发了 EMV 系列标准、比较成功的试点产品有 Mondex、Visa Cash。

1995年7月Mondex首先使用,最大限额500英镑。2000年Mondex增到300万~500万张。使用Mondex电子钱包,只要3~5s就可以完成交易,使用密码锁定方式,安全性比较高,而且支持转账结算和资金划拨功能。

智能卡由于涉及硬件设备,因此必须有相应的硬件设备的支持。智能卡的普及非常迅速,尤其在法国。可以肯定的是,使用智能卡交易,安全可靠,但是要防止的是智能卡的物理丢失。如果不需要物理上的PIN验证,那么丢失了智能卡,也就丢失了财产。CEPS(Common Electronic Purse Specification)由EuroPay International、SERMEPA、Visa International、ZKA支持开发;还有EuroPay/MasterCard/VISA(EMV)Specification等。EMV'96是由EuroPay、MasterCard和Visa(EMV)开发的私有规范,用嵌入了集成电路的卡实现支付。EMV'96是采用智能卡技术的信用卡和借记卡应用的全部规范的集合。这些规范提供了信用卡从磁条向芯片技术转移的框架,从而可以减少欺诈和改善信用风险的管理。

Multos:1997年由Maosco协会(发起者为Mondex等工业界领袖)提出的一种更成熟的多用途智能卡技术,与EMV兼容。Multos对应用的生命周期提供了一种审核策略,包括安全下载、存储和删除。芯片制造商东芝、西门子以及摩托罗拉正在生产此类产品,而且MasterCard和American Express已经采纳了此技术。

2.3.3 移动银行

移动银行也可称为手机银行,是利用移动通信网络及终端办理相关银行业务的简称。作为一种结合了货币电子化与移动通信的崭新服务,移动银行业务不仅可以使人们在任何时间、任何地点处理多种金融业务,而且极大地丰富了银行服务的内涵,使银行能以便利、高效而又较为安全的方式为客户提供传统和创新的服务。而移动终端所独具的贴身特性,使之成为继ATM、互联网、POS之后银行开展业务的强有力工具,越来越受到国际银行业者的关注。中国移动银行业务在经过先期预热后,逐渐进入了成长期,如何突破业务现有发展瓶颈,增强客户的认知度和使用率成为移动银行业务产业链各方关注的焦点。

手机银行是由手机、GSM短信中心和银行系统构成。

在手机银行的操作过程中,用户通过SIM卡上的菜单对银行发出指令后,SIM卡根据用户指令生成规定格式的短信并加密,然后指示手机向GSM网络发出短信,GSM短信系统收到短信后,按相应的应用或地址传给相应的银行系统,银行对短信进行预处理,再把指令转换成主机系统格式,银行主机处理用户的请求,并把结果返回给银行接口系统,接口系统将处理的结果转换成短信格式,短信中心将短信发给用户。

移动银行作为一种结合了货币电子化与移动通信的崭新服务,不仅能使人们在任何时间、任何地点处理多种金融业务,而且丰富了银行服务的内涵,使银行以便利、高效又较为安全的方式为客户提供服务。移动银行作为网上银行的延伸,也是继网上银行、电话银行之后又一种方便银行用户的金融业务服务方式,有贴身"电子钱包"之称。它一方面延长了银行的服务时间,扩大了银行服务范围,另一方面无形地增加了许多银行经营业务网点,真正实现24h全天候服务,拓展了银行的中间业务。是世界范围内商业银行应对信息化大潮、本着随时随地服务于客户的宗旨、创新和发展出的又一项崭新的银行业务产品。移动银行因其"贴身金融管家"的特点,将随着手机越来越普遍的使用和手机技术的完善而为银行带来巨大的业务发展前景。

思考题

1. 为什么企业信息化建设是开展电子商务的基础和前提?
2. 为什么网络营销理论会对企业经营产生巨大的影响?
3. 为什么企业网站的建设,是企业网络营销活动的重要组成部分;网站建设得好与坏如何来评价?
4. 为什么支付系统会成为电子商务发展的瓶颈?
5. 电子商务的主要部件及关键技术有哪些?
6. 选择ISP时应该注意哪些问题?
7. 企业信息化的内容有哪些?
8. 电子商务支付系统有哪几类?

第 3 章　汽车制造的电子商务应用

学习目标

> **知识目标**
> 1. 能够简述生产企业的生产经营管理过程；
> 2. 能够简述生产企业在配套产品与售后服务的改进与提高方式；
> 3. 能够正确描述配套产品的网上采购过程、采购的优势与意义。
>
> **能力目标**
> 1. 掌握电子商务对企业的影响；
> 2. 会运用电子商务进行配套产品的选择与交易；
> 3. 利用现代化手段对客户进行跟踪和服务并寻找有效的营销方法。

3.1　电子商务对企业的影响

电子商务不仅是企业提高效率、降低成本的有力手段，而且能够帮助企业突破发展中的管理瓶颈。在汽车市场能否合理应用电子商务模式是解决我国汽车市场中企业规模扩张和有效管理之间矛盾的关键。例如，上海通用汽车有限公司共有冲压、车身、油漆、总装和动力总成五大车间。各车间均采用模块化设计、柔性化生产，可以实现多个车型共线生产，以满足市场多元化的需要。电子商务对现代企业管理的影响是极为深远的，也是不可逆转的，在以下几个方面表现得尤为明显。

3.1.1　电子商务对企业组织机构的影响

电子商务改变着世界，纵横交错的计算机网络改革了信息传递方式，使其由阶层型变为水平型。最重要的改变和发展将体现在企业经营和管理方式上，由原来从上至下的垂直结构向水平型的开放结构转变；与信息传递方式相依的管理组织结构，也从金字塔型变成矩阵型。原来起上传下达重要作用的中层组织逐渐消失，而由实施电子商务的企业信息网络承担。缩短了相互作用和影响的时间滞差，加快了经济主体对市场的反应能力。

3.1.2　电子商务对企业营销活动的影响

传统营销体系的成功依赖于严密的营销渠道建设，并以大量人力与广告投入占领市场。而这些在网络时代将成为过去，网络的特征决定了网上营销特征，并彻底改变了传统营销模式。市场调查、广告促销、经销代理等传统营销方法都将与网络结合。随着网络技术迅速向宽带化、智能化、个人化方向发展,用户可以在更广阔的领域内实现多媒体信息共享和人机交互功能,使得传统营销方式发生革命性的变化。网上营销的企业竞争是一个以顾客为焦点的竞争形态,争取顾客、留住顾客、扩大顾客群体、建立亲密顾客关系、分析顾客需求、创造顾客需求等,都是营销的关键。

3.1.3　电子商务对企业采购管理的影响

汽车生产涉及的零部件数量十分可观,零部件采购一直是许多汽车制造企业投入大量人力、物力的环节。在传统采购方式下,由于采购的对象数量有限,又受到地域限制,所以采购的效率和采购的成本都很难达到较为理想的水平。利用电子商务方式实现汽车零部件的网上采购可以及时获得市场和用户对产品的需求信息,并进行分析汇总,以便作出科学的采购决策。在此基础上,还可与汽配厂商、汽车用品厂商、汽车维修设备厂商等供应商之间用电子化的手段交付订单、处理订货信息。所以说,实施零部件的电子商务采购,能够大大缩短采购周期,提高采购的准确性和效率,降低采购成本,扩大采购范围,减少无效库存,保证库存的合理性,对提高汽车业的经营效率和经济效益意义重大。

3.1.4　电子商务对企业财务、资金流管理的影响

传统的财务、资金流管理最基本的特点是对财务信息处理的事后处理。并且财务信息的处理方式是单机的、封闭的,即使是会计电算化,也只不过用计算机代替了手工处理而已,并没有改变信息处理的方式。而实施电子商务平台的财务系统,通过电子商务手段处理连锁经营体系的财务往来业务,及时了解连锁经营体系中各个环节的销售、库存等情况,分析优化资金流,减少呆账、坏账,缩短账期,增加整个经营体系的资金周转率。

3.1.5　电子商务对企业人力资源管理的影响

通过电子商务方式进行人才招聘已被越来越多的汽车企业所认识,与此相应的人才测评、人才流动的方式也正在网上迅速发展。与传统的人才招聘、录用方式相比,改用电子商务方式进行招聘具有十分明显的优势:

①可以改变过去集中时间单独招聘或通过人才市场招聘的做法。通过汽车生产或配件企业网站可全天候发布用人信息,随时恭候合适人选应聘。

②将大大降低人才招聘的开支,提高招聘的效率。

③人才的招聘范围将不再受地域的限制,可扩展到全国,甚至全球范围。

④人才的网上测评可采用灵活多样的方法,提高测评的科学性和准确性。

⑤人才通过网上流动可以长期地进行,既节省费用,又有更多的机会。

与此同时,在汽车企业内部,员工之间的直接交流和沟通比过去更加方便。信息、知识资源共享以后,员工之间相互信任、相互学习、相互交流的气氛会不断增加,实施电子化人力资源管理后,汽车企业将成为员工学习知识、发展自我、实现人生价值的地方,而不应成为不容差错和失误、束缚个人自由发展的流水生产线。

3.1.6　电子商务对企业研究和开发管理的影响

汽车企业生产所需要的技术,总是一部分来源于企业自身的研究与开发,一部分来源于企业外部。两个来源的比例对于不同的汽车生产企业而言,可以相差很大,但不可能完全没有外部的技术来源。从外部来源看,电子商务改变着技术交易的形态,大大拓宽了汽车企业搜索所需技术的视野,也拓宽了企业委托开发的范围,改变了汽车企业从外部获取所需技术的管理方式。从内部来源看,由于研究开发可以做到资源共享,大大提高了研发的效率、降低了研发的开支。另外,汽车企业自身的研究与开发由于有"需求信息"的输入,必然会改变汽车企业研究与开发的组织形态。例如,消费者可以通过网络设计出自己喜爱的轿车车型。生产厂家在网上与消费者协商好价格之后,就必须在足够短的时间内完成设计、生产、送货的工作。企业研究与开发的管理必须与此相适应,即对知识、人员和技术资源实现有效配置。

3.1.7　电子商务对企业内部管理的影响

汽车企业内部管理理念发生了变化,未来的汽车企业将为管理信息而存在,为管理信息而发展。虽然汽车企业管理以生产销售为重要内容的实质不变,但由于信息资源、技术资源逐渐成为企业未来发展的主导资源。信息管理将成为汽车企业管理的重点和根本所在。电子商务时代,汽车售后连锁系统内各组成部分包括总部、分销中心、仓储配送中心、连锁店、加盟店、养护中心、维修厂、快修中心实行内部的信息管理系统,包括汽配的进销存管理系统、汽修业务管理系统、办公自动化系统等。通过实施内部的信息管理系统,起到强化内部管理、规范经营管理模式等作用,促进连锁组织体系各个组成部分实施规范化管理。

3.2　汽车制造配套产品的电子商务

3.2.1　汽车零部件及配套产品网上采购的优势

1)显著降低采购成本

①采购企业可以通过网络进行全方位的选择,改变过去人工采购时供应商数量的局限性,可以在更大范围内进行比较选择,从中选择报价和服务最优的供应商。

②采购过程基本可在办公室通过网络进行,采购商与供应商大部分面对面的接触将被信息传输所代替,可大大节省采购人员的差旅费开支,一些不规则采购行为也失去了市场。

③采购过程的无纸化,不但节省了大量纸面单证的制作、印刷、保存的成本,而且可以减少单证处理人员的工作量,节省相应开支。

④由于电子化采购使得供求双方直接接触,减少了中间环节的参与,进一步降低采购成本。

2)有效提高采购效率

①在电子化采购中,采购商与供应商以及采购公司内部烦琐的手续都将得到简化。信息的传递会更快捷、更方便。物流配送可由专门的第三方物流提供方来完成等。这些都将有效提高采购的效率。

②在传统的采购过程中,由于大量的人工数据传输,往往会出现一些人为错误。如装运日期、不同规格物资的数量等往往会出现差错,常会给采购工作带来不利影响,甚至造成采购工作的失败,产生不必要的经济损失。电子化采购实现了采购信息的数字化、电子化,减少了重复录入的工作量,也使人工失误的可能性降到了最低限度。

③采购过程的自动化,在减少管理人员数量的同时,可有效提高采购管理的效率。如美国Aberdeen集团对传统采购和电子化采购在成本和效率方面作了比较,如图3-1、图3-2所示。

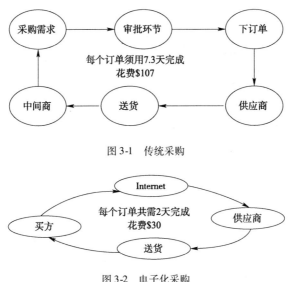

图3-1　传统采购

图3-2　电子化采购

3）获得采购主动权

①电子化采购中,企业充分考虑了自身的实际需求,再通过网络动态地向供应商公布采购要求,这样可减少采购的盲目性,要求供应商按需提供采购物资。

②采购价格是竞价的结果,采购商将自己所需的产品信息在网上公布出来,供应商之间展开价格与质量的竞争,胜者负责将质优价廉的采购物资交付给采购商。

③采购商可以与供应商随时进行沟通,获得即时的售后服务。

4）优化采购管理

①便于对采购业务进行集中管理。电子化采购使企业的采购职能通过网络实现,便于企业把分散在不同部门、不同地点、不同人员的采购行为集中在网上实现。这样既可使企业通过集中采购降低采购价格,又可使采购活动统一决策、协调运作。

②提高企业存货管理水平,电子化采购是一种"即时性"采购。提出采购需求到采购物资的到位可以做到各个环节的紧密衔接不会产生大的延误,这样可使存货管理达到最优化的水平。电子化采购可以逐渐使企业从高库存生产向低库存生产、微库存生产过渡,直至实现零库存生产。

5）保证采购质量

电子化采购中采购商可以在很大范围内选择供应商,尽可能找到质量和价格最为理想的合作伙伴。如对对方的供货信息有疑问,还可进行实地考察,防止质量事故的发生。对原来通过中间商采购的企业来说,可以直接通过网络与生产商联系,防止假货的问题。应该说,电子化采购的不断普及,对保证产品质量、打击假冒伪劣能起到很好的促进作用。

6)增加交易的透明度

①电子化采购可提高供应商的透明度。供应商为了被更多的采购商选中,尽可能在网上提供详尽的信息,并会想方设法在服务、价格等多方面体现出自己的竞争优势。这样就便于采购商选择比较,找到理想的合作伙伴。

②提高采购商品的透明度。无论是原材料、零部件,还是企业外购的各种服务,电子化采购可为采购商提供数量众多的可选品种,不同品种的采购商品的数据均可详细得到,采购商品的透明度显著提高。与此同时,借助网络还可得到其他可替代产品或服务的信息,更有利于企业作出选择。

③提高采购价格的透明度。网络上众多供应商"同台竞技",那些虚报价格、爱在价格上玩花样的供应商必然会遭到采购商的抛弃。所以,网络使采购价格完全透明,只有货真价实的商品才能真正受采购商欢迎。

7)加强供求双方之间的业务联系

电子化采购将大量买方和卖方聚集在一起,形成公平的市场交易价。供求双方必须在公平价格的基础上,加强双方的业务联系,以保证双方共同的利益。为了降低生产成本,采购商会邀请供应商共同设计改造生产流程,开展多种形式的技术合作,帮助企业提高原材料和零部件的利用率。同时,还会要求供应商在合适的时间、合适的地点,向采购商提供合适数量和质量的物资,使采购商做到零库存生产。而供应商会更多地从采购商的深层次需求出发,帮助企业设计、生产出价格更低、质量更好的原材料或零部件。电子化采购使供求双方更好地成为利益共同体。

8)适应电子商务发展大潮

电子商务的快速发展,要求企业必须充分把握网上商机。借助网络实现电子化采购是适应电子商务发展大潮的必然选择。

3.2.2 配套产品采购资源网系统组成

采购资源网一般由以下7个子系统构成:

①产品管理子系统。产品管理子系统主要完成对信息网内的最基础数据——协作产品的管理和维护工作。

②供应商子系统。供应商子系统包括对供应商信息的添加、维护、认证,供应商产品信息的维护和认证等,是对供应商进行监督、管理、调控的重要子系统。

③选厂子系统。选厂子系统是通过发布招标公告的方式,以产品质量为重要参考指标,选择、净化信息网内的供应商资源,达到保证信息网内供应商产品质量最优的目标。

④定价子系统。定价子系统是通过标准的招投标方式来对协作产品采购信息网的协作产品进行采购,以达到协作产品采购价格最低的目标。

⑤订货子系统。订货子系统是根据采购部、子公司各产品的需求信息、产品的供货比例信息及与供应商签订的价格协议,建立协作产品的年度订货合同(订货单),采购部、子公司据此进行产品采购。

⑥综合查询子系统。综合查询子系统分别以产品、供应商、需方为主线,综合查询三方面

的详细信息。

⑦系统维护子系统。系统维护子系统主要为保证协作产品采购网的正常运行,对系统的一些基础信息进行维护,以保证系统稳定、可靠地运行。

3.2.3　配套产品网上采购的程序

①填写订购单。采购部门的员工或采购申请部门通过软件提供的界面提出要求并填写订购单。

②审核订购单。一般通过管理软件自动进行审核,当订单要求超过限额或一些特殊的订单要提交企业主管进行审核。

③联系供应商。订单批准后,就通过网络联系供应商,供应商根据企业的采购要求,通过网络提供相应的商品或服务的信息。

④选择供应商。采购企业根据供应商提供的各种资料信息进行比较选择,择优选定一家或数家供应商。

⑤采购结算。通过相应软件进行采购货款的结算,借助银行的参与实现货款的支付转移。

由此可见,在电子化采购的整个流程中,人工参与因素越来越少,信息的传递基本依赖网络进行,从而保证了采购过程的公正、高效,对克服采购过程中的"黑箱操作"十分有效。

3.2.4　配套产品网上采购的实施过程

采购资源网的实施过程可分为教育培训、数据整理、供应商优化和业务流程重组等几个环节:

①教育培训。在采购资源网的建设过程中,系统实施是一项艰巨复杂的工作,工作量大,涉及面广,实施周期长,加上有些员工对计算机知识懂的很少,因而对系统产生一定的畏惧感。针对这一实际问题,必须把教育培训放在首位。为此,应制订详细的培训计划,保证系统实施的顺利进行。

②数据整理。数据整理是系统实施过程中的"重中之重"。因为它是反映企业基础工作水平的重要指标,也是决定系统能否达到预期水平的关键因素。数据的准确和不准确、规范与不规范、实时与过时直接影响到企业的竞争力。

③供应商优化。在采购资源网的推进过程中,企业把对供应商的优化与整合作为一项重要的内容。企业把供应商的采购能力作为评审、考核的重要标准之一,变原来的多家供货、分散供货为捆绑采购,从而净化了资源。专业部门还根据供应商的生产情况,对所有供应商进行初步筛选,并在此基础上进行综合能力的调查、评审,按照考核内容打分、排队,再由主管部长组织职能部门及专业部门进行逐个研究,分别确认为"合格供应商""捆绑供应商""临时供应商""潜在供应商"。将符合条件的供应商列为采购资源网络成员,而不符合条件的,则提出具体措施,制订整改计划,对在规定的时间内达不到标准要求的,将不再发生新的业务往来。

④业务流程重组。业务流程重组无疑是采购资源网发展与应用过程中的一个重要环节。它的目的是要通过对企业业务流程进行重新设计和优化,确保企业有一个科学、规范的业

务流程和管理基础,并在此基础上对企业组织机构进行相应的调整,实现高效、精简、扁平化管理。

3.2.5 配套产品的采购实施方案

下面通过一个具体的例子来说明网上采购资源网的实施方案,如图3-3所示。该方案的优势主要体现在以下5个方面:

①利用三层体系结构(即客户端、Web服务器、数据库服务器),采用纯Web方式进行操作。无需安装客户端程序,降低了系统维护和升级的成本。

②采用东方新宏公司开发的具有自主版权的产品Easy Web作为系统的主要开发工具,加快开发速度,降低了系统维护、升级的难度。

③允许供应商通过拨号或互联网的方式远程访问系统,使供应商最大限度地参与系统的运行,在降低业务人员工作量的同时,也进一步通过互联网扩大了公司的影响。

④系统针对实际业务进行设计,具有良好的业务数据接口,有利于管理工作的进行。

⑤对采购过程中的各个环节都能进行详细地管理、跟踪和记录,业务领导既可以通过系统来控制部门内的工作,又可以通过各种相关的信息记载来管理和考评业务人员的工作绩效。

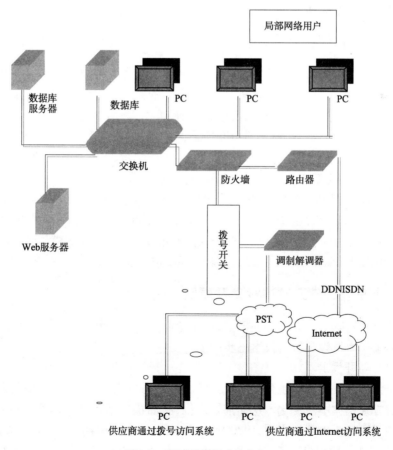

图3-3 采购资源网的实施方案

3.3 汽车制造产品设计开发的电子商务

汽车行业的激烈竞争使得依靠传统的降价策略来维持生存已经变得越来越困难。新产品的开发能力和速度直接影响企业的竞争地位。利用互联网丰富的信息渠道寻求技术支持,合作开发项目,解决技术难题,协同开发出适应市场需求、灵活多变的汽车新产品,已成为众多汽车制造企业提高新产品开发能力的重要思路。国际上已有不少汽车制造企业利用互联网以公开招标的形式面向全世界选择合适的合作伙伴,并在网上进行远程合作开发。汽车新产品协同设计可使汽车设计师、汽车工程师、供货商、制造商代表和客户通过互联网形成紧密的联系。既可节约高额的通信费用和交通费用,又可显著缩短汽车开发设计时间,对提高汽车新产品开发设计的水平、质量和效率,有着很重要的意义。

电子商务不仅给消费者和企业提供了更多的选择消费与开拓销售市场的机会,而且也提供了更加密切的信息交流场所,从而提高了企业把握市场和消费者了解市场的能力。电子商务促进了企业开发新产品和提供新型服务的能力。电子商务使企业可以迅速了解到消费者的偏好和购买习惯,同时可以将消费者的需求及时反映到决策层,从而促进了企业针对消费者需求而进行的设计与开发活动。

3.3.1 产品设计与开发的概念

汽车产品设计是指采用新原理、新技术或新材料来改变其结构或性能生产出来的汽车;产品开发概念十分广阔,对于生产厂家来说,它所生产的汽车,在实质结构、形式结构和延伸结构,即在汽车的功能、造型、品牌、商标、定位和售前、售中、售后服务等任何一个方面的创新都可以称为新产品开发。但是,从狭义的角度理解,排除汽车在造型、品牌、商标、定位和销售服务等形式结构和延伸结构方面的创新,仅从汽车的实质结构,即汽车的功能创新方面去理解,也包括全新新产品、换代新产品、改造新产品和仿制新产品4个方面。

换代新产品是指在原有产品的基础上派生出来的,采用新技术或新原料生产,并在功能上有显著提升的汽车;改造新产品是指在原有产品的基础上派生出来,对汽车的功能进行了改进,从而更符合消费者需求的汽车;仿制新产品是指通过对市场上已有产品的模仿而生产出来的,其功能与市场上其他产品非常相似,但在造型、品牌、商标、定位等方面却又是完全不同的汽车。

3.3.2 汽车设计与开发的意义及原则

汽车设计与开发既是企业生存的需要,也是企业发展的需要。对于社会来说,汽车设计与开发还是推动生产力发展和科学技术进步的动力之一。

1)汽车设计与开发的意义

①汽车设计与开发是企业生存的需要。随着生产力的发展和科学技术的进步,人类的消费需求和生活方式也在不断变化。这样前拉后推,就加快了新产品对旧产品的淘汰进程。美国学者塔弗勒引述的一份资料表明,1920年以前,产品的生命周期约为30年,到1939年就已经缩短为10年,到了1959年以后则分别缩短为5年、3年和1年。有人甚至认为,到2050年,将有3/4的产品面临被淘汰的命运。显然,如果我们不能进行产品的自我淘汰,那么,市场也

会无情地淘汰我们。

②汽车设计与开发是企业发展的需要。通过产品设计与开发来寻求和保持企业优势的观点已经被企业广泛接受,并进一步掀起了产品开发热潮。纵观世界汽车行业,无论是外国还是中国,凡是生机盎然、青春永驻的企业,无不具有未雨绸缪、乘风而上、孜孜以求的特点。在世界汽车市场上,菲亚特汽车公司是最为著名的、以研发新产品打天下的典型。

2) 汽车设计与开发的原则

①概念领先原则。所谓概念领先,是指在产品设计与开发过程中,首先应当形成汽车概念。所谓汽车概念,即在开发和设计人员头脑中形成的"汽车蓝图"。

②技术创新原则。汽车设计与开发的灵魂是创新,这种创新的特点既可以表现在汽车的内在功能上,也可以表现在汽车的外在形式上。

③目标市场原则。现代市场营销学认为,"消费者的需求即产品",企业的产品开发当然也离不开消费者的需求。

④面向未来原则。所谓面向未来,是指汽车开发和技术创新,应当从长远和未来的角度去考虑问题。

⑤确定模式原则。汽车设计与开发的模式主要包括自主设计与开发和联合设计与开发两个方面。而联合设计与开发又可分为政企联手、企企联手、校企联手和协同商务4种类型。

3.3.3　电子商务与产品设计开发

1) 计算机辅助设计 CAD

CAD(Computer Aided Design)是指利用计算机作为辅助手段,进行产品的总体方案设计和计算、结构设计和计算、零件设计、绘制产品装配图和零件图,并生成各种技术文档(包括设计计算说明书,安装维修说明书,用户手册等)的一种技术。

在产品的设计过程中,有创造性的思维劳动,也有复杂的分析计算和精确的绘图等,其工作量往往是很大的。采用CAD技术后,就可以将计算机精确的计算能力、大容量的数据存储能力、高速的数据处理能力与设计者的综合分析、逻辑判断能力以及创造性思维结合起来,从而大大地加快设计进程,提高设计的质量。

CAD系统一般由硬件和软件两大部分组成。常用的硬件主要包括计算机主机和输入/输出设备,主要有:主机、显示器、键盘、鼠标、数字化仪表、扫描仪、打印机、绘图仪、电源。硬件平台又分为工作站平台和微机平台,工作站平台投入大,而且计算机硬件发展速度又很快。所以,大多数企业可以选择微机平台。总的来说,在选择硬件时应该结合企业具体情况选择,如主机内存尽可能大、CPU的档次应尽可能高,以提高运算速度;硬盘尽可能大,以提高存储量及运算速度;总线结构应与应用软件相匹配。CAD软件应具有完成输入/输出图形处理、人机交互、实体建模、数据交换、分析计算等一系列功能,因此要求硬件的性能在图形处理速度、计算速度、内存容量、外存容量、显示器的分辨率、网络功能等方面远远高于其他系统。

2) 计算机辅助工程分析 CAE

CAE(Computer Aided Engineering)主要指用计算机对工程和产品进行性能与安全可靠性分析,模拟其未来的工作状态和运行行为,以及早发现设计缺损,并证实未来工程、产品功能和性能的可用性与可靠性的一种分析技术。

CAE 主要接受来自 CAD 系统的输入,并将分析结果随时反馈给 CAD。CAE 涉及的工程分析包括强度分析、刚度分析、运动仿真、动态特性仿真、产品运行仿真、物体特性(如物体的表面积、体积、质量、质心等)计算、碰撞分析、热变形分析等。CAE 采用的基本分析方法是有限元法,其基本思想是首先将物体划分成有限个单元,这些单元之间通过有限个结点相互连接,单元被看作是不可变形的刚体,单元之间的力通过节点传递,然后利用能量原理建立各单元矩阵,在输入材料特性、荷载和约束等边界条件后,利用计算机进行物体变形、应力和温度场等力学特性的计算,最后对计算结果进行分析,显示变形后物体的形状及应力分布图。

3)计算机辅助工艺规程设计 CAPP

CAPP(Computer Aided Process Planning)实现的基本原理是基于人工设计的过程及需要解决的问题而设计的。例如,对于生产的零件品种变化不大且相似度较高的企业,采用的是简单实用的 CAPP 系统。首先将各类零件的特征信息输入计算机(由于种类较少,无需考虑编码分类等问题),再将零件的各个工艺规程输入计算机,建立数据库。在需要编制新零件的工艺规程时,将基本特征相似的零件的工艺规程调出并进行修改即可。

3.3.4 汽车设计与开发的实施

汽车制造企业运用电子商务的目的很明确,就是要通过网络技术的应用,提高企业的生产能力和经营效率,降低经营成本,增强企业市场适应能力和竞争实力。为此,汽车设计与开发从以下 3 个方面入手促进电子商务的快速发展:

1)开展网上数据收集

按设计对象和设计内容,收集有关数据。例如,打算降低产品成本,则应收集产品成本因素、产品成本构成等方面的数据;打算提高某一产品的性能,则应收集该产品各局部功能、各局部成本等数据。网上数据可以帮助企业更好地进行选择和决策,可以在一定程度上弥补传统设计的不足。而且网站在提供客户需求方面可以起到十分重要的作用。电子商务可以更快、更准确地捕捉顾客光临网站的各项数据信息,以此来了解顾客的偏好。预期新产品概念和广告效果,最终使顾客参与到产品的设计中来。电子商务使得高质量的、个性化量身定做的产品不再是少数人的专利。例如,福特公司积极与门户网站雅虎、微软汽车专业网站以及社区网站合作,深入了解并准确把握互联网用户的需求及在线购物模式,实现更有针对性的市场营销,并根据客户需求提供一定程度的个性化的设计与开发。

2)进行零部件设计计划编制

对收集来的数据资料进行整理,按要求进行汇总与计算,利用计算机对所要设计零部件的外形尺寸与汽车零件的性能进行描述。

3)进行生产开发计划编制

根据订单或生产总体安排及生产能力安排本月或下月各种产品生产开发计划。计划是企业赖以实现管理目标的重要基础和保障。它是"推动"的动力。生产开发计划提供了物料供需动态平衡分析、交货计划编制、产品资料完整性检查等解决方案。生产开发计划是交货计划的细化计划和执行计划。它的编制是为了达成交货计划的"宏观"目标。生产计划的时间可具体到日、时。编制生产计划安排进程时,可通过系统提供的"动态平衡"分析而准确地确定时间、数量和优先级。在交货计划资料中,可以清楚看到目前已排生产计划的有多少、未排生产计划的数量是多少、生产已投入是多少、产出有多少。这样就可很方便、准确地排入有效、合理的生产与开发。生产投产管理即根据生产计划安排具体生产部门进行各种产品的生产开发活动自动生成备料单转给仓库部门为生产开发部门备料。

3.4 汽车制造生产过程管理的电子商务内容

广义的生产过程管理是指对企业生产系统的管理即对企业生产系统中原材料输入、生产转换过程、产品输出和信息反馈4个环节的管理。狭义的生产过程管理就是监督和检查生产过程计划执行情况,将执行结果与既定标准比较,发现偏差,分析产生偏差的原因,采取措施纠正偏差,从而保证生产过程计划的圆满完成。生产过程控制包括产品的生产进度管理、产品的产出管理和在制品管理等具体内容。

生产过程管理的电子商务主要是指运用信息技术手段优化产品设计、工艺、制造和质量管理,通过先进的计算机技术与科学的管理思想、方法的完美结合来提高生产管理的水平。实现生产过程管理的电子商务是制造型企业推行信息化工程的重要内容。图3-4为现代汽车制造企业生产管理流程图。

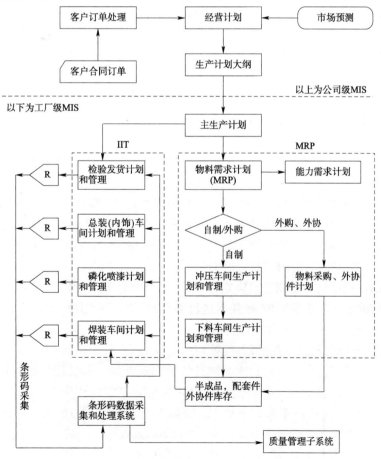

图3-4 现代汽车制造企业生产管理流程图

3.4.1 汽车制造生产过程管理的内容

1）生产进度管理

产品的生产过程管理是生产过程控制的最重要内容,它贯穿于从产品投产指令下达后直至产品制成的全部生产过程。物料的品种、数量和供应期是否符合生产过程计划的要求,是影响生产进度的先决条件。对于物料消耗量很大的企业,还要考虑厂外和厂内的运输准备工作,所需物料能否按时按量送至生产现场。所以,对包括物料的订购、库存、运输在内的全部工作都要加强管理和控制,以保证顺利投产。

(1)生产进度管理的内容

生产进度管理的内容包括事务进度管理、采购进度管理、进货检验进度管理和生产进度管理四方面的内容。

①事务进度管理:从接到客户订单后,进行销货计划的协调、生产计划的编排、物料的分析、物料的请购、物料的订购等事务进度管理。

②采购进度管理:接到物料控制部门人员的请购单后,进行供应商选择、比价、议价、采购、跟催等采购进度管理(包括外发加工的进度控制)。

③进货检验进度管理:物料进厂后进行检验与试验,若没有异常情况,需在限定的时间内完成。

④生产进度管理:生产时的进度,由制造部门管理人员不时反馈给计划部门人员,用以适当调整进度。

(2)生产进度管理常用的进度控制工具

生产进度管理常用的进度控制工具包括各种图表、报表、进度管理箱和计算机应用系统等。

①各种图表:采购方面的物料进度、生产上的进度、出货的进度等可绘制折线图、柱状图等图表在看板上,可随时掌握各方面的进度,加以管理。

②各类报表:如利用生产日报表、周报表、月报表可对日、周、月的生产进度进行掌握,以便更好地加以管理;利用采购进度管理表对采购进度加以管理,以控制好物料的进度。

③各种进度管理箱:如采购跟催箱,按日期分成31格,将当天要跟催的事务放入当天的格中,按日跟催,生产进度管理同样也可使用这种方法。

④计算机应用系统:如有的公司建立起 MRP 或 ERP 计算机应用系统,能自动生产各类进度管理的表格和图表,如采购进度表、生产进度表等,对于进度管理就更为方便。

2）在制品的管理

在制品是指从原材料投入生产后,尚处在加工或制造过程中的各种制品。它是为保证生产过程连续性和周期性,在生产过程中必须具备的物流要素。在制品作为企业生产物料的重要组成部分,其费用一般要占产品总成本的20%～60%,其时间消耗50%～95%是处于运输、等待之中。在一定的生产技术组织条件下,为保证生产过程正常地进行,必须规定科学合理的、必须满足的在制品数量。

(1)在制品的管理内容

在制品的管理内容包括工艺占用量、运输占用量、流动占用量和保险占用量等内容。

①工艺占用量,是指在各个工作地(包括检验站)上正在加工(或检验)的在制品数量。

②运输占用量,是指各工序之间正在运输中的在制品数。

③流动占用量,是指在间断生产条件下由于前后两道工序的生产率不同而形成的在制品数量,又称周转占用量。

④保险储备量,是指为防备某个工序发生偶然事故时,用以保证连续生产正常进行而储备的在制品数量。

(2)在制品的管理表现形式

在制品的管理表现形式有下列两种:

①管理在制品变化情况。在生产过程中,不可避免地要发生报废、回用、返修等现象,这将引起在制品数量的增减和质量的变化。在设备出现故障时,也将使在制品加工进度与计划脱节。为了保证生产有节奏地进行,必须把在制品变化情况及时反馈,以便采取措施保证生产过程按计划进行。

②管理在制品占用量和储备量。为保证车间连续均衡地生产,必须建立在制品占用量定额和储备定额。为了既不影响生产的正常进行,又避免不必要的资金占用,就要对在制品占用数量和储备数量进行控制。

3)产品的产出管理

如果说产品的投入管理和生产进度管理是生产前期管理和生产过程管理,则产品的产出管理就是生产反馈管理。其目的在于保证生产成果符合既定的计划和标准。

产出管理主要包括以下两方面内容:

(1)成品入库管理

成品入库管理就是要做到成品按时入库和均衡入库。不能出现月初、月中没有产品入库,而到月末产品又大量入库的情况。因此,可按成品按时入库和均衡入库的要求,对投入情况和生产进度情况进行核查,凡不满足成品入库时间和均衡数量要求的,就应采取相应措施解决。

(2)供货合同完成情况管理

供货合同完成情况管理,就是要严格履行合同,按合同规定,按质、按量、按期交货。为做到这一点,除了取决于成品入库管理工作的状况外,还需要做好产品的发运、销售、结算及销售服务工作。通常用供货合同完成率指标对供货合同完成情况进行管理。

4)产品质量管理与成本管理

质量管理是确定质量方针、目标和职责,并在质量体系中通过诸如质量策划、质量控制、质量保证改进其实施的全部管理职能的所有管理活动。

质量管理大致经历了4个阶段,即传统质量管理阶段、统计质量管理阶段(又称统计质量控制阶段)、全面质量管理阶段(TQC阶段)、综合质量管理阶段(TQM阶段)。

质量管理信息化是对质量管理思想的技术实现,通过将信息技术运用于质量管理过程,以系统分析代替手工操作,从而使管理人员能够迅速获得连续、综合而且及时准确的多种信息。质量管理信息化不仅有助于改进产品质量,而且还有助于降低消耗、提高生产率和经济效益。实施质量管理信息化能使管理者和操作人员更早地发现问题,从而更合理地安排生产及决策,如图3-5所示。简单来说,质量管理信息化要解决的问题是怎样利用信息系统对企业系统的性能进行实时的监控和分析,以便在适当的时间、以适当的形式为适当的人员准确提供有关信息。监控和分析的项目包括企业生产经营全过程中的故障率、效率,销售、生产过程的稳定性、工序能力,决定产品或服务质量特性或水平的各种重要因素的状态及变化形态等。

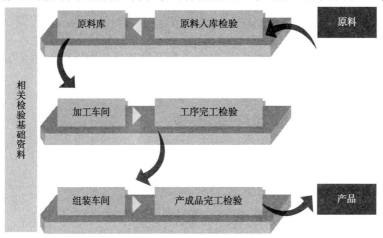

图 3-5　质量管理

成本管理是实施生产的重要目标之一,为此在生产过程管理中,应进行全面成本管理,以帮助汽车制造企业从原来的事后成本核算,转变为事前、事中和事后的三层成本管理体系。这种多角度成本管理方案,从新产品销售前的成本、报价模拟,老产品的标准成本管理,到生产过程的制造成本现场采集、核算及成本分析,可以帮助企业扭转手工状态下无法掌握真实成本的局面,从而为企业决策层的成本管理控制提供了反映各个生产环节和时间点的完整实时的成本信息,制定和采取相应的决策降低生产成本,达到精益生产的目标,如图 3-6 所示。

图 3-6　成本管理体系

3.4.2　汽车制造生产过程管理的程序

制订期量标准,生产过程管理从制订期量标准开始,所制订的标准要保持先进与合理的水平,随着生产条件的变化,标准要定期和不定期地进行修订。

制订生产计划,依据生产计划制订相应的物流计划,并保持生产系统能够正常运转。

3.4.3　汽车制造生产过程管理的类型与方式

1)生产过程管理类型的概念

企业的生产类型是生产的产品产量、品种和专业化程度在企业技术、组织和经济上的综合反映和表现。它在很大程度上决定了企业和车间的生产结构、工艺流程和工艺装备的特点,生产过程的组织形式及生产管理方法,同时也决定了与之匹配的生产物流类型。通常情况下,企业生产的产品产量越大,产品的品种则越少,生产专业化程度也越高,而物流过程的稳定性和重复性也就越大。反之,企业生产的产品产量越小,产品的品种则越多,生产的专业化程度越低,而物流过程的稳定性和重复性亦越小。可见,物流类型与决定生产类型的产品产量、产品品种和专业化程度有着内在的联系,并对生产组织产生不同的影响和要求。

2)生产过程工序类型

根据加工技术的性质,生产过程工序类型大致分为两类:单一工序、多道工序。

(1)生产过程单一工序

单一工序是指无论任何规格的加工仅需一道就可以完成的工序。

(2)生产过程多道工序

多道工序是指一项订货的加工须经过两道或两道以上才能完成的工序。多道工序按照物流类型又分为以下 4 类:

①多道连续工序。这是指在最初工序中投入的材料或零部件,按直线型安排的工序依次前进和加工,在最后工序制成成品而构成的工序(图 3-7)。

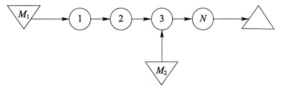

图 3-7 多道连续工序

▽ 原材料; ○ 加工工序; △ 产品

②多道合流工序。产品是由多种原材料或者零部件组成,这些原材料或零部件分别在平行安排的单一或者多道连续的工序上边加工边流动,在适当的阶段一个接一个地进行合成或者多道装配而制成最终成品(图 3-8)。

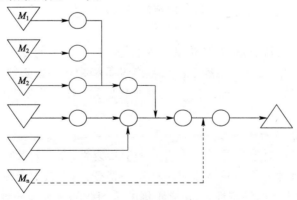

图 3-8 多道合流工序

▽ 原材料; ○ 加工工序; △ 产品

③多道分支工序。一种或多种原材料在第一道工序加工结束后,制成多种产品或者中间

产品。这些中间产品分别在后续工序中又成为多种产品或者中间制品,随着工序的进行分为许多工序而制成多种产品(图3-9)。

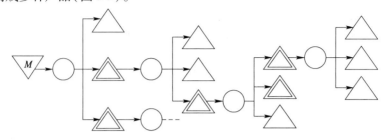

图3-9　多道分支工序

▽原材料；△产品；○加工工序；◮中间品

④多道复合工序。从加工开始到成品为止经过许多道工序,但其间同时存在合流式和分支式的工序(图3-10)。

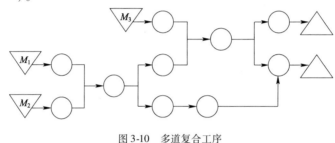

图3-10　多道复合工序

▽原材料；○加工工序；△产品

3)生产过程的各种方式

物流的稳定性和重复性可以把各类生产过程分为大量生产、单件小批生产和成批生产三种基本的生产方式。

(1)大量生产方式

大量生产方式的特点是生产的品种少,每一种产品的批量大,稳定地、不断重复地进行生产。一般这类产品在一定时期内具有相对稳定的需求。

(2)单件小批生产方式

单件小批生产方式的特点是,产品对象基本上是一次性需求的专产品,一般不重复生产。因此,生产中品种繁多,生产对象不断在变化,生产设备和物流装备必须采用通用性原则。在生产状态复杂多变的情况下,一般应按工艺专业化原则,采用机群式布置的生产物流组织形式。

(3)成批生产方式

成批生产方式生产的对象是通用产品,生产具有重复性,介于大量生产和单件小批生产方式之间。在生产物流管理上根据轮番重复生产这一特征,可以按对象专业化原则组织生产。但由于生产的品种多,生产的稳定性差,建立正规的生产线和流水线的难度较大,但可以组织多品种的对象生产单元,使工件的生产过程基本上可以在生产单元内封闭地完成。在生产物流的组织上,合理安排每一种产品的轮番间隔期和生产批量,既要减小批量,保证生产的比例性和压缩在制品,又要避免批量频繁变换,影响设备的利用率。

1. 电子商务对企业内部管理有何影响?
2. 汽车设计与开发的实施过程是什么?
3. 配套产品网上采购的优势有哪些?
4. 配套产品网上采购的实施过程是什么?
5. 汽车设计与开发的原则是什么?
6. 汽车制造生产过程管理有哪些类型?其方式是什么?

第4章　汽车流通的电子商务应用

学习目标

知识目标

1. 可以概述汽车销售电子商务的基本知识及运行模式和流程；
2. 可以概述二手车交易电子商务的基本知识及运行模式等内容；
3. 能够简述汽车后市场中汽车维修、汽车保养和汽车零配件销售电子商务的相关知识。

能力目标

1. 了解汽车流通企业的发展及特点；
2. 能够表示电子商务在汽车流通各环节的特点；
3. 能够分析汽车流通企业电子商务应用的基本模式及流程。

4.1　汽车销售的电子商务

半个世纪以来，随着经济的高速发展及经济模式的快速演变，汽车行业的话语权从汽车生产更迭到汽车销售。而这些年随着电子网络营销这种经济模式的诞生与繁荣，汽车销售的电子商务应用成为另一场汽车销售大战的主战场，是实现企业经营目标的重要手段。

由于汽车行业的竞争已经进入以客户为中心的时代，如何接近客户、抓住客户、服务客户是一个关键问题。销售网络恰恰能覆盖市场、接近终端客户，在接近的时候就便于展开客户销售、车辆销售和客户服务。电子商务这一新兴应用技术的出现，使数据处理和信息传递突破了时间和地域的限制，这不仅提高了服务质量和效率，同时也大大降低了经营成本。因此，电子商务的应用，是实现汽车销售服务现代化经营管理的强大推动力。

4.1.1　汽车销售业务及其发展

汽车销售是指汽车销售企业将商品车与客户进行价值交换的一种社会活动及其商务过程。汽车销售企业为了更好、更大限度地满足市场需要，且达到企业经营目标的一系列商务活动过程，便构成了汽车市场。

我国汽车销售经历了风风雨雨的 50 余年，其发展大体可划分为三个阶段：第一阶段（1953—1978 年）计划分配阶段。1953 年 7 月 15 日，第一汽车厂在长春兴建，标志着我国汽车工业起步。在此阶段，初步形成以中型载货汽车为主的汽车工业和关联产业的生产体系。这一阶段国有企业占绝对主导地位。计划经济体制下,汽车由物资部门进行统一分配。第二阶段(1979—1993年)计划经济向市场经济转变阶段。1987年,国务院确定加快发展汽车工业战略,确定"三大""三小"轿车生产基地。汽车工业开展对外交流合作,大力引进技术,着力开展外贸。我国汽车生产规模扩大,产量增长较快,产品结构明显改善。汽车销售由计划分配向销售方式转变。第三阶段(1994年至今)买方市场阶段。1994年7月国务院正式颁布《汽车工业产业政策》,对指导、规范我国汽车工业发展具有重要意义。实施分期付款购车的消费信贷制度,刺激了汽车消费的快速发展。推行品牌专营代理商制度,使售后服务蔚然成风。随着电子商务的出现,目前汽车销售以传统模式与电子商务相结合逐步向汽车电子商务过渡。2015年7月4日,国务院印发《国务院关于积极推进"互联网+"行动的指导意见》。互联网对汽车行业带来的变革影响已经从营销、渠道、运营、产品四个维度全面展开。未来新的《汽车品牌销售管理办法》推出,将积极鼓励汽车销售模式多样化。营造愈加自由的竞争环境,打破汽车行业固有的"品牌授权"销售方式,最终受益的将是消费者。

在新车销售领域中,有70%~80%的车辆是通过4S店销售给终端客户,剩下20%~30%是通过二级经销商销售给终端客户的。还有平行进口汽车这种流通方式,所谓平行进口指除总经销外,由其他进口商从国外直接进口,其进口渠道与国内授权经销商相"平行"。总的来说,4S销售体系建设成本高。其次,4S销售体系近年来的弊端也开始显现,即厂商发给经销商的车型经常将好销售的和不好销售的混搭,有时会要求强行搭售。4S经销集团与汽车厂商在这件事上关系紧张。未来,实体4S店的形式极有可能会发生大幅度的改变,转型成为汽车的城市展厅、体验中心以及售后维护中心等。"线上销售"+"线下体验"的互联网模式将日益突出。

现阶段,越来越多的企业已开展了对互联网汽车营销的探索,无论是汽车企业、综合类传统电商还是汽车媒体,都纷纷开始布局汽车电商平台。汽车电商模式主要分为三种类型,一类是类似于天猫、苏宁在线、京东等这样的综合类传统电商平台;另一类是以汽车之家、易车网、爱卡汽车等为代表的汽车垂直媒体电商;再一类是我国本土各个汽车品牌正在进行或者未来要打造的自营电商,如上汽集团的车享网、长城汽车的哈弗商城等。

汽车厂商利用电子商务所获得的效益突出表现在两个方面:一是提高对客户的服务水平,二是降低企业的经营成本。实施电子商务中供应链管理的第一步,就是实现供应商与零售商、企业内各部门之间的信息沟通与共享,这样就可以将客户的需求信息迅速地传递到制造商手中,使供应链上的各个环节都能对客户的需求变化迅速作出反应,从而最大限度地满足客户需求。由于信息沟通方式的变化,导致了交易方式及交易流程的变化,从而大大缩短了交易周期,同时降低供应链上每个环节的库存,减少浪费,降低企业经营成本。根据商品使用阶段可划分为购车前(资讯/比价/社区论坛等)、购车时(比价/团购/直销/汽车金融等)、用车时(出行导航/加油/停泊车/驾考等)、用车后(保险/洗车/维修维护等)以及二手车流通(拍卖/竞价/检验等)五个阶段,每阶段与互联网结合都不仅更加高效高质地满足了传统消费需求,而且更是创造出新的用户需求。汽车电子商务具有以下优势:

①提高客户服务水平。
②增加企业收入。
③降低内部成本。

④提高内部效率。
⑤增加市场份额。
⑥发掘新的市场。
⑦提高订单管理效率。
⑧加速现金流动。
⑨提高供应链管理水平。

虽然汽车电子商务的概念对所有的汽车企业来说都是相同的,但每个企业都将以不同的方法来实现各自的供应链管理;这种变化的多样性是由买卖双方根据市场及顾客需求所确定的各自的供求关系决定。

4.1.2 汽车销售电子商务的概念及其特点

汽车销售电子商务是指利用电子设备、互联网和中介服务站来实现贸易活动过程的一种方便、实用、有效、快捷、安全的汽车销售方式。目前,利用电子商务已经发展到通过网络交易和结算,在此基础上发展起来的网络销售已成为现代汽车销售不可缺少的重要手段。

近两个世纪公认的商业公式是"价格 = 成本 + 利润",由这个公式可知利润是事前预期的,超过一定程度是无法竞争的,必然失败。20 世纪 80 年代提出新公式"利润 = 价格 - 成本",意思是说:谁能把成本降到最低,谁就具有竞争力或获得比别人多的利润。恰恰电子商务可以最大限度地降低成本,获得最大利润。

汽车销售电子商务的特点:
①书写电子化、传递数据化(这发生在企业与企业之间,以及企业内部)。
②减少店面租金成本。
③减少商品库存压力。
④降低行销成本。
⑤经营规模不受场地限制。
⑥支付手段高度电子化。
⑦便于收集客户信息。
⑧提高供应链管理水平。

电子商务可以提高企业的供应能力,订单的管理和处理能力,最大化地利用人力资源,从而增强商务的基础建设;增加业务收入市场份额,搜寻新的市场空间,增强区域和全球的合作伙伴关系;保持和取悦用户,提高客户服务能力和水平;降低内部成本,加速现金流动,消减中间环节,降低通信成本,保持竞争地位,满足业务伙伴的需求;保护市场份额,利用网络刺激市场。

4.1.3 汽车销售电子商务的核心问题

汽车销售电子商务的核心问题有以下 4 个方面:
1) 信息流

这是电子商务最大的优势,它摒弃了传统商务花费大量人力、物力进行信息沟通的缺点,降低了交易成本;特别是像汽车这样一种复杂而昂贵的商品,消费者需要大量而翔实的信息帮助他们作出判断、作出选择,因为它不仅仅是款式、耐用等普通商品的一般问题,更涉及人身安全以及环境保护等社会问题。而生产商亦需要随时了解市场需要,把握消费者心态,不断改进、不断推陈出新,生产出符合市场需要的车型。对于这样的商品,互联网成了一个很好的、超大容量的,而且是互动式的信息交流平台,最重要的是直接对话式的信息更为真实和有作用。

2) 资金流

这也是电子商务最大的挑战,必须很好地解决电子货币或是网上银行的问题,否则一切只能是"雾里看花,水中望月";对于汽车这样的商品,仅有安全、方便的支付方式是不够的,还必须解决网上贷款的问题。

3) 物流

对于有形的产品,电子商务固然可以越过传统的中间流通渠道,直接面对最终用户。但是这种行为的成本以及压力将大大超乎想象,周转环节固然少了,但是千斤重担却要企业一人来挑。很难想象一家汽车生产商摒弃所有的中间商,直接承担所有的市场动作。如何控制物流,计划低成本的物流系统,是电子商务真正的问题。如果未能形成优化而低成本的物流系统,电子商务的其他优点将随即被抵消,反而不如传统商务的迂回经济。

4) 安全性

不见面的交易如何获得保障——特别是汽车这样的"大买卖"?其中需要解决的问题有:

① 社会身份的确认以及信用系统。

② 电子货币的安全性。

当一宗买卖在网际发生,厂家会担心消费者的身份是否真实?银行账户是否真实有效?买卖会不会中途变卦?消费者担心账号是否会被盗用?商品是否能如期交货?这些问题都需要一整套保障体系来确认。

4.1.4 汽车销售电子商务的基本功能

汽车行业的电子商务解决方案,除了具备企业形象及产品信息的宣传功能外,还必须实现以下基本功能:

① 灵活的商品目录管理功能。作为零售商,在商品目录管理系统上,能够创建包括任何厂商、任何商品类别、任意数量的自建商品目录,在这些目录里的商品信息的任何更改,都可以实时反映在这些目录中。而对于供应商来说,不仅可以通过建立包含了任意商品类别的公开商品目录,向零售商发布产品信息,也可以创建只供指定零售商查看的商品目录。在这些目录中,甚至可以提供特殊的优惠而不用担心被其他供应商或者未被指定的零售商浏览到。

② 网上洽谈功能。当零售商发现一个感兴趣的商品,或者供应商寻找到零售商发布的采购目录后,网上洽谈功能可以帮助零售商/供应商进行实时交流,而且所有的洽谈记录都将存放到数据库中,以备查询。

③ 订单管理功能。根据用户的实际需要,自动将发生在一对供应商/零售商之间的订单草稿以及洽谈形成的采购意向集合在一起,并且可以组合成一个订单发送给供应商。另外,对于经常交易的双方来说,由于相互之间比较信任,也可以不经过任何洽谈就直接发送订单。这样就极大地提高了采购/供应的效率。

④ 基于角色的权限和个性化界面。规定各种角色之间的权限和安全的继承性,例如:一个

系统管理员的账号可以创建和管理销售/采购经理的账号,而销售/采购经理账号可以创建许多属于他领导的业务员,这些业务员的权限又不相同。同时,基于这些用户自己的定制而提供的个性化功能,对于不同角色,其操作的页面是不一样的,同一个角色不同账号之间的页面内容也可以完全不一样。

汽车销售电子商务中的供应链管理。供应链管理的导入,是现代经营理念对传统经营理念的一个重大挑战。

商品供应链是由商品从制造商到顾客手中整个流动过程中的各个环节组成的,其中包括制造商和各级批发商、零售商。在过去的商业运作模式中,制造商把他们的产品推销给批发商,批发商又推销给零售商,零售商又推销给顾客。这种商品的供应方式称为"推运式"的供应方式。在这种方式中,制造商、批发商和零售商只是注重于他们之间的讨价还价。如果他们推出的商品顾客不接受,那么他们之间的任何交易都不会给他们带来效益。有鉴于此,现在制造商、批发商和零售商逐渐把原来的"推动式"供应方式转变为"拉动式"供应方式,以顾客为中心,为了满足顾客不断变化的需求,建造一个灵活、有效的供应链体系。这种体系,就是当今电子商务解决方案的重要内容,其实就是前面提到过的合理设置物流系统的问题。

由此可见,电子商务解决方案的实质,就是通过网络来优化供应链管理,从而提高产品由供应商向消费者传递的效率。供应链管理主要体现在确定每种商品库存的最佳数量和存放地点、商品订购存储以及配送优化过程等方面。因此,在整个供应链上,不仅需要每个环节能有效地完成自己的本职工作,而且需要每个环节能有效地协同工作。

因此,对于汽车来说,一个好的电子商务解决方案,应该具备以下特点:
① 收集并分析顾客需求信息。
② 自动完成采购预测。
③ 零售商与供应商间的实时信息交流。
④ 物流的跟踪与库存控制,合理设置。
⑤ 自动补货监测。

4.1.5　汽车销售电子商务的基本模式及流程

1)汽车销售的电子商务模式

网络销售已经成为不可回避的商业命题,它不仅仅是一种新的技术或手段,更是一种影响企业未来生存及长远目标的选择。网络销售是以互联网为销售环境,传递销售信息,沟通与消费者需求的信息化销售过程。根据企业对互联网的作用的认识及应用能力的划分,网络销售可以划分为五个层次,即:企业上网、网上市场调研、网络联系、网上直接销售,网络销售集成。

(1)企业上网

这是网络销售最基本的方式。互联网让企业既拥有属于自己又面向广上网者的媒体,而且这一媒体的形成是高效率、低成本、超越传统媒体的。企业网络信息由企业自己定制,没有传统媒体的时间、版面等限制,也可伴随企业的进步发展实时更新;企业网站可应用虚拟市场、虚拟供求等多种手段吸引观众并与访问者双向交流,及时有效地传递并获取有关信息。企业上网是网络销售的起步和基础,也是目前大部分跨国企业网站的基本目标。

(2)网上市场调研

调研市场信息,从中发现消费者需求动向,从而为企业细分市场提供依据,是企业开展市场销售的重要内容。网络首先是一个信息平台,为企业开展网上市场调研提供了极大的方便。

①借助 ISP 或专业网络市场研究公司的网站进行调研。对于名气不大,或者小企业来说,这是一种有效的选择。企业制定内容及调研方式,将调研信息放入选定的网站,就可以实时在委托商的网站获取调研数据及进展信息,而不仅仅是获得最终调研报告。

②企业在自己的网站进行市场调研。对知名企业而言,企业在自己的网站进行市场调研,其网站的常客多是一些对该企业有兴趣或与企业业务有一定关系的上网者,这些对企业有一定关系的上网者,他们对企业有一定了解,会提供更准确、有效的信息,这为调研过程的及时双向交流提供了便利。

(3) 网络分销联系

如前所述,电子商务的实质是变传统的迂回经济为直接经济,但是让企业独自去面对消费者,处理销售、服务的一切过程,这种工作量又是企业无法承担的。所以,合理地设置物流系统、分配分销模式,是网络销售的重点。

企业通过互联网构筑虚拟专用网络,将分销渠道的内部网融入其中,可以及时了解分销过程的商品流程和最终销售状况,这将为企业及时调整产品结构、补充脱销产品,达到分析市场特征,实时调整市场策略等提供帮助,从而为企业降低库存,采用实时生产方式创造条件。而对于商业分销渠道而言,网络分销也开辟了及时获取畅销商品信息、处理滞销商品的巨大空间。

(4) 网上直接销售

网上直接销售合并了全部中间销售环节,并提供更为详细的商品信息,买主能更快、更容易地比较商品特性及价格,从而在消费选择上居于主动地位,而且与众多销售商的联系更为便利。这种模式几乎不需销售成本,而且及时完成交易,其好处是显而易见的。

但从目前看,国内的市场环境对之有较大制约,主要表现为:企业信用水平和个人信用水平能力较低;市场机制不健全,市场体系不完善;产品和服务质量难以保证;网络建设有待提高,配套的网络销售法规、银行、运输服务体系尚未确立;消费观念也有差距;企业应用互联网的能力有待提高。

从网上直接销售的低成本优势看,由于大多数国内消费者对价格十分敏感,因此一般能够接受这一消费方式;但其发展的前提应尽快完善上述环节和克服众多制约因素。

(5) 网络销售集成

互联网是一种新的市场环境,这一环境不只是针对企业的某一环节和过程,还将在企业组织、运作及管理观念上产生重大影响。一些企业已经迅速融入这一环境,依靠网络与制造商、消费者建立联系,并通过网络收集传递信息,从而根据消费需求,实现产品制造及销售服务的全过程。应用这一模式的代表有 Cisco、Dell 等公司。其中,Dell 公司的直销模式已经受到整个汽车行业的重视,因为汽车与电脑一样,也是一种复杂而昂贵的零件整装产品。这种模式也称为"按用户订单装配汽车"。

网络销售集成是对互联网络的综合运用,是互联网络对传统商业势力关系的整合,它使企业真正确立了市场销售的核心地位。企业的使命不是制造产品,而是根据消费者的需求,组合现有的外部资源,高效地输出一种满足这种需求的品牌产品,并提供服务保障。

2）汽车销售电子商务的基本流程
汽车销售电子商务的基本流程如下：
①信息的收集。通过网络收集汽车销售相关的商业信息。
②信息发布及客户支持服务。企业上网是这一环节的关键。企业通过网络及时发布产品信息，有利于消费者对产品的了解和认可，拉近了企业和消费者之间的距离。
③宣传和推广。树立起公司良好的商业形象是电子交易的基础。
④签订合同。
⑤在线交易。其中最重要的是电子银行的参与，怎样进行流通和转换是网络销售的关键。
⑥商品运输与售后服务。完善的物流配送系统是保证网络销售得以实现的关键。通过网络，特别是通过基于网络的 CRM 系统及时了解顾客用车情况，并提供迅速、及时、周到的售后服务，这是汽车销售电子商务的又一重要内容。

下面介绍两种汽车销售电子商务的流程：
（1）直销流程（图 4-1）
①消费者进入 Internet，查看汽车企业和经销商的网页，在这样的网页上，消费者通过购物对话框填写购货信息，包括：个人信息、所购汽车的款式、颜色、数量、规格、价格等。
②消费者选择支付方式，如信用卡、电子货币、电子支票、借记卡等，或者办理有关贷款服务。
③汽车生产企业或经销商的客户服务器检查支付方服务器，确认汇款额是否认可。
④汽车生产企业或经销商的客户服务器确认消费者付款后，通知销售部门送货上门。
⑤消费者的开户银行将支付款项传递到消费者的信用卡公司，信用卡公司负责发给消费者收费单。

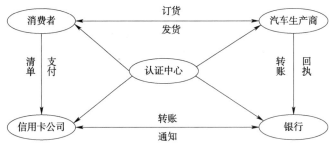

图 4-1 直销流程图

这种交易方式不仅有利于减少交易环节，大幅度降低交易成本，从而降低商品的最终价格，而且可以减少售后服务的技术支持费用以及为消费者提供更快更方便的服务。但是亦存在不足：一是购买者只能从网络广告上判断汽车的型号、性能、样式和质量，对事物没有直接的接触，更没有了"试车"的可能，也容易产生虚假广告；二是购买者利用信用卡或电子货币进行网络交易，不可避免地要将自己的密码输入计算机，安全性降低。

（2）中介交易流程
假设有这样一个网络汽车交易中心，以 Internet 为基础，利用先进的通信技术和计算机软件技术，将汽车生产商、经销商甚至零部件生产商和银行紧密地联系起来，为客户提供市场信息、商品交易、仓储配送、货款结算等全方位的服务。

①买卖双方将各自的供应和需求信息通过网络告诉网络汽车交易中心,交易中心通过信息发布服务向参与者提供大量详细的汽车交易数据和市场信息。

②买卖双方根据网络汽车交易中心提供的信息,选择自己的贸易伙伴。交易中心从中撮合,促使买卖双方签订合同。

③交易中心在各地的配送部门将汽车送交买方。

中介交易流程,如图4-2所示。

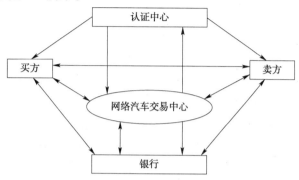

图4-2 中介交易流程图

采用这种交易方式显然会增加一定的成本,似乎有悖于电子商务"直接经济"的特质,但是却可以降低买方和卖方的风险,从而减少交易费用。这依然是一个前面提到过的网络销售中合理设置物流系统的问题。

①这样的交易中心就好似一个"网上汽车博览会",汽车生产商和经销商以及零部件生产商遍及全国甚至世界各地,为供需双方提供了很大的交易市场,增加了许多交易机会。

②在双方签订合同之前,网络汽车交易中心可以协助买方对商品进行检验,只有符合条件的产品才可以入网,这在一定程度上解决了商品的信誉问题。而且,交易中心会协助交易双方进行正常的电子交易,以确保双方的利益。

③网络汽车交易中心采用统一的结算模式,还可以加快交易速度。

汽车电商市场目前主流的购买流程,如图4-3所示。

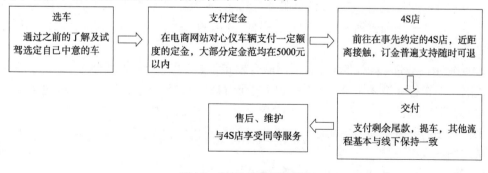

图4-3 汽车电商购买流程图

4.2 二手车交易业务中的电子商务

随着我国国民经济和汽车工业的迅速发展、市场经济的不断完善,全国汽车保有量迅速增加,消费者需求日趋多样化。根据中国汽车流通协会发布的数据,二手车交易量逐年上升。2016年全年,我国二手车销量突破千万辆大关至1039.07万辆。近几年,国内二手车电商在资本的推动下大规模兴起,使整个二手车行业迅速升温。未来二手车交易服务将成为汽车服务中的重要组成部分。如何建立一个成熟完善的二手车市场,不但要有可靠的政策保障,还要有经营模式的转变。

4.2.1 二手车交易业务

1)二手车交易概念

二手车是指从办理完注册登记手续到达到国家强制报废标准之前进行交易并转移所有权的汽车(包括三轮汽车、低速载货汽车)、挂车和摩托车。二手车交易服务是指依法为买卖双方提供二手车的商品交换和产权交易的业务。

二手车交易的类型依据交易双方行为和参与程度的差异分为:二手车的经销、拍卖和直接交易。二手车经销是指二手车经销企业收购、销售二手车的经营活动。二手车拍卖是指二手车拍卖企业以公开竞价的形式将二手车转让给最高应价者的经营活动。二手车直接交易是指二手车所有人不通过经销企业、拍卖企业和经纪结构将车辆直接出售给买方的交易行为。

2)二手车交易业务的发展及特点

国内二手车市场发展速度很快,存在着很大的发展潜力,大体上可以分为四个阶段。

(1)第一阶段:二手车市场萌芽阶段(个人交换阶段)

我国二手车市场的萌芽阶段是在20世纪90年代初步形成。起初是由私人自发式经营的路边摊。二手车交易以车贩子倒车为主要方式,基本上没有正规的二手车经销商。这种以车贩子倒车为主的经营方式造成了二手车交易秩序混乱、诚信度较差等具有时代特色的特点,导致消费者很难放心地购买二手车。

(2)第二阶段:二手车市场发展阶段(政府扶持阶段)

1998年国家贸易部发布了《旧机动车交易管理办法》。该办法中明确提出要设立以企业经营活动为依托,建立具有旧机动车评估定价及旧机动车收购、销售、寄售、代购、代销、租赁、拍卖、检测维修、配件供应、美容及信息服务等功能,并为客户提供过户、上牌、保险等服务为一体的二手车市场——旧机动车交易中心。由此,我国的二手车市场正式进入历史的舞台,踏上发展之路。

2005年由商务部、公安部等主管部门联合发布了《二手车流通管理办法》。该办法的颁布代表我国二手车行业进入了全新时代,使得之前由物资系统进行特殊行业管理的状态转变为市场化的态势,虽说还是以私人经营为主,但是交易形式已经由私下交易之后进行过户、转变为二手车市场内进行交易为主的形势。随着政策对于民营资本的放宽,于是越来越多的民营二手车市场涌现出来。

(3)第三阶段:二手车市场困境阶段(市场转型阶段)

众所周知,传统的线下二手车交易市场,长期以来一直有几大优势:一是品牌优势,一般而言,国内二手车交易市场在当地都相当于一个标志性的地标,几乎家喻户晓;二是二手车商户集中,一般规模的国内二手车交易市场都有一两百个商户,大型的在四五百个以上;三是车价优势,国内二手车交易市场大多有政府的扶植帮助,市场租金等成本较低,定价方面更加利于二手车交易;四是服务功能强,一般大型的二手车交易市场都有交管局服务窗口给予验车上牌,税务部门便于便利过户,在交易市场内即可完成一站式购车服务。

但继进入全新、快速的稳定发展阶段后,路边摊的历史原因造成二手车市场不被信任;国企背景、限迁、限购政策原因造成二手车市场经营和服务滞后;互联网电商冲击二手车市场最后阵地。于是,大多数二手车经销商均出现了亏损,二手车市场的租金也越来越便宜。

(4)第四阶段:二手车市场整合阶段(互联网阶段)

越来越多市场参与者的加入重新激活了处于困境的二手车市场,而且相比以往各经营者单打独斗的局面,今天的二手车市场更多的是基于资源整合的强强联手。其中最值得关注的便是经销商集团与二手车电商的合作。

在电商浪潮的不断影响与冲击下,国内二手车交易市场开始纷纷寻找新的机遇与突破口。2015年3月,国务院发布了《关于促进二手车便利交易的若干意见》,明确要求各地政府不得制定和实施限制二手车迁入政策。未来二手车交易量的增长率将实现逐年上升。

目前,二手车交易中收车难、融资难依然是很多二手车企业面临的问题。售后和增值服务也受到二手车企业的关注。随着限迁政策放开,二手车税收和临时产权问题仍然是二手车经营企业关注的焦点。

4.2.2 二手车交易中的电子商务

传统的二手车行业由于车源分散,信息不透明,车况不统一等弊端,一直以来限制着二手车行业的发展。互联网的介入,解决了二手车行业信息不对称、价格不统一、车况不透明、交易流程复杂且周期长等诸多问题。同时,增加了用户车辆买卖的渠道选择,提升了用户的议价能力。自2014年起,二手车电子商务这种新兴的营销模式在我国开始了爆发性的增长。创业者、投资方均看重这个发展潜力巨大的市场。2015年,我国汽车市场开始迎来车辆置换的高峰期。根据目前市场多数车辆置换周期从第5~6年开始的特点,在未来2~3年,我国二手车市场将迎来爆炸式增长,大量二手车将进入电商交易平台。目前互联网在二手车行业的渗透率仍较低,二手车电子商务行业未来依旧有较大的市场空间。

1)二手车电子商务的含义

二手车电子商务是以二手车为营销对象、以互联网为汽车营销环境,传递二手车营销信息,沟通二手车消费者需求的信息化营销过程。这种营销模式以顾客为中心、拥有更加广泛和分散的营销组织,营销手段上与传统营销的营销手段形成互补,并最终取代传统的营销方式。

这种营销模式的实现必须要利用最新的网络开发技术和企业、交通管理部门本身拥有的丰富的信息资源,从而建立起一个二手车交易市场电子商务系统,并以此系统为基础展开工作。该系统是围绕二手车市场企业和行业的需求而建立的全面的集企业管理商务信息、二手车来源信息、车况信息、二手车拍卖、在线交易、在线车辆过户、车辆销售和配件采购等商业活动为一体的新一代电子商务系统。

2)二手车电子商务的特点

(1)拓宽了二手车市场的交易范围

电子商务通过网络来进行,由于网络的开放互联性质,时间连续性加强,空间距离缩短,使二手车来源和二手车消费者越来越摆脱地域的限制,从而使市场迅速成为全球性的市场,这就为二手车企业提供了广阔的潜在市场,也为二手车消费者提供了更为广阔的选择平台。

(2)减少了二手车销售的中间环节

通过电子商务进行二手车的销售,既实现了全天24h服务,又省去了大量的中间环节。由于中间环节的减少导致销售成本的降低,进而降低了产品的最终销售价格,这不仅有利于上网企业扩大销售量,而且有利于所有以这些产品或服务作为投入品的产业多级滚动,降低生产成本,最终也使消费者受益。

(3)交易和支付手段的无现金化

在电子商务环境下,企业通过网络直接进行产品销售,这时就可通过电子货币进行支付。这为国家发行货币节省了投资和开支,同时,相比其他商业模式,又为顾客在订购商品和支付货款时节省了更多成本,并实现了实务操作的无纸化和支付过程的无现金化,大大方便了交易的进行。

(4)促使二手车交易企业主动关注客户

电子商务的产生和发展导致企业营销模式理念的变化、促使企业营销模式的重心由"推销已有产品"转变为"满足客户需求",由"以产品为中心"转向"以客户为中心";由此导致企业的营销模式管理的重心由传统的"4P",即产品、价格、渠道和促销(Product、Price、Place、Promotion)转变为"4C",即客户、成本、方便、沟通(Customer、Cost、Convenience、Communicatiom)。而这些正是二手车企业所需要关注的内容。

(5)便于二手车交易企业之间的联盟,形成规模效应

二手车发展的最迫切问题,一是客户的选择空间小,二是交易消费者得到的服务不够系统和全面。这种现状最主要的原因在于目前二手车商的经营分散,不成体系。如果二手车企业联合起来,就可以整合现有的二手车商,使二手车商的服务逐渐向系统化、品牌化方向发展。

3)二手车电子商务的基本功能

现代营销模式,必须要利用最新的网络开发技术和企业本身拥有的丰富的信息资源,从而建立起一个二手车交易市场电子商务系统,并以此系统为基础展开工作。二手车市场电子商务系统可以灵活、方便地和企业内部的应用系统以及其他电子商务系统应用平台,进行实时的信息交换和应用集成,从而实现立足本地广联全球的企业商务系统。这一系统应涵盖目前所有汽车市场和汽车网站主要服务内容和栏目,而所有信息的来源全部来自于企业的经营活动,所有服务项目全部来源市场自身提供的各种功能。二手车交易市场电子商务系统的主要功能如下:

(1)二手车交易信息展示系统

用以发布、展示市场内旧车经纪公司和网员登载的二手车买卖信息。

(2)汽车及配件交易系统

用于发布、展示市场内汽车配件经销商经营配件产品的信息。

(3)新车交易展示系统

用于发布、展示市场内新车专卖店经营商的车辆信息。

(4)系统同时还提供旧车、新车车辆交易排行信息

为旧车购买者和经销者提供旧车价格走势。

(5)汽车拍卖系统

该系统真正实现了汽车实时网上交易。购买者可以通过会员方式在网上购车,系统最终将实现实地拍卖和网上拍卖相结合,逐步将发展成为实时互动模拟现场拍卖系统。

(6)二手车价格评估系统

该系统主要是为经营者和购买者提供真实的价格鉴定。客户输入汽车信息后就可以得到关于该车合法性的检验数据。检验数据包括该车辆的真实的车辆类型、出厂年、车辆登记日期、颜色、违章记录、违章地点、盗抢记录等。经检验合法的车辆,系统将自动进行价格评估,为客户提供出参考价格。用户可通过系统的公告板、移动电话、自己的信箱得到该车的有关信息。

(7)网上过户系统

主要是为批量处理旧车、因事物繁忙无暇来市场办理手续的客户,提供和实地过户一样的服务,可以为客户代办各种旧车买卖手续、代收各种费用,为客户完成手递手交钥匙服务。

(8)二手车历史查询系统

用于查询二手车的历史信息,了解二手车的使用,如违章、修理等相关信息,避免走私车、拼装车、报废车重新流入社会。

此交易系统的主要功能还包括市场介绍、商户介绍、二手车预约服务、二手车常识等功能。

4)二手车电子商务的基本模式

(1)C2B 模式

C2B 通过从个人车主手中拿到车源信息,撮合交易卖给二手车中间商,通过竞价拍卖的方式将车辆拍卖给车商。平台以中介机构的角色出现,通过为买卖双方提供车况保障、支付保障等中介服务,保障二手车在线交易顺畅实现。其盈利模式主要来自按车收取检测费、交易服务费等。C2B 平台的代表是天天拍车等。

(2)B2B 模式

B2B 通过从 4S 店等处拿车源信息撮合交易卖给中间商。其盈利模式跟 C2B 拍卖平台类似,收入主要来自交易服务费,只是车辆来源不同。B2B 的模式是优信拍、车易拍等。

(3)B2C 模式

B2C 模式有两种,第一种是通过自己的电商平台帮助车商把车在网上卖给消费者,例如优信二手车、品车慧二手车等,这种模式的主要盈利方式是向车商收取推广费用和其他服务费用。第二种模式是自营车辆的交易平台,例如车王二手车等,自己通过各种渠道,直接买进车辆,整备后加价通过自己的门店和网络平台进行销售,盈利模式来自于车辆的差价。

(4)C2C 模式

C2C 模式也有两种。第一种是虚拟寄售模式,即通过线上信息发布和线下撮合交易,帮助二手车流通至下游终端,偏重中介服务。车辆绝大多数存放于卖家手中。代表公司如瓜子二手车、人人车、好车无忧等。第二种是寄售模式,类似于 B2C 的自营车辆交易模式,即通过线上信息发布和自有线下门店展售,帮助二手车流通至下游终端,偏重门店零售。车辆寄存在商家自有门店,商家撮合交易。代表公司如百优卡、卓杰行等。无论哪种模式,其核心是去中介化,即把中间环节的 B 去掉,让个人和个人之间交易。C2C 的盈利模式主要来自买方支付的交易服务费。

近年来,随着二手车电商的跳跃发展,以上各种模式的弊端逐一显现。例如,C2B 解决不了用户买车的需求,B2B 解决不了帮助车商卖车的需求,C2C 通过高报价锁住车源,但是很难以此价格成交的问题,除此没有更多服务开展,只依赖线上流量,没有线下延伸服务的 C2C 在 O2O 时代显然是不可持续的。B2C 是目前二手车零售交易的主流模式,其问题在于对于低频高价的二手车交易如何低成本获取二手车以及如何提高用户的购车体验。在二手车的零售中,难点就是二手车的价格,70% 的交易都在买卖双方对价格的协商和博弈上产生。

除此之外,从我国车市近期和远期的发展看,国内新车市场不可能持续保持绝对高速增长,过去把所有精力都投入到新车投放、价格竞争上的生产厂家也开始重视二手车市场开发。凭借完善的置换服务吸引消费者,满足不同层次客户群的需求,二手车置换成为促进新车销售的条件之一。汽车生产厂家和 4S 经营店具备完善的营销网络、良好的品牌形象和优质的服务体系,为实现品牌二手车交易服务创造了条件。

汽车生产厂家凭借已有的汽车销售管理电子商务平台,开展二手车置换和销售业务。作为专业、规范的二手车交易商,拥有完善的三大体系标准——品质标准、置换标准、服务标准,以及独家的二手车认证、二手车质量保证服务。在置换业务中,每一辆旧车都通过多项车辆标准化检测,保证评估价格透明化,也消除了地区间价格和评估水平对旧车价格的影响;在二手车销售业务中,不是直接转手去挣差价,而是将预销售的二手车进行全面检测,并使用原厂配件对车辆进行专业整修,达到汽车厂家的认证标准后方可投入销售。经过细致专业的整备、清洁后,呈现在用户面前的认证二手车会和新车一样清洁整齐。只有在检测后获得了质量认证的二手车才能向消费者销售,而购买获得厂方质量认证的二手车,还将有 6 个月或 1 万 km 的二手车有限质量保证。这样杜绝了二手车业务中买卖双方信息不对称而造成的交易的不公平和不透明,并解决了二手车消费者的几大"心病"——"质量没保证""价格不合理""售后没人管",使二手车消费者能够享受到和新车消费者同样的汽车驾驶保障,赢得了消费者的信任。

基于电子商务的二手车交易模式实现了传统与现代的完美结合,能够方便、及时地实现二手车的交易。它不同于现有的二手车网站,并且规避了传统人工操作的弊端。但该模式有赖于围绕二手车市场企业和行业的需求而建立的全面的集企业管理商务信息、二手车拍卖、在线交易、在线车辆过户、车辆销售和配件采购等商业活动为一体的新一代电子商务系统。

4.3 汽车后市场的电子商务

汽车后市场是指汽车销售以后,在使用过程中涉及的汽车维护、维修等交易活动。随着汽车消费水平的不断提高,汽车售后市场正逐渐浮出水面,成为汽车业发展中的一个新亮点。实际上整车销售只是启动了汽车消费链中的第一个环节,围绕汽车售后的汽车服务需求的市场容量,在发达国家早已超过了整车销售的市场容量。而在我国,这一市场也逐步引起足够的重视,但其蕴藏的市场潜力十分可观。目前,国内汽车后市场存在行业分散、标准规范缺乏、配件价格虚高与消费习惯落后等问题。随着"互联网+"的发展,为汽车后市场带来一系列市场机遇——以电商自营、上门服务、导流平台、用车工具、汽配 B2C、汽配 B2B 等多种模式为载体的创业者涌入汽车后市场。

4.3.1 汽车维修的电子商务

电子商务的发展一方面提升了服务的地位,另一方面也为现代化服务的实现提供了更为有利的条件。通过汽车维修服务管理系统向客户提供维修服务信息,对客户信息进行网络化管理,既可取得极为可观的经济效益,又可大大提高顾客的满意度。汽车维修服务中的电子商务应用主要有三个方面。

1)客户信息管理

汽车消费是一个长期过程,对于汽车销售服务企业,必须清楚本公司产品的现实客户,以便为客户提供长期持续的、个性化的专业服务;其次,汽车维修企业必须动态地跟踪客户对维修、维护等方面的意见和建议,以便与客户维持长期的、稳定的合作关系。汽车维修企业通过网络系统,建立客户详细的汽车使用维修电子档案,构筑起客户和企业间的交流平台,实现快速、及时、高效的服务。同时,可实现与生产商的信息资源共享,能够在产品上对客户的意见和建议迅速作出反应。

2)维修配件管理

对汽车维修企业来说,零部件实现电子商务后,可通过互联网迅速找到质优价廉的汽配产品,最终实现零库存,最大限度地降低成本。

3)汽车维修技术资料或技术信息资源的应用

电子商务这一新兴应用技术出现的最大优势是使数据处理和信息传递突破了时间和地域的限制,这使维修企业在维修服务中能够及时了解汽车的技术资料和技术信息,加快维修人员对新技术的及时掌握,可大大提高服务质量和效率。

4.3.2 汽车维护的电子商务

电商改变了传统维修维护服务模式,提升了消费者在服务环节中的选择权和决定权。传统服务模式下,虽然4S店维修维护服务价格高,但还是车主首选的服务商,其主要原因:一是车主消费者信息不对称;二是普通维修维护的质量参差不齐。而维修维护服务电商模式的特点:一是车主和维修店之间信息更透明;二是车主在选择服务上更有主动权;三是电商缩短渠道,零部件更便宜;四是互联网模式推动服务质量提升。

1)汽车维护电子商务的发展

我国汽车后市场行业的发展已有10年,而汽车维护电子商务的发展不足5年。国内汽车维护行业与汽车维护电子商务几乎处于同一起跑线,即线上和线下同时发展。目前,我国汽车维护电子商务处于一个乱战的环境。汽车维护电子商务还没有特别大型或者家喻户晓的企业。2010—2015年汽车维护电子商务参与者涌现,目前全国至少有300家汽车维护电子商务企业。北京、上海、广东、江苏占据了半壁江山,见表4-1。

我国汽车维护电子商务企业发展史   表4-1

地区	2012年之前	2013年成立	2014年成立	2015年成立
北京	卡盟网、85维护网	E洗车、卡拉丁、有壹手、快修修车帮	诸葛修车网、洗爱车、17洗车网、洗车361、易修车、百车宝	E维护、养车人、黑猫车维修、爱洗车、方便车、嘟嘟洗车、车极客

续上表

地区	2012年之前	2013年成立	2014年成立	2015年成立
上海	途虎、携车网	宝养汇、弼马温养车、车易安、壹车网、养车无忧	上品养车、车保无忧、无忧车享、养车网、车助手、洗车网、宅车网	京东车管家
广东	酷配网、车谷网		快修先生、喂车车、嘟嘟喜车	车有援、天天快车、御途网
杭州	特维轮车事网	精洗门、车小弟、汽车无忧	车蚂蚁、5i车网、淘气档口	养车点点、淘宝汽车、车点点

在短暂的发展过程中,2010年第一代汽车维护电子商务企业诞生;2013年O2O模式的汽车维护电子商务企业出现:车助手和洗爱车;2014年电商巨头进入汽车维护电子商务行业:淘宝汽车、京东车管家;2015年手机App模式进入人们的视线:车点点、养车点点。Analysys易观智库认为:

①2011—2016年为汽车维修维护服务电商探索期,处在探索期的领域,市场认可度还非常低,相关的公司规模也比较小,还未形成较为成熟的商业模式,用户量也不大;需要市场内的企业进一步的探索和创新,也需要资本层面的支持;以途虎养车网、车易安等企业的出现为标志,我国维修维护服务电商市场开始启动;资本开始大批进入,大量的创业型企业出现。

②2017—2020年为汽车维修维护服务电商市场启动期,处在启动期的领域,应用已经初步具备了较为成熟的商业模式,经过探索期的调整和淘汰,生存下来的企业正在被市场重新认可。

③2021—2025年为汽车维修维护服务电商高速发展期,处在高速发展期的领域,应用已经具备成熟的商业模式并经过多年的市场验证,盈利模式清晰,用户规模正在高速增长。但同时有些应用也在面临盈利模式单一和天花板效应带来的发展瓶颈。大量的创业型企业被淘汰退出市场。

④2026年以后汽车维修维护服务电商进入应用成熟期。

2)汽车维护电子商务的模式

从终端角度来看,电商可以分为B2B电商和B2C电商;从具体服务内容角度,可以分为汽配用品电商和维修维护服务O2O等。上下游业务延伸后的平台,能够有效控制线下服务能力和企业运营成本,提高盈利能力。从运行模式上可以划分为以下几种:

(1)自营型

电商自营型是以线上售卖汽车配件用品和线下为车主提供维修维护服务为主;主要的收入来源为线上电商平台售卖汽车配件用品利润差价,主要有两种方式。

方式一:线下服务形式"轻"量化,主要以与维修服务门店展开合作、特约为主。优点:模式轻、拓展快;缺点:线下控制能力弱。代表企业有Z爱车、途虎养车网、京东车管家、养车无忧等。

方式二:线下服务形式偏"重",主要以自建、加盟线下店、派员工驻点合作店、上门服务等方式为主。优点:线下服务控制能力强;缺点:需要投入大量资金和人力。代表企业:麦轮胎、车便利、宽途汽车、A车站、12号公路、好快省等。

(2) 导流平台型

汽车维修维护服务电商中的导流平台型以为线上车主消费者提供汽车维修维护服务搜索、为线下维修维护店导入线上客流为主。导流平台型主要收入来源以平台广告、经销或收取佣金。导流平台型的优势是模式轻、复制快，其缺点：一是除洗车外，维修维护的频次相对较低，导流有一定困难；二是盈利模式不清晰，"烧钱"模式难以为继；三是门槛相对较低，竞争激烈。代表企业：养车点点、弼马温、携车网、车蚂蚁等。

(3) 上门服务型

上门服务模式，即派遣专人专车到车主指定地点为车辆提供维修维护或清洗等服务。上门服务模式从根本上改变了传统的以"店"为中心的服务关系，"人"也就是车主成为服务的主导。目前上门服务主要分为上门维护和上门洗车两种主要类型。上门服务从服务的深度和目标客户群来讲，市场相对小众，服务的深度有限，基本上只能完成标准化的更换机油、机油滤清器、空气滤清器、燃油滤清器等服务，涉及复杂的工具，如制动摩擦片、定位转向等都较难实现，较为复杂的维护工作及维修市场则较难切入，而机油、机滤等日常较为简单的服务利润空间有限。代表企业：卡拉丁、博湃等。

(4) 其他模式——供应链服务型

供应链服务型即为汽车维修维护整个产业链提供系统建设、信息云化、店铺建设服务等，包括为上游的汽车配件用品厂商/经销商提供云仓储系统、进存销系统等；为下游的汽车维修维护门店提供配件采购平台、搭建云店铺等。供应链服务型的优点是渗入了汽车维修维护电商整个供应链条，模式轻量化但相比第一种形式门槛较高；缺点是导流链条过长，扩张复制相比第一种形式来说较慢，C端流量较难爬升。代表企业：汽配云、车易安等。

4.3.3 汽车零配件销售的电子商务

1) 汽车配件销售行业的现状

汽车配件的类型、品种、规格之繁多令人咋舌；国产货、进口货琳琅满目；专厂件、原厂件数不胜数；从零件到部件到总成，各成系列，让人眼花缭乱。汽车配件的销售类型、方式、渠道与传统商品的销售有很大不同。服务销售理念和网络销售方式的出现，使得汽车配件销售成为一个独立的、生机勃勃的新兴行业。现代汽车配件销售行业主要有三大流通渠道：

第一流通批发渠道——原计划经济体制下运作了几十年的省、市汽车配件公司。1992年以前它们还称得上是汽车配件销售主渠道，现在由于其自身机制、体制改革的滞后，也由于其历史库存压力大、人员多、负担重等原因，大多经营不善，出现亏损，经营规模大大缩小。只有少数公司因管理有方、机制转换快，尚保持着良好的发展势头。

第二流通批发渠道——各大汽车生产厂在各地设立的汽车配件供应网络。目前，各大汽车厂为了扩大市场占有率，均在全国各地建立了四位一体的销售(技术)服务中心，在这些服务中心中，设立了专门的汽车配件供应部门，负责集中供应配套厂家的名优配件。采取在整车生产地建立零配件供应总汇，在其整车拥有量较多的地区设立零配件分汇，在全国建立专门的销售网络的方式。

第三流通批发渠道——一批经济实力强、经营规模较大的个体或股份制社会经营网点。

改革开放后的二十几年间,有为数不少的投资者将资金投向汽车配件销售业,他们或以家庭为中心,或几家联合,搞家庭公司或股份制公司,采用灵活的经营方式,很快发展起来,有的甚至成为汽车配件生产厂家的总经销商、特约经销商。

当前,随着汽车配件市场竞争激烈程度的加剧,从供应品种、规模优势、综合服务等方面来看,那些一门一户的,靠销售低价位,甚至以假冒伪劣配件牟取高利润的销售网点已不能满足客户更高层次的需求,特别是随着私人汽车拥有量的猛增,消费者对汽车的售后服务十分关注,细化售后服务、建立市场经济体制下的汽车配件供应新系统,已成为广大消费者的强烈愿望。

不过,随着"互联网＋"的发展,这些问题正在逐步解决。对汽车后市场行业来说,"互联网＋"加速了相关配件产品的流通速度,同时也缩短了流通环节。相较于传统线下渠道价格不透明等缺点,新兴网络渠道价格公开透明,而且拥有完善的售前、售中及售后服务,且引流能力更强。

而在新兴网络渠道中,自营电商相比大型综合电商又呈现出更多优势。相较而言,大型综合电商对于汽车后市场细分领域无法做到专注和专业,对于第三方卖家也无法解决假货、价格虚高等问题。但自营电商能够严格管控货品流通的过程,最大限度地保证正品,因此更容易获得车主的青睐。

例如,通过线上下单(PC、移动端、电话订购)的形式,终端客户可以方便快捷地从网络零售电商购买到需要的轿车轮胎产品。其中,垂直电商平台如途虎养车等,将O2O的模式带入交易流程中,用户在买轮胎的同时还可以享受免费安装服务。这种便捷高效的服务模式,令处于"互联网＋"风口的电商得到消费者的认可。

2)零配件销售企业电子商务的应用

由于汽车零部件在汽车业发展中所处的特殊地位,积极推进零部件的电子商务发展进程具有十分重要的意义。目前,国际主要的汽车制造商基本都实现了"全球零部件采购"的目标,而电子商务是实现这一目标的根本方式。对汽车制造商来说,零部件的电子商务采购可使企业的采购、销售成本大大降低,库存也显著减少,而且销售渠道也能进一步拓宽;对汽车维修企业来说,零部件实现电子商务后,可通过互联网迅速找到质优价廉的汽配产品,最终实现零库存,最大限度地降低成本;对零部件生产企业来说,通过互联网的集约化供应可以降低其流通成本,及时得到最终用户的反馈,以便调整生产计划,减少库存积压,使企业拥有更多资金投入技改和产品的售后服务。与此同时,由于网上商品价格、品牌的展示,加上多媒体技术的产品演示等,为交易带来了很高的透明度和公平性,对于规范经营,打击假冒伪劣而言,也有十分重要的作用。

(1)汽车配件销售市场调研及预测

①汽车配件销售市场调研。汽车配件销售市场调研是指对汽车配件的各类型或某种零配件的产、供、销及其影响因素、企业的销售量、用户结构以及市场占有率进行调查研究。汽车配件销售市场调研的实质在于了解目标市场状况及各种销售手段对市场的影响效果,做到科学决策,掌握先机,扩大销售,提高经济效益。它的重大意义在于:

A.有助于了解汽车配件市场的现状和趋势。

B.有利于企业科学决策,搞好企业销售活动决策。

C.有利于不断改善经营管理,掌握先机,提高经济效益;利用电子商务手段进行已有资料的分析,作出调查主题、调查范围及对象,并设计出调查问卷,然后进行网上征询。网络服务具有覆盖面广、信息数据传输快捷等特点,非常有利于调查的实施。最后通过计算机对调查结果进行整理、分类、计算、汇总、统计后撰写出调查报告。

②汽车配件销售市场预测。汽车配件销售市场预测是指通过定性、定量的预测技术,对汽车配件市场销售现状的具体分析、推断,作出前瞻性的预期论断。汽车配件销售市场预测的实质是一种科学活动,依赖于科学的理论和方法、可靠的资料、先进的计算手段,得出科学的预测分析。根据企业内部统计资料、会计资料(账本、发票和报表)、经营历史纪录(订货卡、合同)和市场调研获得的资料,运用计算机建立数学模型进行初步预测,再以主观经验评价计算的合理性,修正出预测结果,求得最终预测值及其区间。计算机在市场预测中的应用,可以方便、快捷地利用存储的内部资料,及时准确地作出市场分析和预测。

(2)汽车配件的电子化采购

电子化采购通过网络和计算机技术应用,使传统的采购业务运作方式发生了本质的变化,更重要的是带来了传统采购方式所不具有的种种优势。其优越性有:

①显著降低采购成本。

②有效提高采购效率。

③获得了采购主动权。

④优化采购管理。

⑤保证采购质量。

⑥增加交易的透明度。

⑦加强供求双方之间的业务联系。

⑧适应电子商务发展大潮。

汽车零配件的电子化采购方式,在企业内部一般通过 Intranet 实现,然后再通过 Internet 与供应商联系。对采购方来说,电子化采购系统一般应包括采购申请、采购审批和采购管理三个模块,不同的模块的主要功能概括如下:

①采购申请模块。采购申请这一模块主要应实现以下功能:

A.接受配件销售部门提交的采购申请。

B.接受企业 ERP 系统自动提交的配件采购申请。

C.接受管理人员、后勤服务人员提出的采购低值易耗品或服务方面的申请等。采购申请应通过浏览器登录网上采购站点的页面进行或通过 ERP 系统自动传递。

②采购审批模块。采购审批模块应主要完成以下功能:

A.系统能根据预设的审批规则自动审核并批准所接收到的各种申请。

B.对接收到的配件采购申请,直接向仓库管理系统检查库存,如库存已有,立即通知申请者领用,如库存没有,用 E-mail 通知申请者:申请已批准,正在采购。

C.对于被自动审批未获通过的申请,立即通知或邮件通知申请者:申请由于何种原因未获批准,请修改申请或重新申请。

D.通过自动审批无法确定是否批准或否决的申请,邮件通知申请者的主管领导,由领导登陆采购系统,审批申请。

E. 对于已通过的采购申请,邮件通知申请者,并提交给采购管理模块。

③配件采购管理模块。配件采购管理模块的主要功能有:

A. 接受采购管理部门制订的年度或月份采购计划,制订供应商评估等业务规则。

B. 对所接受的采购申请,依据设定规则确定是立即采购或是累积批量采购。

C. 对已生成的订单,依据设定规则决定是立即发给供应商,或者是留待采购管理部门再次审核修改。

D. 所有订单,依据预设的发送途径向供应商发出。

E. 自动接受供应商或承运商提交的产品运输信息和到货信息。

F. 订购产品入库或服务完成后,系统自动邮件通知或采购管理部门电话通知申请者申请已执行完毕。

G. 订购配件入库或服务完成后,系统自动生成凭证向财务管理部门提交有关单据。

H. 依据设定规则,系统在发出订单时或者产品验收入库后,自动向供应商付款,或者采购部门依据有关收货单据人工通知财务部门对供应商付款。

(3) 汽车配件仓储的电子化管理

汽车配件仓库管理是指对仓储配件的合理保管和科学管理。

①仓库管理的作用

A. 保证汽车配件的足额数量。

B. 保证汽车配件的质量完好。

C. 评议作为汽车配件的采购依据。

D. 保证汽车配件的及时进销。

②汽车配件仓库管理

A. 汽车配件应依据"安全、方便、快捷、节约"的原则存放。汽车配件的分区分类法有:

a. 按配件部、系、品种系列分区分类法。

b. 按配件车型系列分区分类法。

c. 混合储存法。

B. 分区分类后,对配件进行货位编号并输入仓库电子管理系统。利用仓库电子管理系统合理安排配件的存放位置。管理系统存有配件的详细技术资料,并能对配件数目及存放位置进行实时监控,这样可实现配件出入库的高效率运转,并能及时反映库存情况。

C. 利用网络系统实现仓库管理系统和配件采购系统的信息共享,提高配件服务的服务质量。

(4) 汽车配件网上采购及电子商务交易平台

汽车涉及的零部件数量十分可观,零部件采购十分复杂。在传统采购方式下,由于采购的对象数量有限,又受地域限制,所以采购的效率和采购的成本都很难达到较为理想的水平。利用电子商务方式实现汽车零部件的网上采购,可以及时获得市场、用户对产品的需求信息,并进行分析汇总,以便作出科学的采购决策。在此基础上,还可与汽配厂商、汽车用品厂商等供应商之间用电子化的手段交付订单、处理订货信息。所以说,实施配件的电子商务采购,能大大缩短采购周期,提高采购的准确性和效率,降低采购成本,扩大采购范围,减小无效库存,提高配件销售服务的经营效率和经济效益。

目前,我国注册的生产和经营汽车配件的中小企业数以万计,由于这些企业在规模、资金和管理方面的实力相对较弱,适应市场的能力也较为低下,而且受到地域和自身条件的限制,一般只能为数量有限的客户服务。而电子商务则可以帮助这些企业全面提升开拓市场的能力,开发新市场,赢得新客户。同时,也为配件销售企业拓宽了供货渠道。

4.4 客户及产品管理中的电子商务应用

客户管理是利用信息技术对客户资源及产品进行集中统一管理。将经过分析、处理的客户信息与所有与客户有关的业务领域进行链接,使市场、销售、客户服务等各个部门可以共享利用客户资源,不断跟踪、挖掘客户需求供产品及服务,不断提高客户满意度及忠诚度,从而维系密切的客户关系,带来更多的销售服务机会,最终使公司的利润最大化。产品管理业务,就是利用信息技术对采购、销售、库存进行电子化管理,来控制存储产品的数量,以保证稳定的货源及支持正常的销售与服务,但又最低限度地占用资本,实现企业经营的总成本最低、客户服务最好、总库存最少,实现企业利润最大化。

4.4.1 客户管理中的电子商务应用

1)汽车流通企业的客户信息管理

(1)汽车流通企业客户信息管理概念

企业"客户信息管理"是指企业在整个经营活动中对涉及客户的这一领域,尤其是客户管理与服务过程中所产生的数据、文件和各类信息,进行收集、整理、储存、利用与维护的过程。其中重要的任务是对企业客户信息资源开发的战略规划、方案制定以及后期的实施进行决策与组织,具体包括:

实现对企业经营过程中所有客户信息集成管理的系统开发,典型的有 CRM(客户关系管理)综合系统的开发,具体涉及对各种客户信息收集分系统的建设,典型的有呼叫中心、网站客户信息跟踪系统等;涉及对各种客户信息数据存储分系统的建设,典型的有数据库、数据仓库等;涉及对管户信息进行分析与利用的各种分系统的开发,典型的有联机分析系统、数据挖掘系统、信息推送系统等。

此外,还包括各种与系统建设相适应的组织与制度的建设,如客户资源共享机制的建设,与客户进行实时沟通制度的建设,专门客户信息管理人事组织,如呼叫中心的人工座席安排、客户投诉处理人员安排等等。其中,最为重要的是企业员工客户服务理念的树立,以及一系列与企业各种客户管理战略的配套措施实施。

(2)汽车流通企业客户信息管理的意义

作为企业信息管理中的一个重要分支,客户信息管理的出现,一方面是由于企业经营环境的变化,另一方面是由于以 CRM 代表的"客户中心论"的全新经营理念的诞生。

当前,由于汽车产业的不断发展,导致了汽车商品的极大丰富。在这种情况下,客户选择空间显著增大,客户需求开始呈现出个性化特征,市场竞争变得异常激烈。因此,只有最先满足客户需求的汽车产品、快速响应并满足客户个性化和瞬息万变的需求,汽车企业才能在激烈的市场竞争中,实现市场销售并得以生存和发展。

为适应经营环境的变化,汽车企业经营管理理念从过去的"以汽车产品为中心"转向了"以客户为中心";销售模式也从传统的 4P's(产品 Product、价格 Price、促销 Promotion、分销 Place)转向了 4C,即消费者的需求及欲望(Customer's needs and wants)、满足消费者需要的成本与价值(Cost and Value to satisfy consumer's needs and wants)、用户购买的方便性(Convenience to buy)、与用户的沟通(Communication with consumer);生产管理从"推式"模型转向了"拉式"模型,即企业生产首先是由客户的需求和交易信息来拉动,这些信息将首先被及时传送至销售中心仓库,仓库数据的变化信息又会被传递至制造商,制造商又根据销售中心的信息制订和修改生产计划。

Internet 的出现,电子商务的兴起,使得"以客户为中心"的经营理念实施变得更加重要和可行。事实上,Internet 使得客户面临的市场更加广泛,信息的获得更加容易,因此抓住客户将变得更重要。毫无疑问,在客户服务的任何领域,都需要收集客户信息,都需要加强与客户的沟通,了解客户需求,从而为客户创造最大价值,这对企业实施任何的"客户管理"都有着不容忽视的重大意义。而 Internet 的出现,则为客户信息管理提供了强有力的工具。Internet 最大特点就是能实现双向交互式的通讯,这是传统媒体单向信息传播所无法比拟的,这无疑为企业在电子商务中实施互动式的一对一的个性化客户服务战略创造了极好的环境。

(3)汽车流通企业客户的信息管理模式

在电子商务时代,对于汽车企业来说,在线客户上升到从未有过的重要地位。帮助实现客户价值将成为汽车企业获得发展的关键所在。汽车流通企业在 Internet 上的销售模式,是直接针对客户的,它的动作无一不是建立在对客户需求、消费偏好、行为规律特征等信息的收集、处理加工、存储、分析与利用的基础上的。

①眼球注意力模式。该战略关注焦点在于客户对汽车企业网站的点击率,通过点击率、总阅读页数、视线停留在网上的时间判断客户对汽车品牌的关注度。然而,注意力经济强调的眼球是一种远期的资产,要想使之变成现实的购买力,仍需取得客户长期的、足够的信任并提供良好的汽车产品和服务,否则只能是海市蜃楼。因此,建立消费者数据库,根据消费者需求、偏好等信息实现一对一的个性化销售,将成为眼球注意力战略成功的基础。

②个性化服务模式。根据单个消费者的特殊需求进行汽车产品设计开发,制定相应的市场销售组合策略,是新世纪销售个性的集中表现。互联网技术使得信息社会供求关系变为动态的互动关系,使得一对一的销售成为可能,显然,这一切实现的重要基础就是对消费者数据库的管理。

③销售顾问模式。网络时代,汽车企业要求推销员充当信息顾问,借助互联网各种信息系统为客户提供解决问题的方案,他的存在价值不再只是简单地推销产品。

④自己动手式服务模式。该战略要求通过网页提供信息,让消费者在线取得信息并进行交易。比如,网上有汽车企业产品目录、有产品生产线及其产品多媒体形象展示,供客户查询了解;有 BBS 讨论组,可以及时与客户沟通,了解他们的意见;有购买信息,如客户在网上可以直接进行订单填写、修改订单(涉及配送、生产、采购诸环节的变化)、能进行自行查询订单处理进度、付款、更正账单等;客户甚至可以在网上自行设计产品。

2)汽车流通企业的客户关系管理

(1)客户关系管理的概念

客户关系管理(Customer Relationship Management,CRM)是指通过对客户信息资源的计算机化管理,向客户提供满意的产品和服务,并与客户建立稳定、相互信任的关系密切的动态过程。

在过去,由于企业与客户联系及服务的技术手段的落后,高昂的信息成本及其他障碍,许多企业放弃了迎合客户需求的努力,而将销售活动的重点主要集中在了新客户的吸引上。20世纪90年代以来,随着市场竞争日趋激烈,新的市场空间的开发变得愈来愈困难,保持稳定的客户群已成为企业经营者不得不关注的重要战略。事实上,企业的大部分业务都是来自于老客户,而且,开发一个新客户与保持一个老客户的成本支出上也存在着很大的差距,一般前者的成本费用是后者的6倍之多,这不得不使企业开始从原来的注重发展新的个别买卖关系转移到现在的注重保持长期的买卖关系上来。正是在此背景下,客户关系管理应运而生,它是一个立足于客户整个价值周期的全新的销售理念和管理模式。

企业客户关系管理实际是一个充满着与客户交互、利用客户信息做决策的动态的过程,具体包括三个阶段:

①客户获取。即识别最有价值的客户是谁,并考虑以适当的途径去吸引他们,而不是采用无差别策略对待每一个客户。

②客户开发。即了解客户的需求,如他们喜欢什么、愿意用什么方式、什么时间得到,并根据企业的能力考虑怎么满足他们的需求。

③客户保持。即实际执行方案,为客户提供满意服务,从而与客户建立起牢固的关系,维持和提升客户的忠诚度。

在CRM中,客户信息的管理是实施CRM的基础内容。实施CRM首先需要建立客户数据库;然后需要对数据库数据进行集成和分析,把数据转换成关于客户的有用信息和知识,应用于销售、客户服务等企业日常运营过程,以及综合管理与决策应用过程。

(2)客户关系管理(CRM)系统基本内容框架

一般来说,CRM系统主要涉及三方面内容:一是销售管理、销售事务、客户服务三部分业务流程的信息化管理;二是客户沟通渠道的集成和自动化处理;三是利用信息技术工具对上面两项内容积累下来的信息进行加工处理,即客户信息管理体制。CRM的内容框架,如图4-4所示。

CRM系统在企业的运作过程如图4-5所示,通过联系渠道为客户提供服务的同时可以捕捉到客户的相关信息,再利用客户信息管理系统进行个性化分析,并将相关分析结果传递到与客户有关的职能部门(如客户服务),职能部门再通过设定的联系渠道为客户提供个性化服务的(如客户服务部门向顾客反馈产品使用的注意点、建议等)。

4.4.2 产品管理中的电子商务应用

1)汽车流通企业产品管理概述

在传统企业中,采购、销售、库存管理是一系列分散的独立活动,它们分属于不同的职能部门,彼此之间缺乏协调。各部门各自制定政策,采取措施以求优化本部门的目标,但相互之间却往往会存在一些消极影响,从而导致企业的整体利益受损。实际上这三者是相互关联,相互支持的。企业要实现利润最大化,就必须设法达到四个目标——向客户提供最好的服务、耗费最低的生产成本、占用最少的库存、使用最少的分销费用。要实现这些经营管理的目标,达到企业总体目标最优,就必须将采购、销售、库存管理有机地集成在一个系统中,这就是汽车流通企业产品管理业务。

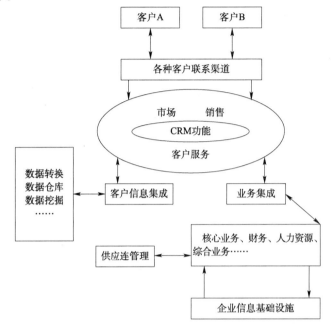

图 4-4 CRM 的内容框架

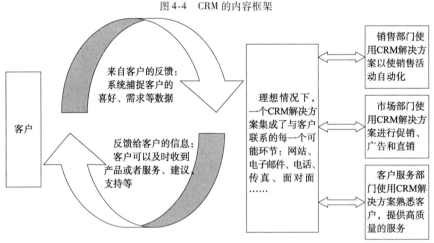

图 4-5 CRM 工作原理

在汽车流通企业产品管理业务中,采购管理用来确定合理的订货量、优秀的供应商和保持最佳的安全储备;销售管理是从产品的销售计划开始,对销售的产品、销售地区、销售客户等各种信息的管理和统计,并可对销售数量、金额、利润、绩效、客户服务作出全面的分析;库存管理用来控制存储产品的数量,以保证稳定的货源及支持正常的销售与服务,但又最低限度地占用资本。汽车流通企业产品管理的目标就是实现企业经营的总成本最低、客户服务最好、总库存最少,实现企业利润最大化。

2) 汽车流通企业产品管理信息化

汽车流通企业产品管理信息化是指在管理中运用现代信息技术,通过对信息资源的深入开发和广泛利用,达到不断提高管理水平,提升企业竞争力的目的。具体来说,管理人员借助信息技术建立一套集成的进销管理系统,实现采购、销售、库存三模块间完全的信息共享和畅通的数据交流。根据销售预测确定采购规模,同时通过供应链与供应商结成利益共同体,优化采购管理。通过 Internet/Intranet 技术实时收集销售业务数据,如市场占有率、销售利润、客户满意度等,并借助相关软件进行分析,从而实现对销售活动的动态控制、销售战略的动态调整,优化销售管理。通过信息技术手段动态掌握企业与市场、供应商的供求关系,实现零库存,优化库存管理。

汽车流通企业产品管理软件是帮助企业实现进销存信息化的有效手段。这一软件基本上包含四大功能模块:采购管理(采购订单、采购单、付款单、采购明细/汇总表、应付明细/汇总表、采购订单汇总表管理)、销售管理(销售订单、销售单、收款单、销售明细/汇总表、应收明细/汇总表、销售订单汇总表管理)、库存管理(进仓单、出仓单、转仓单、盘点单、库存明细/汇总表管理)、POS(销售自动化系统)管理(开票、报表、日结、设置管理)。

4.5 第三方销售平台的电子商务

4.5.1 第三方电子商务平台

1) 第三方电子商务平台概念

第三方电子商务平台,也可以称为第三方电子商务企业。泛指独立于产品或服务的提供者和需求者,通过网络服务平台,按照特定的交易与服务规范,为买卖双方提供服务,服务内容可以包括但不限于供求信息发布与搜索、交易的确立、支付、物流。

2) 第三方电子商务平台的类型

第三方电子商务平台按照其业务范围、服务地域范围及相关标准,可以划分为不同的类型。

(1) 按照电子商务模式划分

第三方电子商务平台可以分为 B2B 电子商务平台、B2C 电子商务平台和 C2C 电子商务平台。B2B 电子商务平台是为企业对企业进行电子商务服务的电子商务平台,我国主要的 B2B 电子商务平台有阿里巴巴、慧聪网、买麦网、好望角、中国商品网、中国制造网等;B2C 电子商务平台是为企业对客户的电子商务服务的电子商务平台,常见的 B2C 电子商务平台有京东商城、当当网、卓越网、淘宝商城、凡客诚品等;C2C 电子商务平台是为客户对客户的电子商务模式服务的电子商务平台,常见的 C2C 电子商务平台有淘宝店铺、拍拍网、百度有啊等。

(2) 按照电子商务平台的功能划分

第三方电子商务平台可以分为电子商务信息发布平台、电子商务支付平台和电子商务交易平台。电子商务信息发布平台主要是为用户提供各类信息的分类发布,还有一些信息发布平台提供了"智能建站"服务,为其会员搭建网上店铺,但不发生交易行为。常见的电子商务信息发布平台有中国分类信息平台、生意宝、常人网、中国房产网等。电子商务支付平台是指一些由本身不从事电子商务,但和各大银行签约、具备一定实力和信誉保障的第三方独立机构提供的交易平台。目前,我国的第三方支付平台已有支付宝、财付通、安付通、百付宝、网汇通、快钱、环讯等。电子商务交易平台是为企业和个人提供网上交易洽谈的平台,可以直接在网上实现交易和在线支付。前面介绍的典型的B2B平台、B2C平台和C2C平台大部分都属于电子商务交易平台。

(3) 按行业范围不同

第三方电子商务平台可以分为综合电子商务平台和行业电子商务平台和总公司电子商务平台。综合电子商务平台是包括各类商品在内的综合性商品交易平台,阿里巴巴、中国商品网、环球资源网、生意宝等是典型的综合电子商务平台。行业电子商务平台是指供某个特定行业进行信息交流和交易的电子商务平台,中国化工网、中国建材网、全球五金网、中国纺织网等是典型的行业电子商务平台。总公司电子商务平台就是指总公司门户网站,是一种专指性更强的行业电子商务平台。

(4) 按地域范围不同

可以分为全国电子商务平台和区域电子商务平台。全国性电子商务平台是面向全国,为全国各地电子商务服务的平台,如阿里巴巴、当当网、拍拍网、中华食物网等。区域电子商务平台是指某一特定区域的电子商务平台,如福建省国际电子商务应用平台、安徽农村综合经济信息网、荆门中小在线等,政府门户网站也可以看作区域性综合型电子商务信息平台。

3) 第三方电子商务平台的特点

(1) 独立性

不是买家也不是卖家,而是作为交易的平台,像实体买卖中的交易市场。

(2) 依托网络

第三方电子商务平台是随着电子商务的发展而出现的,和电子商务一样,它必须依托于网络才能发挥其作用。

(3) 专业化

作为服务平台,第三方电子商务平台需要更加专业的技术,包括对订单管理、支付安全、物流管理等能够为买卖双方提供安全便捷的服务。

4) 第三方电子商务平台的功能

第三方电子商务平台是为企业之间、企业和最终消费者之间提供服务的,是为最终消费者从事信息沟通和获取、产品传递、资金流转以及辅助决策并为企业的生产经营提供劳动力、资金等生产要素服务的。它是构成交易环境的主要因素,为买卖双方提供越来越多可供选择的交易途径,使买卖双方可以因时、因地、因物、因人和因事制定对双方最有利的交易方式。

第三方平台的电子商务是实现市场一体化机制的渠道机构,是随着市场经济发展而成长起来的。其显著功能归纳如下:

(1) 最基本功能是为企业间的网上交易提供买卖双方的信息服务

买方或者卖方只要注册后就可以在网上发布自己的采购信息或者产品出售的信息,并根据发布信息来选取企业自己潜在的供应商或者是客户。网上发布的信息一般是图片或者文字信息,随着带宽增加,发布信息将越来越丰富。

(2) 提供附加增值服务

即为企业提供相关经营信息,如行业信息、市场动态。为买卖双方提供网上交易沟通渠道,如网上谈判室、商务电子邮件等等。阿里巴巴还可以根据客户的需求,定期将客户关心的买卖信息发送给客户。

(3)提供低成本、高效益的服务

第三方平台电子商务的产生源于交易费用的控制,交易费用包括使当事人相互搜索的信息费用;收集和传递有关交易条款的费用;起草合同、履行合的费用等等。交易费用是市场价格机制运行对社会资源的浪费。既然交易费用是社会资源和财富的损失,那么对于一个给定的产出,组织交易的费用大小反映了交易的效率。提高效率就要节约交易费用。第三方平台的电子商务使得商品买卖双方不必去两两交易,不必单独为自己的产品找到最终消费者和原始材料供应者,他们只要加入到市场中去,与自己最接近的市场中介交易即可,寻找这种市场中介的交易费用相对要小得多。

(4)提供与交易配套的服务

最基本的服务是提供网上签订合同服务、网上支付服务等实现网上交易的服务。相约中国网站还可以根据客户的需要,帮助客户申请报关和联系认证等贸易服务。

(5)提供客户管理功能服务

即为企业提供网上交易管理,包括企业的合同、交易记录、企业的客户资料 等信息的托管服务。当然这些属于企业的保密资料,但对于中小型企业来说,有一个安全保密的托管服务机构是非常必要的而且是可以接受的。

(6)防止市场中的机会主义行为

第三方平台的电子商务在确保市场交易安全方面有较高的激励,并且确保交易中的双方实践其交易谈判的结果。因为交易中每一方未来都必须同第三方电子商务联系,市场第三方电子商务可能处于一种较有利的位置来防止机会投机行为。而且,市场第三方电子商务比任何单个的生产商或者消费者所处理的交易都多,所以他们在其投资监控技术方面就会产生规模经济,或者他们能够更好地确保市场的存在。

4.5.2 汽车第三方电子商务销售平台发展背景

当前汽车行业普遍认为主机厂和经销商之间二元结构关系,由于没有第三方缓冲、调解,使得厂商无限生产欲望和经销商有限的销售能力之间存在着不可调和的矛盾;同时,中国所有的消费领域基本都进入到买方市场的阶段,汽车市场也不例外,这应该是汽车营销领域看待未来发展方向基本的认知点和前提。建立一个能够覆盖全体4S体系、二级经销商体系的统一批售平台,对实现汽车行业的跨区域、跨品牌销售是非常重要的。平台将会为资金、库存、周转周期提供缓冲区和支持系统。把全国的4S店和所有的经销商资源统合,提供信息、客源和车型的对接,与厂商进行合作。第三方销售平台的优势包括:

①在统一的批售平台中,具有汽车销售能力的社会存量和产业存量再分工,以更高效和集约的方式进行资源重组和配置,让会卖车的集中精力卖车,让具有维修维护等硬件能力的店面赚取更多售后利润,形成更加有效的社会分工,实现4S和二级经销商的互惠双赢。

②统一的批售平台可以让汽车分销渠道更加下沉,其实就是通过建立4S店与二级经销商之间的服务对接,实现向四、五线城市,甚至是村一级单位的渗透。

③平台允许多样化经营模式的存在,即支持厂家与分销渠道、经销商间的车源流通,能够最大化地释放市场存量,避免此前因为渠道壁垒造成的区域性车源分配不合理。

4S店体系的诞生带有浓厚的卖方市场和品牌垄断的色彩。压缩整个的销售链条和产业链条,能更迅速地反应,能快速地接触用户。所以以用户为核心,产业变革的方向将是线上线下和物流相结合,甚至和制造相结合,并最终诞生新的零售体系。目前的B2C或C2C,在未来都有可能走向C2M模式(Customer to Manufactory),以消费者为核心建立起消费体系,用户的需求通过经销单元和销售渠道直接反馈到生产制造商那里,总的趋势是缩短消费者和制造者之间的商品距离、物流距离、物理距离,让客户离制造更近,这是整个制造业发生的变革。

但是也要认识到房产和汽车是最难被电商化的,其原因如下:

首先,房屋和汽车是单价最高的商品,网上购买的决策比较难轻易作出。

其次,房屋和汽车又不是商品,而是财产,前者是不动产,而后者是动产。任何交易都涉及复杂的线下手续,不是一个快递员上门就能搞定的。

最后,房屋和汽车在交易中和交易后涉及诸多分割的线下服务,比如:水电煤气及物业交割、保险、维护等等。

4.5.3 汽车第三方电子商务销售模式分析

1) 汽车第三方电子商务模式

按照汽车营销主体进行划分,模式可以分为:

模式一:汽车垂直电商。有关汽车的网站由媒体向线上交易平台转型。如车商城、易车、一猫汽车网、搜狐特惠车等。

模式二:综合电商平台。由综合电商平台推出整车销售业务,如苏宁易购、京东、国美电器、天猫。

模式三:车企自建电商平台。车企或经销商等自建的电商运营平台,如上汽集团、长安集团、庞大集团等。

按照汽车营销模式进行划分,模式又可以分为:B2B模式、O2O模式、B2C模式、汽车团购、汽车4S店、共享单车等。

2) 模式解析

大部分汽车电商的模式并不是切入交易,而是做给品牌带流量或者给线下店面导流模式的变种,只是套上了"电商"或者"O2O"的绚丽名词。

首先是综合电商平台,其中的代表是阿里和京东,但是阿里汽车已经在宣布退出汽车电商而专注于汽车金融。其思路非常传统,将经典的B2C电商模式复制到汽车电商。但基于以上的分析,这种生搬硬套并不落地。虽然每年的购物狂欢都有各种汽车销售并报出刷新汽车电商的各种记录,但其实真正成交的并不可观而且用户体验堪忧。因此整车厂在天猫上开启旗舰店目的不是做销售,更多是为了品牌展示和宣传。

其次是汽车垂直电商模式,其中的代表是易车特卖和汽车之家"车商城"。基本体验是用户在线上(网站或App中)下载购车券,然后持券到线下的4S店完成购买。由于网站实现并不能锁定车型及价格,所以挑选和砍价等过程依然是在线下完成。整个流程与传统体验并无二样,整个操控权仍牢牢掌握在4S店手中。

在此基础上,又繁衍出 C2B 电商模式,其中的代表是易车的惠买车和团车网,采用底价购车或者团购的方式。首先,消费者在线上发布自己的购车需求(具体到车型及配饰等),缴纳几百元到过千元不等的订金来显示诚意,该订金如果不购车可退。对于底价购车,各 4S 店通过竞相报底价来诱惑,消费者在作出选择后拿到生成的购车凭证,然后到线下的 4S 店完成交易。对于团购模式,消费者等待平台方派出的购车顾问联系,由购车顾问组团一批具有相似购买需求的用户到多个店询价然后团购,因为量大而在理论上易获最低报价,每个消费者随后可选择是否完成交易(甚至在发出购车需求时不需要加订金,而只需要在选定车款后缴纳意向金)。无论是底价还是团购,平台都是按成交和按比例从 4S 店获取相应的服务费。这个模式看起来很好,然而平台对于线下体验的掌控实在太差,而且汽车的定价本身就是一个复杂的过程。于是经常出现通过底价或团购,价格反而不如直接到 4S 店获取的报价,而且 4S 店也往往会利用超低价吸引消费者选择,当消费者到线下成为鱼肉的时候,4S 店在成交前巧立名目来做刀俎,小刀割肉让消费者反而支出更高的成本。

饱受不能控制车源和定价权的窝囊气,互联网公司又推出了更加极致的 B2C 电商平台模式,其中的代表是易车商城和汽车之家车商城的一口价。通过与整车厂的合作,这类商城推出了清库包销、订制、品牌直销、新车预售等多种在线售车方案,对消费者承诺一口价。消费者在线上通过缴纳订金来锁定交易,与 4S 店在线下的沟通过程被简单化和透明化,线下无需支出任何费用。商城并最终按照实际销量及比例从整车厂或 4S 店处提取佣金,与 TrueCar 的模式很类似,这可谓是汽车电商闭环的极致了,然而却在整车厂和消费者两边都不讨好。首先,整车厂要照顾经销商体系的利益,给到互联网平台的往往是滞销车或库存车。其次,如果互联网平台不像其他电商颠覆线下门店时给出足够的低价,消费者往往不买账;反正都需要线下环节,何不去线下门店再找找更低的价格。如此这般,互联网平台收获的只是苦果:补贴之后并没有获得用户的口碑和认可。

最后是车企自建电商模式,其中的代表是上汽的车享网。看似掌握了车源的整车厂,却为了平衡线下 4S 店和电商之间的关系,最后的局限性非常大,最大的价值很可能是仅仅给自己的 4S 店导流。首先,其网上促销活动需要在 4S 店落地,而所有活动基本都由 4S 店自己独立完成,电商平台只能被动配合。其次,电商的核心优势之一就是商品大而全,而以整车厂为主建立的电商平台,必然是以自己的车款为主,让用户体验大打折扣。最后,电商的价格体系不能冲击传统 4S 店体系。这样的矛盾只能让车享网最终不伦不类、经销商爱搭不理。而车享网的大幅裁员,正是印证了这种矛盾的存在。

4.6 汽车流通企业的电子商务应用案例

4.6.1 用友 ERP 汽车流通企业的电子商务应用

用友 CRM(Customer Relationship Management,客户关系管理)是利用信息技术对客户资源进行集中统一管理,将经过分析、处理的客户信息与所有与客户有关的业务领域进行链接,使市场、销售、客户服务等各个部门可以共享利用客户资源,不断跟踪、挖掘客户需求,以供改进产品及服务,不断提高客户满意度及忠诚度,从而维系密切的客户关系,带来更多的销售服务机会,最终使公司的利润最大化。

1)用友 ERP 汽车行业服务至上解决方案

用友 CRM 解决方案是一个企业级 B/S 结构集成应用方案,能够帮助企业利用 Internet 技术建立一个统一的、集成的、共享的客户资源管理平台、销售平台和服务平台,为营销链中的每个节点同时提供跨部门的客户管理能力,实现"凝聚客户关系,提升资源价值"。方案的功能包括销售、服务管理各方面,全面覆盖售前、售中、售后三阶段。

用友 CRM 针对汽车行业 4S 营销模式构造了应用模型和解决方案,并帮助红彤公司成功构建了 CRM 系统。用友 CRM 系统体系结构,如图 4-6 所示。

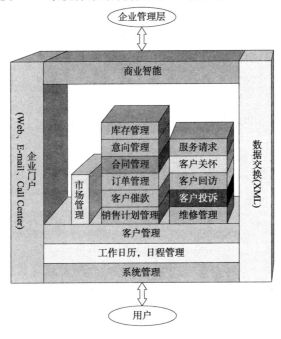

图 4-6 用友 CRM 系统体系结构

系统管理:是 CRM 系统基本功能,主要包括账套管理、用户管理、角色管理、功能数据权限管理和各种基础数据的定义。系统管理主要是系统管理员和主管人员使用。

用友 CRM 支持集团应用模式,支持企业未来由于机构增加等的应用扩展。系统通过集团账套客户化建立各公司应用账套,通过各公司账套客户化建立各公司的 CRM 应用系统。

客户管理:是 CRM 系统基本功能,主要包括客户档案信息管理和客户分配、客户共享、客户类别转换、客户合并等管理功能。

销售过程管理:主要包括意向管理、合同管理、订单管理、库存管理、计划管理、客户催款等。

服务管理:主要包括维修管理、客户回访、客户投诉、客户关怀等。

企业门户:是面向客户、合作伙伴和供应商的信息交换平台,包括 Web 方式、E-mail 方式、Call Center 方式等。Web 方式可实现功能:商品档案查询、新产品发布、网上订单提交与查询、网上维修服务请求与查询、网上企业公告、网上投诉与反馈、网上咨询、网上市场调查等。

数据交换:是利用标准的 XML 数据交换平台,与企业其他应用系统如 ERP、SCM 等进行数据交换。由于 CRM 是企业应用的最前端,需要 CRM 系统向其他系统提供客户业务数据。

商业智能:主要是利用分析工具对各种数据进行整理、统计、分析,以图表的形式提供管理人员对所有 CRM 系统数据进行分析,辅助领导决策。

2)用友 CRM 系统汽车 4S 应用流程

用友 CRM 汽车 4S 应用流程,如图 4-7 所示。4S 店应用以客户为主线,主要包括销售过程管理和客户服务管理,全面覆盖整车销售、配件经营、维修服务和信息反馈业务。

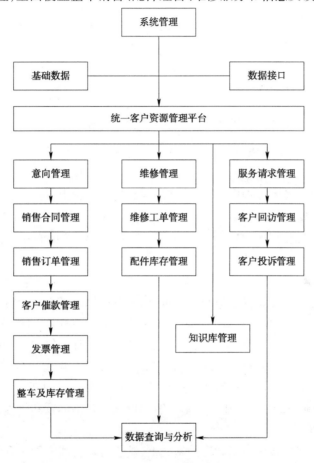

图 4-7 用友 CRM 4S 店应用流程

3)4S 店 CRM 系统客户数据关系

4S 店 CRM 系统客户数据关系,如图 4-8 所示。

4.6.2 汽车行业典型案例分析——红彤汽车贸易有限公司

深圳市红彤汽车贸易有限公司成立于 2001 年,现主要经营凯迪拉克、别克、雪弗兰、丰田、荣威及克莱斯勒品牌的销售及售后服务。科学的管理加上先进的经营理念,使红彤公司在短短的几年时间内,从一家公司发展为拥有十二家全资子公司的著名汽车经销商,员工人数 900 多人。连续 5 年荣获全国"十佳"汽车经销商称号;深圳十大汽车经销商称号;上海通用别克、雪弗兰全国"客户热忱"最佳案例。

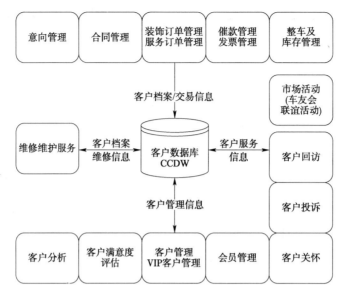

图 4-8 4S 店 CRM 系统客户数据关系

在公司业务的快速发展过程中,客户管理的问题越来越突出,传统的管理方式已经不能适应公司业务发展的需要。CRM 系统正是帮助红彤公司实施客户战略和进行管理方式转变的利器,红彤公司通过实施用友 CRM,有效解决了存在的问题,提升了客户满意度,并使公司的管理水平上了一个台阶。

1) 红彤 CRM 战略

四位一体的营销模式之所以被消费者认可,最根本的原因是 4S 店能提供完美的购车服务和售后服务,让客户买得放心,用得放心,真正体现了以客户为中心的经营理念。在日常的经营管理中,红彤公司始终把客户满意度放在首位,并贯穿于售前、售中、售后的全过程。随着业务的拓展,客户的增加,营销服务人员的增加,红彤公司深深意识到传统的管理方式已经不能适应公司长远发展的需要。作为一家快速成长的企业,红彤公司对于今后的发展方向有着明确的考虑,即通过实施 CRM 系统,建立起基于客户价值的营销体系和管理体系,为公司的长远发展奠定坚实的基础。

红彤 CRM 战略:在提高客户满意度的基础上,基于客户价值全面提升管理理念,建立基于客户价值的动态绩效评估体系和运营管理体系;在客户价值评估的基础上,优化公司销售、服务业务流程、资源配置,全面提升整体营销能力、市场竞争能力和获利能力;充分地运用 80/20 法则,使 VIP 客户成为红彤的忠诚客户,不断积累客户资产,为红彤的长远发展奠定基础。

阶段目标:

①建立完整、准确、共享、统一的的客户资源管理平台,实现对客户的售前、售中、售后的全过程管理。

②建立以客户满意度为标准的绩效评估体系和运营管理体系,全面提高销售、服务效率。

③在对客户、销售、服务进行分析的基础上,制定更加有效的营销策略。

④建立客户价值评估标准,对客户进行分类管理。

2）红彤 CRM 实施

CRM 系统与企业传统的营销、售后服务等有着必然的联系，传统的营销服务概念只是涉及具体部门的点业务，而客户关系管理主要着眼于整个企业，从企业的全局出发，将企业的点业务向面业务扩展。因此，CRM 并不是一个简单的软件，更应该是一个复杂的企业管理的系统工程，从普通员工到公司总经理都要参与。

红彤 CRM 系统几乎涵盖了企业面向客户的所有业务领域，如客户销售、客户服务、客户回访、客户投诉、客户关怀等，CRM 系统的实施涉及企业业务流程、管理等诸多方面的要求和变化，建立一套高效的 CRM 系统，实际上是以客户为中心，对企业业务流程和资源配置进行优化的过程，这就决定了企业实施 CRM 系统是一项复杂的系统工程，需要方法论的支持。

(1) 企业文化与 CRM 战略实施的融合

在实施的三要素人、技术、流程中，人是实施成功的最关键的要素。红彤从企业管理层做起，牢固树立以客户为中心的理念，倡导和形成客户价值的企业文化，并把这种文化传播到每一个员工身上，使大家牢固树立客户是公司发展的源泉，工作的衡量标准是客户满意度，而不是上级主管。文化的融合形成自我约束的工作规范，加强了工作协作和团队合作。

(2) 总体规划、分步实施

红彤 CRM 系统包含内容较广，红彤 CRM 系统的实施是采取总体规划、分步实施的原则进行的。红彤从企业发展战略的高度对 CRM 系统总体规划，然后按照管理上的急需程度、实施中的难易程度等确定优先次序，先从眼前迫切需要解决的客户资源共享作为切入点，在效益驱动、重点突破的指导下，分阶段、分步骤实施。科学的实施方法起到了事半功倍的作用，保证项目的顺利推行。总体规划、分步实施亦降低了红彤公司的实施风险和先期投入。

(3) 高层领导的强力支持和推动

红彤 CRM 系统的实施自始至终得到了公司高层管理者的强力支持和推动，由总经理直接参与项目的实施，保证了资源调配和部门间的协同配合，保证了项目实施按照既定的目标、进度进行。

(4) 从业务流程分析入手、研究和规划实施的步骤

红彤 CRM 实施专注于流程的研究、优化和重构，从长期发展战略的角度研究现有的产品营销、服务策略和模式，审视流程，发现不足并进行改进。在项目开展之初不是把大部分精力放在技术上，而是根据业务中存在的问题来选择合适的技术，而不是调整流程来适应技术要求。

(5) 借助于外部资源的力量，以专业化、开放式的运作思路开展和部署系统

红彤 CRM 实施遵循了专业化、开放式的运作思路，与专业的厂商用友公司合作，借助于用友公司强大的咨询实施能力，以专业化、开放式的运作思路开展和部署系统。借助于第三方的力量，红彤首先明确了公司实施客户战略的必要性，并按照总体规划、分步实施的原则，以实施方法论为指导，制定总体目标和阶段目标，在第三方咨询顾问的协助下，按照 PDCA 的工作方法，保证了系统的成功应用。

3）效益评估

通过近六个月的实施，红彤 CRM 系统达到了以下系统目标：

① 建立完整、准确、共享、统一的客户资源管理平台，使客户信息在公司各个部门共享，加

强销售、服务部门工作协同。

②有效收集、管理客户需求信息,及时提供产品和服务。

③在进行客户、销售、服务分析的基础上,指导公司进行 STP 战略营销:即细分市场(Segmenting)、选择目标市场(Targeting)和产品定位(Positioning)。

④提高销售效率:通过商机管理对潜在客户进行跟踪管理,提高有望客户成交率。

⑤提高维修效率:建立统一的客户服务平台,集客户接待、车辆维修、配件销售、费用结算、索赔、理赔业务一体化,提高维修效率。

⑥进行统一的客户关怀、客户回访和客户投诉处理,进行集中的服务质量监督,提高客户满意度和忠诚度。

⑦建立完善的知识库,使销售、服务效率更高。

⑧建立完善的客户信息数据仓库(CCDW),为进行数据库营销奠定了基础。

⑨客户满意度和忠诚度的提高,带来更多的销售机会。

⑩KPI:从销售额、客户满意度、全员工作效率等关键指标进行量化评估。

用友 ERP-U8 汽车行业签约客户:

①华南摩托。

②神马客车。

③桂林桂联客车有限公司。

④科艾特。

⑤山东东岳汽车。

⑥南宁专用汽车厂。

⑦广东东风易进工业有限公司。

⑧东风汽车 52 厂。

⑨雅士佳汽配(天津)有限公司。

⑩申阳藤汽车内饰有限公司。

⑪成都九鼎科技集团。

⑫山东金宇轮胎有限公司。

⑬深圳红彤汽贸公司。

4.6.3 二手车交易网络平台系统应用

1)平台功能

(1)系统功能

该系统的功能是为贸易管理办公室、旧机动车市场管理办公室、公安/工商/税务、各地市各旧机动车交易市场、评估公司、经营公司等应用单位提供方便、快捷、规范和安全的网上业务窗口。系统构成如图 4-9 所示。

其网站是基于 Web 的二手车行业管理官方网站;二手车鉴定评估定价系统采用"重置成本法 + 现行市价法"相结合的科学评估方法;机打发票交易管理系统是各个市场主体实现交易开发票的终端管理软件;专用发票管理及稽核系统满足全省各地市国税部门的二手车统一交易发票的网上管理要求;网上交易管理系统使主管部门及时全面掌握行业和发展动态,并有汇总、打印功能;CA 数字证书安全系统确保交易数据、鉴定数据、评估数据、发票数据的安全;市场综合管理系统实现维护管理整个系统的信息。

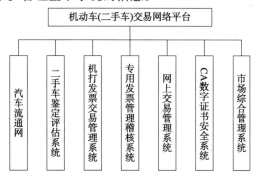

图 4-9　系统整体功能构架图

（2）系统技术方案

①系统数据处理模型。系统采用"数据大集中＋实时/非实时并行相结合"模式：在省商务信息中心建立二手车中心数据库系统,用于集中存储全省所有的二手车交易数据;同时建立多层数据防护、备份机构确保系统数据的安全。各交易主体的相关二手车交易数据可存储于本地自动创建和维护的数据库中,但要求要及时进行数据上传更新,以确保中心数据库数据的实时性。商务、税务、公安部门通过 Web 系统直接访问中心数据库实现相关信息的处理。

②系统技术体系。市场交易主体"机打发票交易管理系统"采用 C/S 应用结构,DELPHI 开发工具;基于 Web 型各稽核管理类信息系统则采用 B/S 体系,ASP/.NET 开发工具;中心数据库管理系统,选择 My SQL Server 数据库系统。图 4-10 给出了系统逻辑结构。

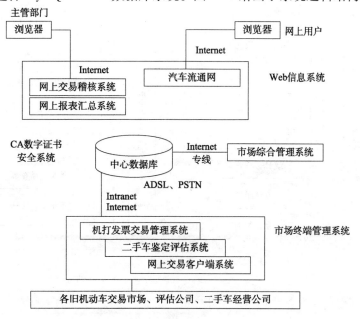

图 4-10　系统逻辑结构图

2）系统应用分析

自启用以来,该系统一直保持平稳、安全的运行状态,从未发生过死机、数据丢失现象,确保了二手车交易、业务管理的正常进行。

①商务主管部门。建立完善的二手车交易市场、经销企业、拍卖企业备案制度。经过商行政管理部门依法登记的相关企业，备案后将成为该系统的合法会员，经发票管理系统方可售票；建立准确及时的二手车流通信息报送机制。机打发票子系统记录所出具的每张发票信息，系统自动上传中心平台，平台汇总后形成各种报表，并可打印和输出；形成科学的统计分析指标体系。

②税务部门。建立详细的发票发放台账。每次购发票的详细信息将记录在系统中，只有在台账登记的票号，才能打印出发票；建立及时、准确的发票使用监管体系。发票使用管理详细汇总记录全部备案企业每次领用发票的使用情况（领用总数、已使用总数、未使用总数、作废总数、剩余总数）及每张发票的使用状态（已使用、未使用、作废），以备税务及时监管；建立电子发票数据库，可对纸质的假发票、克隆票进行比对、稽核，以减少国家税收流失。

③各交易市场主体建立完善的计算机管理系统，各市场能够利用计算机网络迅速开展交易业务，交易效率得到极大提高。系统中所提供的撮合功能、信息发布功能，为各交易市场提供新的利润来源和增长点。同时系统有效监控非法发票、取缔非法交易市场，以确保正规交易市场的有序发展。

④二手车鉴定评估系统采用"重置成本法+现行市价法"相结合的评估方法；另外参考国家相关规定，评估方法更合理、科学，在目前国内二手车鉴定评估理论与实际应用中具有重要的参考价值。图4-11为二手车鉴定评估管理系统功能结构框图、图4-12为市场综合管理系统。

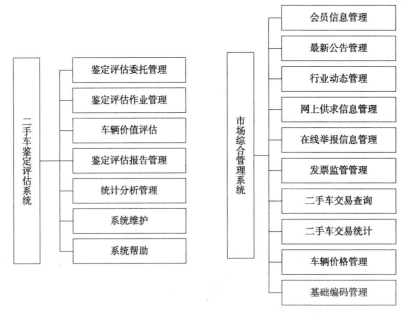

图4-11 二手车鉴定评估系统结构图　　图4-12 市场综合管理系统图

3）结论

对本案例的分析、总结如下：该系统整合税务、商务、公安等部门联合作业，有效实现了行业化的规范管理。为我国行业电子政务的信息化建设提供了重要参考。成功采用CTCA数字证书应用技术,使CA数字证书与大型应用系统完美结合。二手车鉴定评估采用的"重置成本法+现行市价法"相结合的评估方法,科学、先进、真实,促进了国内二手车鉴定评估的发展。"数据大集中+实时/非实时并行相结合"的数据处理模式,具有很强的先进性、实效性,为同类业务的信息化建设提供了新的思路。

1. 汽车电子商务具有的优势是什么?
2. 汽车销售电子商务的特点是什么?
3. 简述汽车销售电子商务的基本功能及流程。
4. 我国二手车业务发展特点是什么?
5. 简述二手车营销电子商务的基本功能。
6. 简述二手车电子商务的基本模式。
7. 简述汽车维修服务中的电子商务的应用。
8. 汽车维护电子商务的经验模式有哪些?
9. 汽车配件的电子化采购的优越性是什么?
10. 简述汽车配件仓库管理电子商务应用的优越性。
11. 汽车客户管理、产品管理中有哪些电子商务化的应用?
12. 第三方电子商务平台的类型有哪些?
13. 简述汽车第三方电子商务销售模式的利弊?

第5章　汽车道路运输的电子商务应用

学习目标

> **知识目标**
> 1. 可以简述物流的概念、物流的发展概况以及功能和作用；
> 2. 可以简述电子商务物流的概念、电子商务物流的内容和作用；
> 3. 可以简述供应链的概念及供应链管理带来的变革；
> 4. 能够正确描述物流与电子商务的相互作用及影响；
> 5. 能够正确描述电子商务对供应链管理的作用。
>
> **能力目标**
> 1. 会分析电子商务条件下物流业的发展策略；
> 2. 会表述不同类型企业电子商务与物流的特点；
> 3. 能够分析并选用电子商务物流技术和电子商务条件下物流模式。

5.1　电子商务物流的影响与发展

正在全球迅速发展的物流产业，是现代经济的主要组成部分和工业化进程中最为经济合理的服务模式，同时也是降低流通成本、提高流通效率的重要的利润源泉。在国际上，物流产业被认为是国民经济发展的动脉和基础产业，其发展水平反映企业的市场竞争能力，其发展程度成为衡量一国现代化程度和综合国力的主要标志之一。

近几年来，随着电子商务环境的改善以及电子商务本身的飞速发展，人们发现，作为支持有形商品网上商务活动的物流，已经成为有形商品网上商务的一个障碍。没有一个有效的、合理的、畅通的物流系统，电子商务所具有的优势就难以发挥，没有一个与电子商务相适应的物流体系，电子商务也难以得到有效的发展。

5.1.1　物流的概念、发展与作用

1）物流的概念

物流（Logistics Management）的英文直译为"后勤管理"，是美军在第二次世界大战期间根据军事上的需要对军火的供应、运输、屯驻等进行的全面管理。"Physical Distribution"一词于20世纪50年代中期从美国传入日本后，被直译成"物的流通"，1979年6月，我国物资工作者代表团赴日本参加第三届国际物流会议，在考察报告中第一次引用了"物流"这一术语，1989

年4月在北京召开的第八届国际物流会议结束后,"物流"一词便在我国逐渐推广开来。

美国物流管理协会于1962年对物流管理做了一个精要的概括:所谓物流,即以最高效率和最大成本效益,以满足顾客需要为目的,从商品的生产地点到消费地点,对包括原材料、在制品、最终成品及其相关信息的流动与储存,进行设计、实施和控制的过程。

中华人民共和国国家标准《物流术语》(GB/T 18354—2006)中将物流定义为"商品从供应地向接收地的实体流动过程。根据实际需要,将运输、储存、装卸、搬运、包装、流通加工、配送、信息处理等基本功能实施有机结合。"这个定义非常明确地表述了物流系统的构成或基本功能。

不论对物流概念的具体理解有何差异,但是有一点认识是共同的,即物流不仅包括原材料、产成品等从生产者到消费者的实物流动过程,还包括伴随这一过程的信息流动。

2) 物流发展阶段

进入20世纪90年代后,随着经济全球化的发展,物流一体化和供应链一体化的思想逐渐形成。物流向专业化发展,新兴的综合性很强的物流企业开始形成,第三方物流、第四方物流的思想开始出现,并形成了现代化的专业物流企业,物流社会化初步形成。

根据物流实践的内容、应用技术、实现手段和方式等特点,可以将物流活动的发展划分为三大发展阶段:

(1) 传统物流阶段

以手工作业、机械作业为主,重视物流的各项功能。初级物流时间阶段为20世纪40年代末至80年代中期,主要特点是向专业化、机械化发展,以提高运输、仓储、配送、外购等各种物流环节的效率、效益为重点。

(2) 现代物流阶段

以电子信息技术为基础,注重服务、人员、技术、信息和管理的综合集成,是现代生产方式、现代管理手段、电子信息技术相结合在物流领域中的体现。同一物流通道各运作主体依托电子信息技术,使物流活动能有效地在企业内部、多企业之间、经济区域、全国乃至国际范围展开经营活动。

现代物流发展历程,如图5-1所示。

(3) 供应链阶段

现代物流在传统物流的基础上,运用先进的计算机电子技术和先进的网络信息技术,以及诸如供应链管理等先进的管理方法,综合组织物流中的各环节,把制造、运输和销售等环节统一起来管理,使物流资源得到最有效的利用,以平衡物流的服务优势和服务成本,以期使用户得到最大的满足,这一阶段称为供应链阶段。供应链(Supply Chain)是围绕核心企业,通过对信息流、物流、资金流的控制,从采购原材料开始,制成中间产品以及最终产品;最后,由销售网络把产品送到消费者手中的、将供应商、制造商、分销商、零售商直到最终用户连成一个整体的功能网链结构模式。

供应链的网链结构模型,如图5-2所示。

3) 物流对社会的作用

物流是进行生产和建设的物质前提,是实现商品价值和使用价值的重要保障。因此,物流具有生产性和社会性的基本性质,物流业对经济社会的作用表现在以下5个方面:

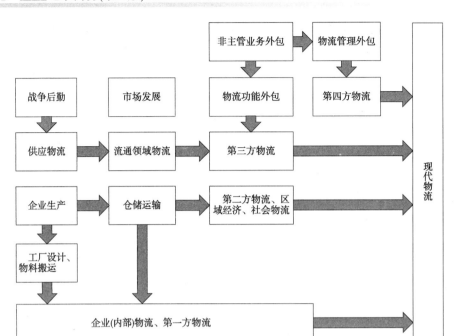

图 5-1　现代物流发展历程

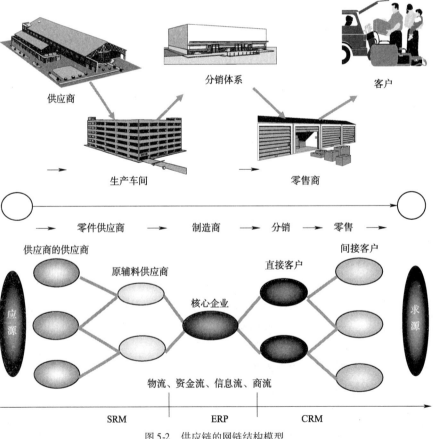

图 5-2　供应链的网链结构模型

(1) 物流保障生产

无论在传统的贸易方式下,还是在电子商务下,生产都是商品流通之本。而生产的顺利进行,需要各类物流活动的支持。生产的全过程从原材料采购开始就要求有相应的供应物流活动,将所采购的材料到位,否则,生产就难以进行;生产的各工艺流程之间,也需要原材料、半成品的物流过程;废弃物的处理需要废弃物物流。可见,整个生产过程实际上就是系列化的物流活动。

(2) 实现商品价值和使用价值的基本条件

无论是生产资料商品还是生活资料商品,在其未进入生产性消费和生活消费之前,其价值和使用价值始终是潜在的。为了能把这种潜在变为现实,物资必须借助其实物运动即物流得以实现。物流是实现商品价值和使用价值的基本条件。

(3) 实现"以顾客为中心"理念的根本保证

电子商务的出现,最大限度地方便了最终消费者。他们不必再跑到拥挤的商业街,一家又一家地挑选自己所需的商品,而只要坐在家里,在 Internet 上搜索、查看、挑选,就可以完成他们的购物过程。但如果他们所购的商品迟迟不能送到,或者商家所送并非自己所购,会产生信任危机。物流是电子商务中实现以"以顾客为中心"理念的最终保证。

(4) 第三方利润源

合理的物流对提高全社会的经济效益起着十分重要的作用。所谓经济效益,一般是指各种社会实践活动劳动占用和物质消耗有效性的评价。在物流过程中,总是伴随着生产资料的消耗和占用。合理的物流,不仅可以减少物资在各个流通环节中的损耗,而且可以使有限的物资发挥更大的效用。

合理的物流,对于消除迂回、相向、过远等不合理运输,节约运力具有重要作用。没有实物运输,便没有实物消费。但只有必要的、合理的运输才是有益的。一切不合理的运输都会延长物资的运输时间,增大在途物资的数量,这无疑是一种浪费。

合理的物流,可以减少库存,加速周转,更充分地发挥现有物资的效用。物资的储存应以在满足消费的前提下,储量越少越好。这是因为,在物资资源量既定情况下,停留在流通过程的物资越多,停留的时间越长,则意味着投入消费越少。同时,储存在仓库的物资或多或少地都有受到价值损失的可能,都要不同程度地发生有形磨损和无形磨损,合理的物流能使这种损失减少到最低限度。例如,20 世纪 70 年代,美国物流成本平均相当于 GDP 的 13.7%,1989 年为 11.1%,1996 年为 10.5%,到 2012 年降到 9% 左右。

(5) 宏观影响

物流的技术进步与发展是决定国民经济生产规模和产业结构变化的重要因素,物流涵盖了全部社会产品在社会上与企业中的运动过程,涵盖了第一、第二、第三产业和全部社会再生产过程,因而是一个非常庞大而复杂的领域。物流作为产业的总体,本身也是由不同结构的子产业所组成。物流活动提供的是一种以运输、存储为主的,多种功能相结合的服务活动。物流产业属于广义的服务业范畴,根据三次产业分类法,可以将物流产业归为第三产业范围,这一划分方式得到了广泛认同。根据我国物流产业的现状,物流产业主要由以下领域构成:

①物流基础业。物流基础业主要包括铁路、公路、水运、空运、仓储等部门,这些部门的运力如何合理布局,如何有效连接,是整个物流产业发展的基础。如何整合物流运力资源,合理

设置物流设备,发挥整体合力,避免存量资源闲置、增量资源浪费是其重要的设计原则。

②物流装备制造业。物流装备制造业是用高新技术改造传统制造业,提高整个物流系统装备现代化水平的重要产业,大体可以划分为集装设备、货运汽车、铁道货车、货船、货运航空器、仓库设备、装卸机具、输送设备、分拣与理货设备、物流工具生产等行业。

③物流信息业。物流信息业主要由生产物流系统软件、硬件,提供系统管理服务等的企业组成,通过信息传输与客户、制造商、供应商实现资源共享,对物流各环节进行实时跟踪、有效控制与全程管理。物流信息商品化、数据库化、代码化,物流信息处理电子化和计算机化,物流信息传递标准化,物流信息存储系列化、规范化等,都是物流信息业要着重发展的内容。

5.1.2 电子商务物流的概念与特点

1)电子商务物流

电子商务作为一种新的数字化生存方式,代表未来的贸易、消费和服务方式。因此,要完善整体生态环境,这就需要打破原有行业的传统格局,发展建设以商品代理和配送为主要特征,物流、商流、资金流及信息流有机结合的电子商务物流体系。

实际上,电子商务物流的概念是伴随电子商务技术和社会需求的发展而出现的,它是辅之以电子商务真正的经济价值实现不可或缺的重要组成部分。对电子商务物流目前也尚无统一的定义,有人将其理解为是电子商务这一新兴模式相配套的物流;也有人理解为是物流企业的电子商务化。从更广义的角度去理解这一概念,可以理解为"电子商务时代的物流",即利用电子商务技术(主要是计算机技术和信息技术)对传统物流管理的改造;也称为"虚拟物流",即以计算机网络技术进行物流运作与管理,实现企业间物流资源共享和优化配置的物流方式。

2)电子商务物流的特点

电子商务时代的来临给全球物流带来了新的发展,使物流具备了一系列新特点。

(1)信息化

电子商务时代,物流信息化是电子商务的必然要求。物流信息化表现为物流信息的商品化、物流信息收集的数据库化和代码化、物流信息处理的电子化和计算机化、物流信息传递的标准化和实时化以及物流信息存储的数字化等。因此,条形码技术(Bar Code)、数据库技术(Database)、电子订货系统(Electronic Ordering System,EOS)、电子数据交换(Electronic Data Interchange,EDI)、快速反应(Quick Response,QR)及有效客户反馈(Effective Customer Response,ECR)以及企业资源计划(Enterprise Resource Planning,ERP)等技术与观念在我国的物流中将会得到普遍的应用。没有物流的信息化,任何先进的技术设备都不可能应用于物流领域,信息技术及计算机技术在物流中的应用将会彻底改变世界物流的面貌。

(2)服务化

电子商务物流以实现顾客满意为第一目标。通过提供顾客所需要的服务,在积极追求自身交易扩大的同时,强调实现与竞争企业服务的差别化,努力提高顾客满意度。在电子商务条件下,物流业配送中心离顾客最近、联系最密切,商品都是通过它送到顾客手中,成功物流企业的要诀就在于十分重视对顾客服务的研究。

(3)自动化

自动化的基础是信息化;自动化的核心是机电一体化;自动化的外在表现是无人化;自动

化的效果是省力化,另外,还可以扩大物流作业能力、提高劳动生产率以及减少物流作业的差错等。物流自动化的设施非常多,如条形码、语音、射频自动识别系统、自动分拣系统、自动存取系统、自动导向车以及货物自动跟踪系统等。这些设施在发达国家已普遍应用于物流作业流程中,而在我国由于物流业起步晚、发展水平低,自动化技术的普及还需要相当长的时间。

(4)网络化

物流领域网络化的基础也是信息化,这里指的网络化有两层含义:一是物流配送系统的计算机通信网络,包括物流配送中心与供应商或制造商的联系要通过计算机网络;另外,与下游顾客之间的联系也要通过计算机网络,例如,物流配送中心向供应商提出订单这个过程,就可以使用计算机通信方式,借助于增值网(Value Added Network,VAN)上的电子订货系统和电子数据交换技术来自动实现,物流配送中心通过计算机网络收集下游客户订货的过程也可以自动完成。二是组织的网络化,即所谓的内联网(Intranet)。例如,台湾地区的电脑业在20世纪90年代创造出了"全球运筹式产销模式",这种模式的基本点是按照客户订单组织生产,采取分散形式生产,即将全世界的电脑资源都利用起来,采取外包的形式将一台电脑的所有零部件、元器件和芯片外包给世界各地的制造商去生产,然后通过全球的物流网络将这些零部件、元器件和芯片发往同一个物流配送中心进行组装,由该物流配送中心将组装的电脑迅速发给订户。这一过程需要有高效的物流网络支持,当然物流网络的基础是信息和计算机网络。

物流的网络化是物流信息化的必然,是电子商务物流活动的主要特征之一。目前,Internet等全球网络资源的可用性及网络技术的普及为物流的网络化提供了良好的外部环境。

(5)智能化

这是物流自动化、信息化的一种高层次应用,物流作业过程中大量的运筹和决策,如库存水平的确定、运输(搬运)路径的选择、自动导向车的运行轨迹和作业控制、自动分拣机的运行以及物流配送中心经营管理的决策支持等问题,都需要借助于大量的知识才能解决。在物流自动化的进程中,物流智能化已成为电子商务物流发展的一个新趋势,需要通过专家系统、机器人等相关技术来解决。

(6)柔性化

柔性化本来是为实现"以顾客为中心"的理念而在生产领域提出的,但要真正做到柔性化,即能真正根据消费者需求的变化来灵活调节生产工艺,没有配套的柔性化的物流系统是不可能达到目的的。20世纪90年代,国际生产领域纷纷推出弹性制造系统(Flexible Manufacturing System,FMS)、计算机集成制造系统(Computer Integrated Manufacture System,CIMS)、制造资源系统(Manufacturing Requirement Planning,MRP)、企业资源计划(Enterprise Resource Planning,ERP)以及供应链管理(Supply Chain Management,SCM)的概念和技术,这些概念和技术的实质是要将生产和流通进行集成,根据需求端的需求组织生产,安排物流活动。因此,柔性化的物流正是适应生产、流通与消费的需求而发展起来的一种新型物流模式,这就要求物流配送中心要根据消费者需求"多品种、小批量、多批次、短周期"的特色灵活组织和实施物流作业。另外,物流设施和商品包装的标准化,物流的社会化和共同化,也都是电子商务物流模式的新特点。

(7)一体化和国际化

物流一体化就是以物流系统为核心的,由生产企业、销售企业直至消费者供应链的整体化和系统化。物流一体化是物流产业化的发展形式，它还必须以第三方物流充分发展和完善为基础。物流一体化的实质是物流管理的问题，即专业化物流管理的技术人员，充分利用专业化的物流设备、设施，发挥专业化物流运作的管理经验，以求得整体最优的效果。

物流国际化即物流设施国际化、物流技术全球化、物流服务全球化、货物运输国际化、包装国际化和流通加工国际化等。物流国际化的实质是按照国际分工的原则，依照国际惯例，利用国际化的物流网络、物流设施和物流技术，实现货物在国际的流动和交换，以促进区域经济的发展和世界资源优化配置。

5.1.3 电子商务对物流的影响

近几年来，电子商务所具有的巨大优势受到政府和企业界的重视，因而电子商务的发展相当迅速，它不仅改变着传统产业结构，而且影响着物流业。2015年5月初，国务院印发《关于大力发展电子商务加快培育经济新动力的意见》，部署进一步促进电子商务创新发展，并重点提出完善物流基础设施，包括支持物流配送终端及智慧物流平台建设、规范物流配送车辆管理、合理布局物流仓储设施等。5月19日，商务部发布了《"互联网+流通"行动计划》，旨在推动流通产业转型升级，打造"最后一公里"，鼓励电子商务"走出去"。为此，行动计划提出通过建设海外仓打造境外物流体系。行动计划提出，在未来2年内，推动建设100个电子商务海外仓。

1）电子商务将物流业提升到前所未有的高度

电子商务必定导致产业重组，使得社会上的产业只剩下两类产业，一类是实业，包括制造业和物流业；一类是信息业，包括广告、订货、销售、购买、服务、金融、支付和信息处理业等。这两类产业，可以理解为一个是"实"业、一个是"虚"业。在"实"业中，制造业和物流业二者相比，制造企业会逐渐弱化，而物流企业会逐渐强化。这主要是因为，随着经济的发展和生产力水平的提高，社会已经从短缺经济走向了剩余经济，绝大多数的产品，都出现了供给大于需求的现象。即使一个产品暂时短缺，由于高科技和高生产力水平，再加上趋利竞争，这一产品产量会迅速上升，很快就会由短缺变为剩余。所以，越往后就越难找到一个企业，能长期不变地只生产其固有的产品。随着人们生活水平的提高，需求越来越走向个性化，高档化商品的寿命周期也越来越短，所以制造企业生产的产品就必须越来越随之迅速地变化，正是为了适应这种情况，出现了柔性制造、柔性企业、虚拟企业等。

物流企业会越来越强化，这是因为在电子商务的环境里，消费者在网上的虚拟商店购物，并在网上支付，送货的功能就由物流公司承担。也就是说，现实的商店没有了、银行没有了，而物流公司非但不能没有，而且任务加重了。物流公司不但要把虚拟商店的货物送到用户手上，而且还要从各个生产企业及时进货，存放到物流仓库中。物流公司既是生产企业的仓库，又是用户的实物供应者。

在电子商务环境下，随着绝大多数的商店、银行虚拟化、商务事务处理信息化、多数生产企业柔性化以后，整个市场剩下的就只有实物物流处理工作了。物流企业成了代表所有生产企业及供应商向用户进行实物供应的唯一最集中、最广泛的供应者，是进行局域市场实物供应的唯一主体。可见，电子商务把物流业提升到了前所未有的高度。

2)物流需求有了新变化

(1)消费者的地区分布分散化

互联网是电子商务的最大信息载体,互联网的物理分布范围正在迅速扩展。一般商务活动的有形销售网点资源按销售区域来配置,每一个销售点负责一个特定区域的市场,再设立一个配送中心,负责向该大区内的销售网点送货,销售点向配送中心订货和补货,配送中心则在规定的时限内将订货送达。电子商务也有可能按照这种方式来操作,但问题在于,电子商务的客户可能在地理分布上极为分散,要求送货的地点不集中,物流网络并没有像互联网那样广的覆盖范围,无法经济合理地组织送货。所以,从节约配送成本出发,提供电子商务服务的公司也需要像有形店铺销售一样要对销售区域进行定位,对消费人群集中的地区提供物流承诺。还有一种处理办法,就是对不同的销售区域采取不同的物流服务政策。例如,在大城市由于电子商务的普及,订货比较集中,适于按不低于有形店铺销售的送货标准组织送货,但对偏远地区的订单则要进行集货,送货期限肯定要比大城市长得多,那些地区的电子商务消费者享受的服务就要差一些。从电子商务的经济性考虑,宜先从上网用户比较集中的大城市起步,这样建立基于一个城市的物流配送体系也比较好操作。

借助于互联网,电子商务将整个世界联系在一起。电子商务的推广,加快了世界经济的一体化,因为电子商务的跨时域性和跨区域性,使得物流需求必然呈现跨国性,国际物流在整个商务活动中愈来愈占有举足轻重的地位。

(2)销售商品的标准化

从理论上讲,没有什么商品特别不适合于采用电子商务的销售方式。但从流通本身的规律来看,需要有商品定位。现在的商品品种有 40 万~50 万种之多,一个大型百货商店充其量经营 10 万种商品,没有一个公司能够经营所有的商品,总是要确定最适合自己销售的商品。电子商务也一样,为了将某一商品的销售批量累积得更大,就需要筛选商品品种。同时,电子商务也要有一定的销售渠道配合,不同的商品进货和销售渠道可能不同。品种越多,进货渠道及销售渠道越复杂,组织物流的难度就越大,成本也就越高。因此,为了考虑在物流环节不增加过多的费用,也需要将品种限制在一定的范围之内。一般而言,商品如果有明确的包装、质量、数量、价格、储存、保管、运输、验收、安装及使用标准,对储存、运输、装卸等作业等无特殊要求,就适合于采用电子商务的销售方式。

3)物流服务需求多功能化和社会化

与传统的把物流分割成包装、运输、仓储、装卸等若干个独立的环节,然后由不同的企业单独完成的做法不同,电子商务的物流要求物流提供企业全方位的服务,既包括仓储、运输服务,还包括配货、分发和各种客户需要的配套服务,是物流成为连接生产企业与用户的重要环节。电子商务的物流要求把物流的各个环节作为一个完整的系统进行统筹协调、合理规划,使物流服务的功能多样化,更好地满足客户的需求。

随着电子商务的发展,物流服务的社会化趋势也越来越明显。在传统的经营方式下,无论是实力雄厚的大企业,还是三五十人的小企业,一般都由企业自身承担物流职能,导致了物流高成本、低效率的结果。而在电子商务条件下,特别是对小企业来说,在网上订购网上支付实现后,最关键的问题就是物流配送,如果完全依靠自己的力量来完成,肯定力不从心,特别是面对跨地区、跨国界的用户时,将显得束手无策。因此,物流的社会化也将是电子商务发展的一个十分重要的趋势。

4）物流服务空间的拓展

电子商务需要的不是普通的运输和仓储服务，它需要的是物流服务，而物流与仓储运输存在比较大的差别。正是因为传统的储运经营者用传统储运的要求和标准为电子商务服务，才使得电子商务经营者在21世纪初的今天仍然抱怨物流服务不到位、跟不上等。电子商务经营者（也包括其他新型流通方式的经营者）需要的是增值性的物流服务（Value-Added Logistics Services），而不仅仅是传统的物流服务。

5）对物流时效性的要求

获取竞争优势的方法多种多样，如今，时间正成为新的竞争焦点。纵观制造业发展史，可以概括为7个字：更便宜、更好、更快。20世纪60年代，重点是降低成本，提高劳动生产率，为顾客提供更便宜的产品，竞争焦点是成本。20世纪80年代，竞争转移到质量，制造更好的产品，提供更好的服务，竞争焦点是质量。20世纪90年代，成本、质量当然仍是重要的竞争手段，但是在许多行业中，时间正成为新的竞争焦点，快速反映市场需求是企业竞争的新定律。时间代替质量，成为新的竞争焦点。

电子商务的优势之一就是能大大简化业务流程，降低企业运作成本。而电子商务下企业成本优势的建立和保持，必须以可靠和高效的物流运作为保证。现代企业要在竞争中取胜，不仅需要生产适销对路的产品、采取正确的营销策略以及强有力的资金支持，更需要加强"品质经营"，即强调"时效性"，其核心在于提供服务、产品、信息和决策反馈的及时性。这些都必须以强有力的物流能力作为保证。以生产企业为例，有关调查研究的数据显示，物流对企业的影响是公认的，90%以上的人认为较重要，其中42%的人认为很重要，仅有9.2%的人认为不重要。

6）对物流环节的影响

首先，电子商务可使物流实现网络的实时控制。传统的物流活动在其运作过程中，不管是以生产为中心，还是以成本或利润为中心，其实质都是以商流为中心，从属于商流活动，因而物流的运动方式是紧紧伴随着商流来运动。而在电子商务下，物流的运作是以信息为中心的，信息不仅决定了物流的运动方向，而且也决定着物流的运作方式。在实际运作过程中，通过网络上的信息传递，可以有效地实现对物流的实施控制，实现物流的合理化。

其次，网络对物流的实时控制是以整体物流来进行的。在传统的物流活动中，虽然也有利用计算机对物流实时控制，但这种控制都是以单个的运作方式来进行的。例如，在实施计算机管理的物流中心或仓储企业中，大都以企业自身为中心来管理物流，而在电子商务时代，网络全球化的特点，可以使物流在全球范围内实施整体的实时控制。

UPS总裁兼首席执行官吉姆·凯里在解释传统供应链与电子供应链的区别时说，电子供应链改变了传统供应链的运行方向。在传统供应链中，供应商是将货物沿着供应链向最终用户的方向"推动"。这样的系统需要在仓库里储存货物，尽管这种做法并不合算。而电子供应链主张的是及时生产顾客所需的产品，不需在仓储上耗费巨资。此外，顾客可从供应链的每个成员中"拉出"他们所需的东西，结果是顾客可获得更加快速而可靠的服务，供应商也可减少成本。为了有效地实施拉动战略，企业必须与供应链中的所有成员建立电子联系。UPS一直在争取使自己成为每个客户供应链中不可缺少的环节。在这个过程中，UPS成长为一家信息公司。目前,UPS 可向顾客和供应商提供瞬间电子接入服务,以便查阅有关包裹运输和传递过程的信息。2001 年 5 月,UPS 宣布与中国著名的电子商务企业阿里巴巴合作,正式与阿里巴巴旗下在线批发电子商务平台"全球速卖通"结成战略联盟,UPS 将作为"全球速卖通"平台的首选物流供货商。"全球速卖通"的买家和卖家可以享受到在线管理货运和在线追踪所带来的关键益处,其中包括打印 UPS 货运标签、要求 UPS 上门取件等。由此带来的好处是显而易见的,可以极大地改善客户的体验。我国的电子商务发展很快,这为快递市场也带来了更大的发展空间。在 2005 年中国加入 WTO 之后,快递市场开始对外正式开放,外资企业纷纷进入我国,全面开展国际快递业务,UPS 在中国区也随之全面运营。2008 年,UPS 成为北京奥运会的物流与快递赞助商。随后,UPS 在我国市场有两个重大的投入,一个是投资建设上海国际转运中心,另一个是投资建设深圳亚太转运中心,目前这两个转运中心都已先后投入运营,上海国际转运中心的业务已经覆盖了我国的主要地区。

7)电子商务促进物流技术水平提高

所谓物流技术是指与物流要素活动有关的、实现物流目标的所有专业技术总称。传统的概念主要是指物资运输技术或者物资流通技术,也就是说物流技术是各种流通物资从生产者转移给消费者时,实现各种流通形态的停顿与流动功能所需要的材料、机械、设施等硬件环境和计划、运用、评价等软件技术。

现代的物流技术包括各种操作方法、管理技能等,如流通加工技术、物品包装技术、物品标识技术、物品实时跟踪技术等。物流技术也包括物流规划、物流评价、物流设计以及物流策略等。计算机网络技术应用普及后,尤其是电子商务的飞速发展,物流技术中又综合了许多现代技术,如 GIS(地理信息系统)、GPS(全球卫星定位)、EDI(电子数据交换)、BAR CODE(条码)等等。

5.2 电子商务物流的服务内容

纵观国外电子商务和物流的发展现状与趋势,不难发现,电子商务和"互联网+"的火爆,对物流产生了强烈的市场需求,而现代化的计算机技术、通信技术、网络技术的飞速发展又从实质上促进了物流业向更高水平前进,并最终推动物流信息化。

物流技术一般是指与物流要素活动有关的所有专业技术的总称,包括各种操作方法、管理技能等,如流通加工技术、物品包装技术、物品标识技术、物品实时跟踪技术等。此外,还包括物流规划、物流评价、物流设计、物流策略等。

5.2.1 电子商务物流的作用和存在的问题

1)电子商务物流的作用

如果说电子商务能成为 21 世纪的商务工具,而且能像杠杆一样撬起传统产业和新兴产业的话,那么,在这一过程中,现代物流产业将成为这个杠杆的支点。

随着现代物流在国民经济中重要作用的体现,人们花了差不多一个世纪的时间在探索挖掘物流这个利润源泉的办法,目前已积累了不少经验。但由于电子商务的发展还处于成长期,人们对电子商务中的物流的认识尚处于起步阶段。但有一点可以明确的是,物流在电子商务中具有不可替代的重要地位,它的成功与否直接关系到电子商务的成败,它的实施与运作效率将直接影响网络所带来的经济价值。

商家们之所以更加意识到物流体系的重要,并把发展现代物流提上日程,归根结底是物流在电子商务过程中能够发挥不可替代的重要作用。具体来说,电子商务物流将起到以下作用:

①提高电子商务的效率与效益。
②协调电子商务的目标。
③扩大电子商务的市场范围。
④实现基于电子商务的供应链集成。
⑤集成电子商务中的商流、信息流与资金流。
⑥支持电子商务的快速发展。
⑦促使电子商务成为最具竞争力的商务形式。

2)我国电子商务物流存在的问题

虽然物流对电子商务的发展可以起到上述作用,但我国现行的物流体系对电子商务的发展还存在一些制约因素,主要表现在:

①观念落后,社会上重电子、轻商务,重商流、轻物流,重信息网、轻物流网的倾向比较严重,还没有认识到推行电子商务物流是一个复杂的系统工程。传统储运的观念、体制及方法对现代物流的发展存在着巨大阻力。

②体制落后,适合电子商务发展的物流体系没有建立起来;与物流发展相关的制度和政策法规体系尚未完善。

③软、硬件不足,物流企业的基础设施不配套、不完善。

④服务简单,缺少综合性物流服务,物流管理能力不足、手段落后。与电子商务要求提供的高效率、低成本的电子商务物流服务存在较大的差距,信息收集、加工、处理、运用能力,物流专门知识,物流的统筹策划和精细化组织与管理等都存在明显不足;第三方物流服务滞后。

⑤物流人才稀缺。高校和高等职业教育院校物流专业毕业生实习、实践机会少,能够从事电子商务物流的更少。一方面是毕业生数量不能满足企业的需要,另一方面他们的实践能力尚需要一定的提高才能够胜任本职工作。

因此,我国的电子商务发展目前仍处在比较困难的成长阶段,尤其是物流、配送体系的完善是电子商务发展必须解决的问题。

5.2.2 电子商务物流的服务内容

电子商务与非电子商务就实现商品销售的本质来讲并无区别,物流是实现销售过程的最终环节,但由于采用形式不同,使这一部分的特殊服务变得格外重要。因此,设计电子商务物流的服务内容时,应反映这一特点。概括起来,电子商务物流的服务内容可以分为以下两个方面:

1)传统物流服务

电子商务物流在具备普通商务活动中典型物流功能的同时,也根据电子商务的特点对这些功能进行了特定的改进。

(1)储存功能

电子商务既需要建立互联网网站,同时又需要建立或具备物流中心,而物流中心的主要设施之一就是仓库及附属设备。需要注意的是,电子商务服务提供商的目的不是要在物流中心的仓库中储存商品,而是要通过仓储保证市场分销活动的开展,同时尽可能降低库存占压的资金,减少储存成本。因此,提供社会化物流服务的公共型物流中心需要配备高效率的分拣、传送、储存、拣选设备。在电子商务方案中,可以利用电子商务的信息网络,尽可能地通过完善的信息沟通,将实物库存暂时用信息代替,即将信息作为虚拟库存 VI(Visual Inventory),办法可以是建立需求端数据自动收集系统 ADC(Automated Data Collection),在供应链的不同环节采用 EDI 交换数据,建立基于 Internet 的 Intranet,为用户提供 Web 服务器,以便于数据实时更新和浏览查询,一些生产厂商和下游的经销商、物流服务商共用数据库,共享库存信息等,目的都是尽量减少实物库存水平但并不降低供货服务水平。那些能将供应链上各环节的信息系统有效集成,并能取得以尽可能低的库存水平满足营销需要的电子商务方案提供商将是竞争的真正领先者。

(2)装卸搬运功能

这是为了加快商品的流通速度必须具备的功能,无论是传统的商务活动还是现代电子商务活动,都必须配备具备一定的装卸搬运能力,第三方物流服务提供商应该提供更加专业化的装载、卸载、提升、运送、码垛等装卸搬运机械,以提高装卸搬运作业效率,降低订货周期(Order Cycle Time,OCT),减少作业对商品造成的损坏。

(3)包装功能

物流的包装作业目的不是要改变商品的销售包装,而在于通过对销售包装进行组合、拼配、加固,形成适于物流和配送的组合包装单元。

(4)流通加工功能

物流主要目的是方便生产或销售,专业化的物流中心常常与固定的制造商或分销商进行长期合作,为制造商或分销商完成一定的加工作业,例如贴标签、制作并粘贴条形码等。

(5)物流信息处理功能

由于现代物流系统的运作已经离不开计算机,因此将各个物流环节各种物流作业的信息进行实时采集、分析、传递,并向货主提供各种作业明细信息及咨询信息,这是相当重要的。

2)增值性物流服务

除了传统的物流服务外,电子商务还需要增值性的物流服务。增值性的物流服务包括以下几层含义和内容:

(1)增加便利性的服务——使人"变懒"的服务

一切能够简化手续、简化操作的服务都是增值性服务。简化是相对于消费者而言的,并不是说服务的内容简化了,而是指为了获得某种服务,以前需要消费者自己做的一些事情,现在由商品或服务提供商以各种方式代替消费者做了,从而使消费者获得这种服务变得简单,而且更加好用,这当然增加了商品或服务的价值。在提供电子商务物流的服务时,推行一条龙门到门服务、提供完备的操作货物提示、免培训、免维护、省力化设计或安装、代办业务、24h 营业、自动订货、传递信息和转账(利用 EOS、EDI、EFT)以及物流全过程追踪等都是对电子商务销售有用的增值性服务。

(2)加快反应速度的服务——使流通过程变快的服务

快速反应已经成为物流发展的动力之一。传统观点和做法将加快反应速度变成单纯对快速运输的一种要求,而现代物流的观点却认为,可以通过两条途径使过程变快,一是提高运输基础设施和设备的效率,例如修建高速公路、铁路提速、制定新的交通管理办法以及提高汽车的行驶速度等,这是一种速度的保障,但在需求方绝对速度的要求越来越高的情况下,它也变成了一种约束,因此必须想其他的办法来提高速度。二是具有重大推广价值的增值性物流服务方案,应该是优化电子商务系统的配送中心、物流中心网络,重新设计适合电子商务的流通渠道,以此来减少物流环节、简化物流过程,提高物流系统的快速反应性能。

(3)降低成本的服务——发掘第三利润源的服务

根据前面的分析,电子商务发展的前期,物流成本将会居高不下。有些企业可能会因为根本承受不了这种高成本而退出电子商务领域,或者是选择性地将电子商务物流的服务外包出去。这是很自然的事情,因此发展电子商务,一开始就应该寻找能够降低成本的物流方案。企业可以考虑的方案包括:采用第三方物流服务商、电子商务经营者之间或电子商务经营者与普通商务经营者联合,采取物流共同化计划;同时,如果具有一定的商务规模,例如珠穆朗玛和亚马逊这些具有一定的销售量的电子商务企业,可以通过采用比较适用但投资比较少的物流技术和设施设备,或通过推行物流管理技术,如运筹学中的管理技术、单品管理技术、条形码技术和信息技术等,提高物流的效率和效益,降低物流成本。

(4)延伸服务——将供应链集成在一起的服务

延伸服务,向上可以延伸到市场调查、需求预测、采购及订单处理,向下可以延伸到配送、物流咨询、物流方案的选择与规划、库存控制决策建议、货款回收与结算、教育与培训、物流系统设计与规划方案的制作等。在结算功能中,物流的结算不仅仅只是物流费用的结算,在从事代理、配送的情况下,物流服务商还要替货主向收货人结算货款等。在需求预测功能中,物流服务商应该负责根据物流中心商品进货、出货信息来预测未来一段时间内的商品进出库量,进而预测市场对商品的需求,从而指导订货。在物流系统设计咨询功能中,第三方物流服务商要充当电子商务经营者的物流专家,必须为电子商务经营者设计物流系统,选择和评价运输网、仓储网及其他物流服务供应商。在物流教育与培训功能中,物流系统的运作需要电子商务经营者的支持与理解,通过向电子商务经营者提供物流培训服务,可以培养它与物流中心经营管理者的认同感,可以提高电子商务经营者的物流管理水平,可以将物流中心经营管理者的要求传达给电子商务经营者,也便于确立物流作业标准。

以上这些延伸服务最具有增值性,但也是最难提供的服务。能否提供此类增值服务,现在已成为衡量一个物流企业是否真正具有竞争力的标准。

3)案例

为了说明问题,下面以在美国较有影响的凯利伯物流公司为例,说明该公司是如何为客户(包括电子商务客户)提供物流服务的,包括传统物流服务和增值性物流服务。该公司设立了专门为客户服务的公共型物流中心,其提供的服务内容包括:

(1)JIT(实时)物流计划

该公司通过建立先进的信息系统为供应商提供培训服务及管理经验,优化了运输路线和运输方式、降低了库存成本、减少了收货人员及成本,并且为货主提供了更多更好的信息支持。

(2)合同制仓储服务

该公司推出的此项服务减少了货主建设仓库的投资,同时通过在仓储过程中采用 CAD 技术、执行劳动标准、实行目标管理和作业监控来提高劳动生产率。

(3) 全面运输管理

该公司开发了一套计算机系统专门用于为客户选择最好的承运人,使用该系统客户可以得到以下利益:使运输方式最经济,在选定的运输方式中选择最佳的承运人,可以获得凯利伯运输会员公司的服务,对零星分散的运输作业进行控制,减少回程车辆空驶,管理进出运输可以进行电子运单处理,可以对运输过程进行监控等。

(4) 生产支持服务

该公司可以进行以下加工作业:简单的组装、合并与加固、包装与再包装、JIT 配送贴标签等。

(5) 业务过程重组

该公司使用一套专业化业务重组软件,可以对客户的业务运作过程进行诊断,并提出专业化的业务重组建议。

(6) 专业化合同制运输

该公司的此项功能可以为客户提供的服务有:根据预先设定的成本提供可靠的运输服务,提供灵活的运输管理方案,提供从购车到聘请驾驶员直至优化运输路线的一揽子服务,降低运输成本,提供一体化的、灵活的运输方案。

(7) 回程集装箱管理

该公司提供的服务包括:回程集装箱的跟踪、排队、清洗、储存等,可以降低集装箱的破损率,减少货主的集装箱管理成本,保证货物的安全,对环保也有好处。

5.3 电子商务物流技术

电子商务物流技术是指在电子商务物流活动中把商品(或物资)进行移送和储存,为社会提供无形服务的技术。它的作用是把通过电子商务方式提供的各种商品(或物资)从生产者一方转移给消费者。物流技术水平的高低直接关系到电子商务物流活动各项功能的完善和有效实现。电子商务物流技术包括实物作业技术和电子商务技术两个方面。

5.3.1 实物作业技术

实物作业技术主要包括:

①与电子商务物流密切相关的基础设施,如仓库、公路、车站、港口以及机场等。

②机械技术:装卸机械、分拣机械、包装机械以及运输机械等。

③材料技术:集装材料和包装材料等。

④运输技术:从运输工具的专门化、运输路线的规划、运输配载的优化以及运输全过程的跟踪控制技术等都有较快的发展。

⑤仓储技术:仓储技术的发展是现代物流发展的典型体现。目前,集高度自动化保管和搬运结合为一体的自动化仓库、自动分拣出货系统、自动流程式分类系统等硬技术以及以库存控制理论为典型代表的仓储软技术都成为电子商务物流研究的技术领域。

⑥搬运技术：由于搬运作业的复杂性，搬运技术和相应的设备也呈现出多样化的特点。除了传统的叉车和连续传送带外，机械手和机器人、轨道式自走台车以及机电一体化的无人搬运车等高速、间歇式系统正在成为这一领域的研究和应用热点。

⑦包装技术：包装技术是指包含包装材料、包装设备和包装方法在内的相关技术。包装材料常常是包装改革的新内容，新材料往往导致新的包装形式与包装方法的出现。包装设备的发展是包装技术水平提高的标志，目前出现的各种自动化包装机械和包装容器的自动生产线使包装水平有了很大提高。包装技术还涉及防振、防潮、防水、防锈、防虫和防鼠等技术。

⑧集装单元化技术：集装单元化技术是一种物流硬技术（设备、器具）与软技术（方法、程序等）的有机结合，它既涉及设备、器具的机械化和自动化技术，又有合理组织这些硬件使之充分发挥作用的管理技术。通过集装单元化技术的推广使用，使传统的包装和装卸搬运工具发生了根本变革。集装箱本身就成为仓储包装物和运输器具，使物资在仓储、运输和装卸搬运等环节有效地实现合理化、省力化和低成本，是一种很有发展前景的储运方式。

5.3.2 电子商务技术

电子商务技术主要包括物流信息与通信技术中的条形码技术、射频技术、GIS技术、GPS技术和EDI技术，物流信息技术占比如图5-3所示。

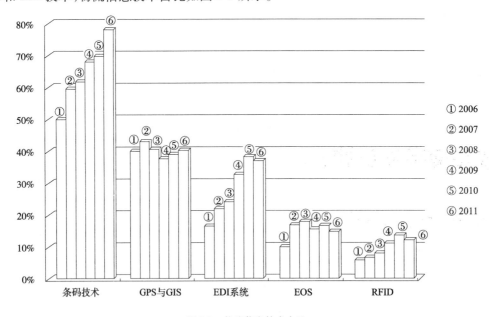

图5-3 物流信息技术占比

物流信息技术是电子商务物流中极为重要的领域之一。商务电子化的目的就是打破时空界限，快速、高效地完成交易过程。而作为电子商务服务系统的物流系统更需要借助信息传播的有效性和共享性实现物流全过程的有效组织与控制。这一领域也是物流技术中发展最快的领域，从数据采集的条形码系统到配送跟踪的GPS，乃至货物配载和运输规划的决策支持工具以及用于客户服务、信息查询和反馈的计算机网络和通信系统硬件、软件都在日新月异地变化。

1) 条形码技术的应用

条形码技术是在计算机的应用实践中产生和发展起来的一种自动识别技术。它是为实现信息的自动扫描而设计的,是实现快速、准确而可靠地采集数据的有效手段。条形码技术的应用解决了数据录入和数据采集的瓶颈问题,为供应链管理提供了有力的技术支持。

条形码技术提供了一种对物流中的物品进行标识和描述的方法。借助自动识别技术、POS 系统、EDI 等现代技术手段,企业可以随时了解有关产品在供应链上的位置,并及时作出反应。条形码是实现 POS 系统、EDI、电子商务和供应链管理的技术基础,是物流管理现代化、提高企业管理水平和竞争能力的重要技术手段。条形码技术是实现自动化管理的有力武器,有利于进货、销售和仓储管理一体化;是实现 EDI、节约资源的基础;是及时沟通产、供、销的纽带和桥梁;是提高市场竞争力的工具;可以节省消费者的购物时间,扩大商品的销售额。

物流条形码是条形码中的一个重要组成部分。它的出现,不仅在国际范围内提供了一套可靠的代码标识体系,而且为贸易环节提供了通用语言,为 EDI 和电子商务奠定了基础。物流条形码标准化在推动各行业信息化、现代化建设进程和供应链管理的过程中将起到不可估量的作用。

EDI 即电子数据交换,是指按照同一规定的一套通用标准格式,通过通信网络传输,将标准的经济信息在贸易伙伴的电子计算机系统之间进行数据交换和自动处理,俗称"无纸化贸易"。以往世界每年用于制作文件的费用达 3000 亿美元,所以"无纸化贸易"被誉为一场"结构性的商业革命"。

2) EDI 技术在物流过程中的应用

EDI 是一种信息管理或处理的有效手段,它可以对物流供应链上物流信息流进行有效的运作,例如传输物流单证等。EDI 在物流运作的目的是充分利用现有计算机及通信网络资源,提高交易双方信息的传输效率,降低物流的运作成本。具体来说主要包括以下几个方面:首先,对于制造业来说,利用 EDI 可以有效地减少库存量及生产线待料时间,降低生产成本;其次,对于运输业来说,利用 EDI 可以快速通关报检、科学合理地利用运输资源、缩短运输距离、降低运输成本费用和节约运输时间;再次,对于零售业来说,利用 EDI 可以建立快速响应系统,减少商场库存量与空架率,加速资金周转,降低物流成本;同时,也可以建立起物流配送体系,完成产、存、运、销一体化的供应线管理。

3) 射频技术在物流中的应用

射频技术的基本原理是电磁理论。射频系统的优点是不局限于视线,识别距离比光学系统远,射频识别卡具有读写能力,可携带大量数据,难以伪造,且智能。射频适用于物料跟踪、运载工具和货架识别等要求非接触数据采集和交换的场合;同时由于射频标签具有可读写能力,对于需要频繁改变数据内容的场合尤为适用。

近年来,便携式数据终端的应用多了起来。便携式数据终端一般包括一个扫描器、一台体积小但功能很强并带有存储器的计算机、一个显示器和供人工输入的键盘。在只读存储器中装有常驻内存的操作系统,用于控制数据的采集和传送,存储器中的数据可随时通过射频通信技术传送到主计算机,可以得到客户产品清单、发票、发运标签、该地所存产品代码和数量等。

射频技术在物流中的应用主要表现在:第一,可用于物流过程中货物的库存管理;第二,可用于物流过程中货物的运输管理;第三,可用于物流过程中货物的分拣管理。

4) GIS 技术在物流中的应用

GIS 即地理信息系统,是 20 世纪 60 年代开始迅速发展起来的地理学研究新成果,是多种学科交叉的产物。它以地理空间数据为基础,采用地理模型分析方法,适时地提供多种空间的和动态的地理信息,是一种为地理研究和地理决策服务的计算机系统。其基本功能是将表格型数据(无论它来自数据库、电子表格文件或直接在程序中输入)转换为地理图形显示,然后对显示结果浏览、操作和分析。其显示范围可以从洲际地图到非常详细的街区地图,显示对象包括人口、销售情况、运输线路以及其他内容。

GIS 技术主要应用于物流分析,是指利用 GIS 强大的地理数据功能来完善物流分析技术。目前,一些国外公司已经开发出利用 GIS 为物流分析提供专门分析的工具软件。

5) GPS 技术在物流中的应用

GPS 即全球卫星定位系统,具有在海、陆、空进行全方位实时三维导航与定位能力。该 GPS 系统由 21 颗工作卫星和 3 颗在轨备用卫星组成 GPS 卫星星座,记作(21 + 3)GPS 星座;24 颗卫星均匀分布在 6 个轨道平面内,轨道倾角为 55°,各个轨道平面之间相距 60°;每个轨道平面内各颗卫星之间的升交角距相差 90°,一轨道平面上的卫星比西边相邻轨道平面上的相应卫星超前 30°。这种结构与设备配置使 GPS 具有全天候、高精度、自动化、高效益等显著特点,能在全球绝大多数地方进行全天候、高精度、连续实时的导航定位测量。

GPS 技术在物流中首先应用在汽车自动定位、跟踪调度方面。利用 GPS 的计算机管理信息系统,可以通过 GPS 和计算机网络实时收集全路汽车所运货物的动态信息,实现汽车、货物追踪管理,并及时地进行汽车的调度管理。据丰田汽车公司的统计和预测,日本公司在利用全球卫星定位系统开发车载导航系统,使日本车载导航系统的市场在 1995—2000 年间将平均每年增长 35% 以上。全世界在车辆导航上的投资将平均每年增长 60.8%,因此车辆导航将成为未来全球卫星定位系统应用的主要领域之一。

其次,GPS 应用于铁路运输方面的管理。利用 GPS 的计算机管理信息系统,可以通过 GPS 和计算机网络实时收集全路列车、机车、车辆、集装箱及所运货物的动态信息,实现列车及货物的追踪管理。只要知道货车的车种、车型和车号。就可以立即从近 10 万 km 的铁路网上流动着的几十万辆货车中找到该货车,还能得知这辆货车现在何处运行或停在何处,以及所有的车载货物发货信息。铁路部门运用这项技术可大大提高其路网及其运营的透明度,为货主提供更高质量的服务。

最后,GPS 用于军事物流。全球卫星定位系统首先是因为军事目的而建立的,在军事物流中应用相当普遍,如后勤装备的保障等方面。通过 GPS 技术及系统,可以准确地掌握和了解各地驻军的数量和要求,无论在战时还是在平时都能及时地进行准确的后勤补给。

5.4　电子商务物流的模式

在现代社会,社会分工渐趋精细,专业化日益盛行,为达到企业的正常运作,物流是每个企业都必须具备的功能。但是,根据所处行业和规模的不同,企业所需物流功能的程度也不同,组建物流体系的规模也不一样。物流模式是指企业为得到自身所需的物流功能而组建物流体系时,所选择的组建模式。

由于电子商务在网上完成商流、信息流和资金流,只有物流是在网下完成的,对于企业开展电子商务来说,选择何种物流模式建立合乎要求的物流体系,是电子商务得以成功实施的关键。电商物流的发展本质上是企业服务消费者模式的颠覆性变革及整体社会基础设施体系的变革,即对形成和完善于20世纪的公路、铁路、民航、海运、银行、电力、商超体系的超越和变革,是用21世纪新兴的宽带、无线互联网、物联网、云计算、大数据、IT系统改造切换的全新基础体系。

5.4.1 电子商务条件下物流模式的探讨

可以看出,新型的物流和配送是以一种全新的面貌成为流通领域革新的先锋,代表了现代市场营销的主方向。新型的物流和配送可以使商品流通较传统的物流和配送方式更容易实现信息化、自动化、现代化、社会化、智能化、合理化、简单化,既能减少生产企业库存,加速资金周转、提高物流效率、降低物流成本,又可以刺激社会需求,有利于整个社会的宏观调控,也提高了整个社会的经济效益,促进了市场经济的健康发展。

1)主要的物流模式

(1)绕过物流的电子商务

美国 eBay 就是典型的利用绕开物流的电子商务,其大部分配送问题是由交易双方自行协商解决,但 eBay 仍提供了大量的第三方配送服务以备交易双方选择。这类电子商务在国内的代表网站有易趣、雅宝、酷必得。前两个网站主要是同城交易,采用"网上交换信息、网下银货两讫"。而酷必得在 C2C 的基础上还发展出了"集体议价"的 B2C 模式,网站扮演零售商的角色,接受订单,组织配送。

绕开物流配送并不是一个最好的选择,要建立一个可靠的电子商务商业模式,离不开物流这个环节,甚至是交易本身也要求配送环节的支持。

(2)"在线"物流

所谓"在线"物流,其实是一种绕过实物流通的电子商务物流模式。具体来说,它是网络经营商通过虚拟的网络商店在传递有关产品或服务信息的同时,也就完成了物流的过程。这种电子商务不像是交易平台,而更像是一个信息平台。这里的关键是销售产品的选择,例如,音乐、歌曲、电子游戏、图片、图书、计算机软件、教学节目、医疗咨询、汇款等某些网上营销的产品或服务,可以数字化并通过信息传递方式完成物流过程。具有这些物流特点的商品最适合采用此类电子商务的物流模式。因为不仅商品信息查询、订货、支付等商流、信息流、资金流可以在网上进行,而且物流也可以在网上完成,也就是说这些产品的销售,可以实现商流、物流、信息流、资金流的完全统一。目前,国内采用这类电子商务物流模式的有代表性的著名网站有珠穆朗玛、易趣、雅虎、酷必得等。

(3)电子商务和传统商务共用一套物流系统

拥有完善流通渠道的制造商或经销商开展电子商务业务,比网络公司经营者更加方便。制造商虽以商品的开发、设计和制造为核心业务,但许多制造商不仅有庞大的销售网络,而且有覆盖整个销售区域的物流配送网。国内有的大型制造商,其生产人员可能只有三四千人,但营销人员却多达 1 万多人。由于制造企业的物流设施比较先进,完全可以利用原有的物流网络和设施支持电子商务业务的开展,而不必大量增加新的物流资金的投入。对这些企业来说,关键是物流系统的设计和物流资源的合理配置和利用。一个典型的例子就是海尔集团,其电子商务充分利用集团原有的"二名两网"。即一靠海尔自己的品牌,二靠健全的配送网络和支付网络。海尔在大城市设的电话服务中心有30多个,营销网点有1万多个,但更重要的是海尔现在的销售网点深入到差不多有6万多个村。目前,海尔从一级市场、特大型城市,从乡镇到村,建立起庞大的销售网络和配送网络,有了这个强大的后盾,做电子商务就有了基础。TCL集团宣布,要投入5亿元人民币,把它覆盖全国的2万多家家电销售网络改造成网络化的专业物流配送系统,建成一个连接互联网和传统商业的社会公用平台。

从物流的角度来看,传统的零售商、批发商的主业就是流通,因此更具有组织物流的优势。其物流能力不仅优于纯粹的ISP、ICP,也优于一般的制造商。原因很简单,其一是传统零售商依靠其品牌、信誉等方面的优势已拥有一大批忠诚客户,建立自己的销售网站必将吸引众多的网上顾客;其二是网上顾客订货之后,传统的零售商可以凭借其快速、低廉的分销和送货渠道将货物尽快送到顾客家中。这也正是传统的零售连锁店与刚建立起分销渠道的互联网零售商竞争时能够取得胜利的主要因素。目前,已有不少开展普通商务活动的企业在建立基于Internet电子商务销售系统的同时,利用原有的物流资源承担电子商务的物流业务。如美国的Wal-Mart、北京的西单商场、上海的梅林—正广和集团公司等都是将电子商务物流业务与传统营销物流业务相结合开展电子商务业务的。

在欧洲,2/3的网络商店有传统的零售业务。我国在2000年的时候还只有1/3的购物网站有传统零售业务网络的支持。经过十余年的发展,这一比例已经大大提高。由于快递公司的快速发展对网络购物的支持和扩散,通过网络购物和消费的人群正在不断扩大,而且这一人群由年轻人为主向普通消费者扩展。

(4)电子商务企业自行建立物流系统

这种物流系统由电子商务企业自行建立,需要投入大量资金,其成功取决于对物流系统的合理设计和对物流资源的有效配置与利用。如网上超市Peapot公司的研究发现,有8% ~ 10%的顾客未能如期收到他们订购的生活用品,原因是其合作厂商出现缺货,为此他们在全美各地建立自己的仓储系统,以使缺货率降到2%以下。Amazon和eToys等公司为扩大其电子商务业务范围,都积极地在各地开设仓储设施,Wal-Mart还特意建造了一个103万ft^{2}❶的电子商务配送中心,内容包括订单管理、订货处理,以及订货的送货、仓储管理、一般的发运、另外付款的处理、客户的服务、退货的处理等。

(5)利用第三方物流

第三方物流是一种全新的物流模式,指由除物流劳务的供方、需方之外的第三方物流代理去完成物流服务的运作模式。物流代理是指在物流渠道中专门以签订合同的方式,在一定期间内,为其他公司提供所有或某些方面的物流业务服务的专业化物流中间人,即物流企业,包括综合性的物流企业和功能性的物流企业,物流自理企业和物流代理企业。它们在承接仓储、运输、配送等业务后,为减少费用支出,同时又使生产企业有利可图,就必然会在整体上加以统筹规划。使物流更加合理化、科学化。

第三方物流模式是在物流一体化理论的指导下,随着物流业的发展而发展起来的专业化、

---

❶ $1\text{ft}^2 = 0.3048\text{m} \times 0.3048\text{m} = 0.0929\text{m}^2$

社会化的物流形式。所谓物流一体化,就是实现以物流系统为核心,使生产企业、物流企业、销售企业,直至消费者所组成的供应链的整体化和系统化。它是物流业发展的高级和成熟阶段,是物流业高度发达、物流系统完善的标志。目前,采用这一物流模式的企业不少。例如,Compaq 公司将物流外包给 Exel;Dell 将物流外包给 Fedex;国内的 8848 公司将配送业务包给中国邮政,并与中外运 UPS 也已建立了战略合作关系,全球速递 EMS 也为它们送货并代收货款。

当前发展第三方物流,实现物流一体化已经成为一种世界潮流,也是发展第三方物流的大好时机。首先,物流的业务范围正在不断扩大,迫切需要专业物流代理企业担任相关业务。其次,是在日益激烈的市场竞争中,取得更大的竞争优势的需要。许多大型企业面对日趋激烈的市场竞争,不得不将主要精力放在自身的核心业务上,而把运输、仓储等相关环节交给更专业的物流企业进行操作,以求节约和提高效率。同时,第三方物流代理还可开展许多增值性服务,如推行一条龙上门服务、提供完备的操作或作业提示等增加便利性的服务,还可通过优化配送网络、重新设计适合电子商务的流通渠道等加快反应速度、降低物流成本,甚至开展对市场的调查与预测,进行物流方案的选择与规划,开展物流系统设计与制作等延伸服务。1996年时,全美 57% 的物流量是通过第三方物流企业来完成的,包括了第三方仓储、第三方运输和第三方物流。日本的商业企业、工业企业以及第三方物流企业之间的社会化配送是世界上做得最好的,第三方物流量达到 80% 左右。在欧洲,使用第三方物流服务的比例平均达 76%,全年达 1290 亿欧元的物流服务市场,约 1/4 由第三方物流完成。

调查资料显示,在我国生产和流通企业物流服务的执行主体中,商业企业的 74%、工业企业的 71% 来自供货方。来自第三方的,工业企业为 21%,商业企业只有 13%。这说明,在我国工商企业中,物流自给自足式服务相当普遍。缺少社会化、专业化的物流支持,制造业企业很难组织起高效的供应链管理。我国正逐渐成为全球制造中心,越来越多的国际著名企业会在我国扎根,对物流增值服务的要求会越来越大,而把制造业的整个供应链部分外包出去,将是最有利的增值方法。

(6)"互联网+物流"模式

2015 年的政府工作报告中,李克强总理提出了制定"互联网+"行动计划,使得一些传统的行业可以与互联网相加,利用信息通信技术以及互联网平台,实现互联网与传统行业的深度融合发展。从物流业发展的角度看,这是物流业从传统物流发展到一体化物流,进入供应链管理物流后的又一次嬗变。这种大环境下,物流行业也迎来了新的机会,利用"互联网+"对物流行业存在的问题进行改进,同时对整个物流行业进行调整创新。

"互联网+物流"模式会使得整个行业的运行水平大幅度提高,通过互联网使得信息得以融合,网仓物流模式下,系统自己通过商家过往销售数据,对下一个时间段的销售量进行预测,以减少库存积压以及存货不足的问题。同时,智能化分拣设备的使用,如分拣机、堆垛机、标签识别系统全自动化高层货架等会极大提高订单的处理速度。信息化的手段同时也能够使网络信息聚合在一起处理,带来资源的合理化配置,使得货运资源有效利用,减少物流配送过程中无效的空运及空车返程等现象。这样的结果是,整个物流行业的运行更为快速,资源浪费的现象有一定的缓解。

由于互联网的使用,物流行业运作过程中所需要的人力成本会大大降低,当前产生了一种基于互联网平台的众包模式,也就是汇集闲散的资源来进行快递服务,众包的快递员都是根据自身情况进行兼职,有效整合了社会的闲散资源,提高了效率、降低了成本。同时,在当前互联网发展的背景下,物流 App 的研发为此类运作模式带来了极大的便利。不需要有专人来应对企业与物流公司之间、物流公司与货运驾驶员之间的关系问题,使得人力、物力成本均有所下降。互联网的使用,可以使得资源整合然后进行运输,能够降低运输成本。"互联网+物流"模式下,改变了物流行业的生态。

在信息时代和大数据时代,为人们提供了全新的思考视角——拥有信息是一笔巨大的财富。当前的物流行业,事实上掌握着大量第一手的客户资源,包括客户居住地、消费习惯、消费偏好、消费水平等一系列信息,物流行业企业利用互联网的平台,不仅可以提高自身物流服务水平,还可以进一步分析数据,作出一些客户服务的预测。例如,行业内"三大巨头"顺丰速运、菜鸟网络、京东物流都推出了物流大数据的相关产品,但各家的侧重点不同:顺丰的数据灯塔偏向于服务自有大客户和电商客户,提供决策支持;菜鸟的物流云偏向于物流的优化,京东物流则更偏向于仓库管理。

对企业而言,其所追求的是成本更低,运输效率更高,需要货物时,货物能够迅速送达。而"互联网+物流"恰好能为企业解决这样的问题。首先,成本问题,由于互联网的使用可以省去大量的中间环节,为企业显示一手的货源所在,因此可以减少花费在货源转手上的成本;同时,互联网的使用,使得企业可以接触到更多的物流服务提供者,因此可以货比三家,挑选出报价最低服务较好的物流公司,这也迫使物流服务者压缩利润空间,提供更低的报价。互联网的使用,使得很多企业的库存过程自动控制,企业采买过程会十分顺利通畅,也会降低其在采购过程中的成本。其次,"互联网+物流"模式会使得企业能够根据物流公司以往的送货速度等信息对物流公司的送货行为进行预测,使得企业能够及早地作出订货行为。通过这样的预测,企业在库存管理方面会做得更好。

"互联网+"提出后,给物流业的发展带来了很多新的思维模式,总的来说有以下几点:首先,平台思维。当前,各类物流 App 的研发使得物流行业与其他行业可以在同一平台进行对话,互联网的平台思维即开放、共享、共赢的思维。物流平台也会是开放的、以共赢为基础的商业模式的融合。其次,众筹思维,利用了"1+1>2"的思维,契合了互联网的思维,这一模式在物流行业有很大的尝试空间。还有流量思维、跨界思维等创新的思维模式,这些创新点也是"互联网+物流"模式的发展趋势。

2)物流模式选择时考虑的主要因素

(1)消费者的地理分布

互联网的网民正以几何级数迅猛发展,但并非互联网所及的地区都是电子商务的销售范围,这在电子商务发展的初级阶段尤其如此。因为电子商务必须送货上门,而电子商务的客户在地理分布上可能是极为分散的,由于要求送货的地点不集中而物流网络又不可能有像互联网那样广的覆盖范围,因此无法经济合理地组织送货,为此可以采取的对策有两个:一是对销售区域进行定位,对消费人群集中的地区提供物流承诺。二是对不同销售区域采取不同的物流策略,如在大城市中,由于电子商务的普及,订货可能比较集中。适于按不低于有形店铺销售的送货标准组织送货,但对偏远地区的订单,则要进行集货,送货期限会比大城市长得多,消费者享受的服务也会差一些。从电子商务的经济效率考虑,应先从上网用户比较集中的大城市起步,建立基于一个城市的物流、配送体系,开展物流、配送服务。

(2) 销售品种

从理论上讲,任何商品都可以采用电子商务的销售方式,但从流通实践来看,电子商务企业必须有明确的销售范围和销售品种。否则,品种越多,进货及销售渠道越复杂,组织物流的难度就越大,成本也就越高。因此,为了在物流环节上不增加过多的费用,必须将销售品种限制在一定范围之内。一般来说,商品如有明确的包装、质量、数量、价格、储存、保管、运输、验收、安装及使用标准,而对储存、运输、装卸等作业无特殊要求,就适合于采用电子商务的销售方式。

(3) 服务提供商

ISP、ICP、传统零售商店、批发企业、制造企业等不同的电子商务提供商具有不同的组织商流、物流、信息流、资金流的经验和能力。从物流的角度看,传统的零售商、批发商的物流能力要优于纯粹的 ISP、ICP 和一般的制造商,但从商流、信息流和资金流的角度来看,可能正好相反。因此在选择物流模式、设计物流方案时,要根据电子商务服务商的不同,扬长避短,发挥各自的优势,实现供应链集成,共同完成向消费者提供电子商务服务的工作。

(4) 减少库存风险

由于电子商务供应商很难预测某种商品的销售量,因此在库存控制上面临巨大的挑战。解决这一难题的方法,一是像 Dell 那样搞直销,但是一般的制造企业不具备按单生产的条件,因此并非任何电子商务经营者都可以用直销方式来消除库存风险。二是借助强大的信息系统的支持,通过网络,由信息来取代大量的库存。也就是说,通过物流信息系统使客户随时可以知道自己订购的货物是否已经启运,以及货物所在的位置和到达目的地的时间。这样就可以降低安全库存的下限,从而减少所需仓库的数量。而减少库存风险的同时,也降低了物流的成本。此外,还必须不断改进库存的控制技术,使之适应现代化物流发展的需要。

(5) 降低物流成本

降低物流成本是一个始终需要认真考虑的因素。不仅要考虑降低单个环节的成本,更需要考虑降低整个物流过程的成本。例如,运费过高是全球电子商务消费者普遍感到不满意的突出问题,因此无论哪一类型的电子商务经营者都必须千方百计降低物流成本,以满足消费者的需求,并通过物流为企业创造更多的利润。

5.4.2 电子商务物流行业发展趋势

2015 年 5 月,国家发展改革委、国土资源部、住房城乡建设部联合发展《关于开展物流园示范工作的通知》,拟在全国遴选一批基础设施先进、服务功能完善、运营效率较高、社会贡献突出的物流园区开展试点示范工作。专家学者普遍认为在经济自然增长的情况下,GDP 是影响物流的重要单一因素,经济增长 1%,通常将拉动物流业务增长 2.9%。2010—2014 年我国 GDP 保持增长趋势,2015 年上半年国内生产总值 296868 亿元,按可比价格计算,同比增长 7.0%。随着"互联网+"时代的到来,"一带一路"战略的区域协同和产业转型升级以及我国人口城镇化率的提高,我国电子商务已从 1990 年新兴行业的诞生期快速发展到了 2015 年全国电子商务时代的成熟稳定期,网络购物的需求激增,已为电子商务物流行业发展铺平了道路。电子商务物流正迎来史上最佳发展时期。电子商务物流是电子商务实施交易的重要环节和发展推力,在现代物流运作过程中,许多环节和问题又需要通过电子商务平台高效、便捷地解决,由此可见电子商务物流已成为支撑电子商务发展的综合性服务业的重要支柱。二者互相促进，密不可分。

1）促进电子商务物流的智能化发展

2013年，阿里巴巴开始"中国智能物流骨干网（China Smart Logistic Network）"的建设，从电子商务物流入手，依托阿里巴巴的数据、利用大数据、云计算技术及客户资源优势，联合国内众多快递网络，打造电子商务产业链的物流平台"菜鸟网络"。这一物流体系的建立将面向社会物流开放，打造物流行业的基础设施平台及网络枢纽平台。

随着我国网络化、现代化、信息化和全球化的继续深入，电子商务物流不再是简单的物流系统，而是基于大数据、供应链计划以及订单驱动的大物流可视化运营。加强北斗导航、物联网、云计算、大数据、移动互联等先进信息技术在电子商务物流领域的应用。加快电子商务物流企业信息系统的建设，发挥核心整合能力，打通物流信息链，实现物流信息全程可追踪。加快物流公共信息平台建设，积极推进全社会物流信息资源的开发利用，支持运输配载、跟踪追溯、库存监控等有实际需求、具备可持续发展前景的物流信息平台发展，鼓励各类平台创新运营服务模式。

当前，智能物流产业还属于一个起步的阶段，需要一个长时间的发展来实现行业的整体的提升以及效益的提高，这个过程可能需要5~10年来完成。一旦实现电子商务物流智能化，可以为我国的物流节约1000亿元的成本。未来电子商务智能物流的市场前景较为客观。

2）提升电子商务物流的专业化发展

目前，我国产业结构调整不断深入，消费升级趋势明显，新的业态和交易方式不断涌现，网络零售的"多品种、小批量、高频次"以及服饰、化妆品、3C等品类的电子商务渗透率已经达到10%以上。但是生鲜电子商务的渗透率低于1%，生鲜电子商务急于发展冷链物流的特点对电子商务物流发展提出了新的挑战。使得消费需求个性化、高品质、时效性的特点日益凸显，精确、及时、可靠、安全的物流配送迫在眉睫。

加强物流核心技术和装备研发，推动关键技术装备产业化，鼓励电子商务物流企业采用先进适用技术和装备。加快食品冷链、医药、烟草、机械、汽车、干散货、危险化学品等专业物流装备的研发，提升物流装备的专业化服务水平；不断地引导传统仓储、运输、国际货代、快递等企业采用现代物流管理理念和技术装备，提高服务能力；加快实现线上线下相结合，发挥电子商务物流企业专业化、精益化服务优势，不断提升专业化服务水平，积极发展定制化物流服务，鼓励业态融合、末端整合和业务创新，形成合作互信、利益共享、风险共担的共同配送机制。

3）加快电子商务物流的融合发展

一是业务模式的融合，电子商务企业日益多元，物流需求日益增强，自建物流能提升电子商务企业对整个电子商务流程的全程控制，增加附加值，节省交易成本，缩短回款周期，但专业性缺乏、前期投入成本较大、收效尚需时日，短期内牵制电子商务资金流；第三方物流成本较低，配送区域广泛，专业性相对较强，但可控性不强，回款周期较长，难以实现二次营销，后台对接较难，造成信息流通的不顺畅；第四方物流、物流联盟、物流一体化、O-S-O物流模式成本及交易费用低，能实现供应链共赢，满足客户个性化的服务，利于整体规划，适应商品流通新趋势，发展前景广阔，但其必须建立在第三方物流高度发达的企业供应链外包真正流行的基础上，商业机密不宜保全，利益分配矛盾多，实施难度巨大；最终形成了自建、第三方、第四方、联盟、一体化以及 O-S-O 等多种业务模式。

二是电子商务企业与物流企业彼此渗透和融合的速度加快,电子商务企业进军物流领域,物流企业反向涉足电子商务,成为两股相向而行的潮流,形成电子商务与物流融合互补的新格局。

三是电子商务物流不断开拓业务范围,形成电子商务、物流、金融和大数据的融合发展。例如菜鸟网,海尔日日顺与阿里巴巴、中信银行的合作,1号店与邮储银行、平安保险、百度的合作,就是电子商务、物流、金融、大数据融合发展、跨界合作的典型。

4) 推进电子商务物流的跨境发展

随着"一带一路"重大战略构想的逐步实施和经济全球化的进一步深入,跨境电子商务物流发展迎来难得的历史发展机遇,近年来我国传统外贸发展速度放缓,2014年增速为2.3%,但跨境电子商务活动日益频繁和活跃,据有关数据,2013年我国跨境电子商务的交易额约3.1万亿元,增速达25%以上。"海外仓"和"保税仓"的设立,解决了消费者体验和快速分销的问题,海关通关"清单核放"方式的实施,进一步规范了跨境电子商务的手续流程,我国跨境电子商务"买全球""卖全球"和"送全球"的格局正在逐步形成。

加强枢纽港口、机场、铁路、公路等各类口岸物流基础设施建设,加强与境内外口岸、内陆与沿海、沿边口岸的战略合作,提高国际物流便利化水平。建立口岸物流联检联动机制,进一步提高通关效率。积极构建服务于全球贸易和营销网络、跨境电子商务的物流支撑体系,为国内企业"走出去"和开展全球业务提供物流服务保障。支持优势物流企业加强联合,构建国际物流服务网络,打造具有国际竞争力的跨国电子商务物流企业。

预计未来一段时间,我国电子商务物流发展速度依然强劲。我国电子商务物流年复合增长率将保持在20%以上,2016年,电子商务物流市场规模将超过2000亿元;至2020年,电子商务物流市场规模将达到3900亿元人民币。

5.4.3 案例——中海物流

1) 中海物流简介

深圳市中海物流有限公司(以下简称中海公司)是中国海外集团的全资下属公司。于1995年在深圳市福田保税区注册成立,主要从事大型电子生产企业的JIT(Just in time)料件配送业务。目前已与几十家国际著名的跨国公司建立了长期稳定的合作关系,为其提供国际物流配送服务。2000年其物流信息系统实施以来,使公司在管理、业务、服务、客户等方面发生了巨大的变化。2001年公司在国家外经贸部"全国进出口500强企业"中列全国第31位。拥有"国家经贸委确定的全国34家重点物流企业之一""中国物流与技术开发协会常务理事单位""中国物流与技术开发协会确定的现代配送示范企业和研究基地""中国物流术语国家标准编审单位之一"等多项荣誉。

中海公司拥有各种类型的仓库,总面积达5万多平方米。在地域分布上,公司在深圳福田保税区、蛇口赤湾等地均拥有先进的仓储设施,除此以外,公司还设有空调仓、冷冻仓等可存放客户有特殊要求和有温度要求的货物。公司自有海关监管车辆30多部,可调度车辆近200部。在车型上,有货柜车、散货车、空调车、冷冻车等,车型齐全。

公司主要经营以下业务:

(1) 物流

仓储、运输、报关、报检、配送、集装箱拆箱拼柜、国际货代、船代、空运代理、国际结算及物流规划和技术咨询。

(2) 信息

网络集成、软件开发、物流软件销售、电子商务。

(3) 贸易

国际贸易、转口贸易、加工贸易、保税贸易。

(4) 实业

进口特种汽车的改装、组装。双层巴士的检测、检修。

2) 中海物流的电子商务解决方案——物流管理信息系统(图5-4)

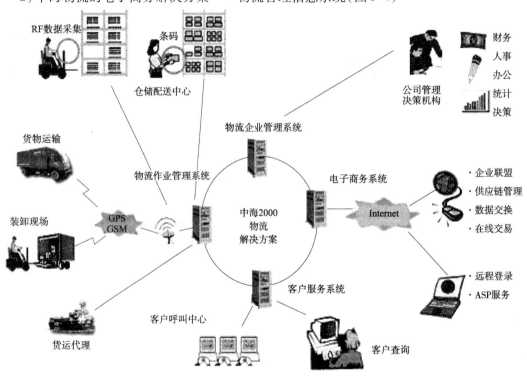

图5-4 中海物流解决方案

中海物流1995年注册成立时,只是一家传统的仓储企业,其业务也仅仅是将仓库租出去,收取租金。此时物流管理系统的建设对公司的业务并没有决定性的影响。1996年,公司尝试向配送业务转型,在最初接触的几家客户中,客户最为关心的并不是仓库和运输车辆的数量,而是了解其物流管理系统,关心的是能否及时了解整个物流服务过程,能否将所提供的信息与客户自身的信息系统实现对接。可以说,有无信息系统,是能否实现公司从传统物流向现代物流成功转型的关键。从另外一个角度来说,公司在提供JIT配送业务过程中所涉及的料件已达上万种,没有信息系统的支撑,仅凭人工管理是根本无法实现的。因此,信息系统的实施是中海物流业务的需要,是中海物流发展的必然选择。

中海物流管理信息系统的总体结构由物流企业管理系统、物流作业管理系统、物流电子商务系统和客户服务系统四个部分组成。物流企业管理系统主要应用于物流公司的各个职能部门,实现办公、人事、财务、合同、客户关系、统计分析等的管理;物流作业管理系统应用于物流操作层,主要功能有仓储、运输、货代、配送、报关等;电子商务系统使客户通过 Internet 网实现网上数据的实时查询和网上下单;客户服务系统为客户提供优质的服务。

中海物流管理系统运行在 Internet/Extranet/Intranet 结构的网络系统上。整个网络系统分为外网、内网和中网。外网即是经过路由器和防火墙接入 Internet 网,实现电子商务接口;内网是物流集团内部运作的局域网络;中网则是用防火墙与内网和外网隔离的中间地带。用于阻隔非法入侵以及组织 VPN(虚拟专用网)的安全访问措施。系统功能结构划分成四个层次,即决策层、管理层、作业层和客户层,由 13 个子系统几十个功能模块组成。

与国内外的众多物流软件产品相比,中海物流管理信息系统具有以下特点:集成化设计、流程化管理、组件式开发、数据库重构、跨平台运行、多币种结算、多语言查询、多技术集成(如条形码技术、GIS 技术、GPS 技术、动态规划技术、RF 技术、自动补货技术、数据交换技术等)、数据安全控制(身份识别、权限控制、数据库操作权限控制、建立在 Java 安全体系结构上的加密技术、认证和授权技术以及 SSL 技术)。

中海物流管理信息系统的设计和运行,比较突出地反映了以仓储配送服务为核心业务的第三方物流企业的运营管理特点。流程分析清晰准确,系统的运营在提高资产利用率、劳动生产率、客户满意度等方面经济效益显著。该系统通过流程化的管理,实现了物流、商流和信息流的一体化管理,通过功能模块的细分和组件式开发,比较好地实现了物流管理的标准化和企业运营的个性化统一。系统所开发的基于 Internet 网的数据交换平台,以及与海关等政府部门供应链运营各方的信息整合和共享,为提高物流企业的运营效率和服务水平提供了强有力的信息资源的支持。该系统的简洁和实用性,使得该系统具有较强的示范效果和推广价值。

3)分析与评价

(1)以客户需求为本,拓展物流业务

1997 年,由于亚洲金融风暴的冲击,香港地区的经济发展受到严重影响,直接导致中海公司保税仓储业务的萎缩,一度陷入经营困境。但中海公司高层敏锐地洞察到深圳高科技电子产业的飞速发展及深圳市作为华南地区物流中心城市的战略定位,开始努力探索与跨国公司合作开展具有广阔发展空间的电子料件业务。1998 年 3 月,中海公司在全国物流行业首家开展高科技产品的国际配送业务,与美国著名的国际商用机器公司(IBM)成功签约,为其提供现代物流的最高层次 JIT 需求状态的多对一配送服务。1999 年 3 月,中海公司与香港美能达公司签约,为其提供更为复杂的国际物流配送服务。同年 3 月 26 日,美能达项目正式启动。配送"多对多料件配送"服务模式,即多家供应商对美能达生产厂及多家子工厂,也随之确立。基于这样认识和定位,中海公司进行了重大的战略调整,并由此揭开了业务发展的新纪元。

在中海公司应用物流管理信息系统之后,又开发出客户关系管理(CRM)系统,以便及时了解客户需求。该系统为客户提供了流程查询、定制查询、在库查询、在途查询、账单下载、实时跟踪、定制信息、咨询服务等功能,通过这些功能,客户可随时了解中海公司所提供的各种物流服务状况,中海公司也可了解到客户的各种反馈意见,以便及时改进服务,不断提高物流服务水平。

(2)物流功能齐全,可提供全方位服务

物流系统的功能一般有运输、保管、包装、装卸搬运、流通加工、配送、物流信息等,中海公司几乎具备了物流系统的所有功能。

中海公司拥有两个保税仓,集运输、仓储、报关、配送业务于一体。进出口的原料和零部件、成品经保税仓后,可免批文、免税,手续简便、节省费用。非保税仓——蛇口赤湾仓具有交通便利、不受海关监管的特点。除此以外,中海公司还提供了空调仓、冷冻仓等特殊仓,以满足客户特殊要求。

运输业务涉及公路、水路、铁路和航空运输方面,所有的运输业务全部实现了计算机管理,并通过 EDI 通关申报系统与海关建立实时连接,确保客户可以随时了解所承运货物的情况及相关的费用,并安排专职车辆调度人员,配备先进的通信设施,24h 值班,随时准备为客户提供服务。

中海公司的配送业务具有经济性、时效性、准确性、专业性、合理性、安全性特点,显著降低生产企业的物流成本,有效地控制交货前置时间,确保上百家供应商和生产工厂之间物流供应链的协调运转。

货代业务提供了国际国内海运、空运、拼箱、转厂、保税区储运业务等。通过 EDI 电子报关,令货物通关时间大大缩短。

此外,中海公司运用先进的计算机网络技术和电子商务技术,为物流行业或其他行业提供信息产品和服务。

(3)电子商务与物流的有机结合,提供高质、高效服务

中海公司的电子商务与物流管理系统经历了几个发展期:1996—1997 年开发出电子配送程序,以实现配送电子化为目标,功能比较单一;1998—1999 年实施 C/S 结构的物流管理系统,实现了公司仓储、运输、配送等物流业务的网络化;从 2000 年开始,以基于 Internet 网结构的物流电子商务化为目标,开发出了现正在中海物流有限公司运行的中海物流管理信息系统(2000 年版),并专门成立了中海资讯科技公司进行该系统的商品化工作。中海 2000 管理信息系统由电子商务网站、物流管理软件、客户服务中心组成,集成了条码技术、GPS/GSM 技术、GIS 技术等物流技术,为供需双方提供了先进的电子商务交易平台,实现了物流作业、管理、决策的信息化。

通过信息化的实施,中海物流在管理、业务范围、经营规模、服务能力、服务效率、经济效益等各方面均发生了巨大的变化,目前信息系统已成为中海物流的核心竞争力,对公司物流业务的发展起着支柱作用。中海公司取得的经济效益具体表现为:资产利用率提高近十倍;劳动生产率提高30%;客户服务满意度从81%提高到95%;业务从单一仓储发展到国际货代、运输、仓储、报关、配送、贸易和信息服务;产生间接经济效益5000万元;新增利税700万元;年节约成本40万元。

(4)供应链管理,网络化经营

中海公司的供应链管理首先体现在内部管理上。中海公司将业务确定为4大块:一是物流,以保税、监管货物的运输、报关、仓储、电子产品器件的配送及第三方物流为主。二是信息,以网络系统集成、软件开发、物流软件销售、电子商务网站开发为主。三是贸易,以国际贸易、转口贸易、加工贸易、保税贸易为主。四是实业,以进口特种汽车的改装、组装和配套检修为主。由此,相继成立了中海物流公司、中海资讯科技公司、中海货代公司、中海运输公司、汇福

盛公司、瑞海联公司等,中海物流集团初具雏形。根据市场形势的发展和业务开展的需要,对原机构进行改革,这是第一次把服务链引入机构改革中,把部门职能整合分解。

2000年,中海公司进行了物流资源整合,与深圳能源仓储有限公司、蛇口赤湾仓储有限公司合作,租赁了能源仓储15000m²、蛇口赤湾仓储5000m²仓库,使公司仓储面积一下翻了近一倍。以深圳市福田保税区为基地,在香港、龙岗、盐田港、东莞、惠州、顺德、中山等地陆续建立了物流网点,物流业务已从珠江三角洲地区扩展到东南亚、日本、韩国,我国上海、天津、台湾、重庆、武汉、西安、青岛等地,物流网络已初步形成。

对外的供应链管理主要表现在与制造商和用户的合作及信息系统的整合上。中海公司与国际著名的IBM公司合作,为IBM在国内的工厂实施JIT配送服务,在全国物流行业首家开展高科技电子产品料件配送业务。接下来又与日本美能达公司合作开展配送业务,在此基础上公司又先后与联想、华为、NOKIA、ACER、LG、SONY等国际知名公司合作,为其提供JIT服务,使其生产厂实现料件零库存生产的目标。在国外代理网络方面,公司利用中国海外集团的海外机构,在全球100多个国家和地区设有1000多个办事处。中海公司一向重视运输资源的合理配备,和其他运输企业建立广泛的运输联盟。除在公路运输上中海公司拥有自己的强大车队外,在水路、铁路、航空运输方面和其他优势企业强强合作,建立了庞大的运输网络,可为客户提供全方位的运输服务。

中海公司在与多家公司开展业务的同时,还通过公司的电子商务平台与这些公司及有关政府机关(如海关)的管理信息系统进行整合,并为其他政府机关和潜在客户预留接口。

(5)管理先进,注重发展规划

中海物流对仓储、运输、配送、货代等业务的管理均导入了ISO 9002质量体系,在信息处理上完全实现了计算机管理。由于信息手段的增强,使管理者对信息的掌握更加及时、准确、全面和有效,实现跨部门管理,管理模式趋于平展化。

配合物流管理信息系统,各类业务均采用先进的管理技术。例如,通过中海物流网,为客户提供存放货物的实时查询和统计服务,方便客户随时掌握货物进出、库存及租仓面积的利用情况。通过对货物的库存、进出过程的智能化管理,可迅速捕捉最佳库存点,达到减少库存量、减少客户租金的目的。同时,各仓库配备无线电对讲机、先进的中央闭路监控系统、全自动消防报警系统和喷淋消防系统、先进的通信系统,使货物进行库区操作前,仅需1~2min即可完成货物数据录入、制单的准备工作,从而保证了高效控制交货时间,进出仓作业快速准确,信息服务准确及时及有效降低库存、减少仓租。中海物流标准化、高效化的管理,为客户货物的及时进出提供了有力的保障。

中海公司自有车辆全部安装有GPS卫星定位系统,可对货物进行自动跟踪,让客户随时了解货物的状态。中海公司以先进的信息管理系统(包括EDI电子报关系统)为平台,通过EDI电子数据交换、E-Mail电子邮件、图文传真、Internet网远程数据实时查询系统等方式为客户提供以下各种报告:库存报告、每月的盘点清单、每周的盘点清单、进出记录的查询、补货通知、出货通知、货物的追踪,使运输、配送、货代等业务安全、优质、快捷、准确地进行。

中海物流的未来信息规划可用"搭建四个平台、建设一个中心"来概括,即在物流电子商务的体系下,构建企业完整的管理平台(物流、商流、信息流和业务流程的重组)、业务平台(全球一体化的市场营销体系)、服务平台("一站式服务"和"全程服务")和技术平台(多种系统和物流技术的集成),建设第三方物流资源和数据中心。以上信息规划的完成,将使中海物流的信息化水平达到一个新的高度,也是中海物流为国内物流企业的信息化建设作出的一份贡献。

综上所述,中海公司正是从客户需求出发,注重管理与发展,并以电子商务系统为平台,实现供应链管理,提供综合化物流服务,才获得了今天的成功。电子商务与物流结合的较为成功的中海物流管理信息系统,比较突出地反映了以仓储配送服务为核心业务的第三方物流企业的运营管理特点。它的运营在提高资产利用率、劳动生产率、客户满意度等方面经济效果显著,实现了物流、商流和信息流的一体化管理。

但从发展的眼光看,中海物流还存在某些不足。例如,公司的业务虽然形成了一定的网络规模,但就全球化来说,国外分支还有待加强;服务的货物品种较少(主要为电子产品),没有充分利用公司已形成的业务网络;没有充分利用专家系统、人工智能技术对系统进行智能化管理等。也就是说,中海物流还处在物流中心、配送中心的阶段,离物流基地还有一段距离。

5.5 供应链的电子商务

供应链的概念对于电子商务物流是非常重要的概念。形成快速反应的供应链是电子商务物流的目标之一,对电子商务物流的发展具有指导性的意义。本节主要介绍供应链的概念、战略要素以及供应链效率与能力的评价,阐述供应链管理所带来的变革、电子商务对供应链的改变以及企业降低供应链成本和提高竞争绩效的方法,并探讨供应链向需求链的转变。

5.5.1 供应链及其管理思想

从20世纪70年代到80年代初,很多国外企业都孜孜不倦地开展一体化的物流管理,有机的、系统的管理贯穿于企业的物流,借此大力提高经营效果与效率。实践证明,这对不少企业来说,是一件费时费力的事情,但企业仍在朝此目标努力着。除了制定主要的业务流程并从中受益外,采用大系统的观念使企业在采购成本、运输成本、库存及仓储成本之间做到适宜的权衡。这些经营环节间的密切协调得以产生高水平的服务和绩效,并降低了总成本。

在企业内部物流流程一体化带来重大改观时,大多数消费者和工业产品没有完全与企业融为一体。通常,在制造一种产品并向最终用户交货中,会牵涉到若干个独立的企业。一个企业可能把生产的原材料卖给第二个企业生产零部件,第三个企业购买零部件组装产品后卖给第四个企业,如批发商,批发商接着把产品卖给第五个企业,如零售商,最后到消费者手里。物料流经的这一组企业可视为一条供应链,不过这里描述的只是一条十分简单的供应链。在实际中,技术复杂产品的供应链可能包括成百上千个企业。虽然链上的每个企业开展其内部作业的一体化物流管理,但通过对遍及整个供应链的总的物流实行一体化的物流管理,提高供应链的综合效率和效益仍有很大的潜力。

简单来说,供应链包含与转移货物从原材料阶段直到最终用户的相关联的所有活动,它包括供应来源与采购、产品设计、生产计划、物料处理、订货处理、存货管理、运输、仓储和顾客服务等。重要的是,它也包含了对供应链成员之间的沟通非常必要的信息系统。因而,成功的供应链管理是把所有这些活动协调与整合为一个无缝的过程。它包含并联系着链中的不同成员,除了组织内的部门,还包括供应商、分销商、第三方物流(3PL)公司和信息系统提供商等。

曾有一则 IBM 公司的电视广告,说的是一家商店的袜子没货了,需要再补充进货。但由于信息在供应链上的误传,致使订购信息到原材料供应商处已变成了需要兔子。最后,零售商只得无奈地说:"我需要的不是裤子,也不是兔子,我要的是袜子!"从实际情况看,它的确反映出当前我国供应链在信息通路上存在的信息不畅和信息封闭等问题,以及由此给链上的贸易伙伴带来的尴尬局面和潜在的经济损失。

供应链管理主要涉及供应、生产计划、物流、需求四个领域,主要包括计划、合作、控制从供应商到用户的物料(零部件和成品等)和信息,其目标在于提高用户服务水平和降低总的交易成本,并且寻求两个目标之间的平衡(这两个目标往往有冲突)。供应链管理注重总的物流成本(从原材料到最终成品的费用)与用户服务水平之间的关系,为此要把供应链各个职能部门有机地结合在一起,从而最大限度地发挥出供应链整体的力量,达到供应链企业群体获益的目的。供应链管理与传统管理模式的区别,主要体现在以下几个方面:

①供应链管理把供应链中所有节点企业看作一个整体,供应链管理涵盖整个物流的、从供应商到最终用户的采购、制造、分销、零售等职能领域过程。

②供应链管理强调和依赖战略管理。"供应"是整个供应链中节点企业之间事实上共享的一个概念(在任两节点之间都是供应与需求关系),同时它又是一个有重要战略意义的概念,因为它影响或者可以认为它决定了整个供应链的成本和市场占有份额。

③供应链管理最关键的是需要采用集成的思想和方法,而不仅仅是节点企业、技术方法等资源简单的连接。

④供应链管理具有更高的目标,通过管理库存和合作关系去达到高水平的服务,而不是仅仅完成一定的市场目标。

为实现集成化的供应链管理,需解决供应链成本高、库存水平高、部门之间的冲突、目标重构、产品寿命周期变短、外部竞争加剧、经济发展的不确定性、价格和汇率的影响、客户需求多样化等问题,企业需进行以下几个方面的转变:

①从供应链整体出发,考虑企业内部的结构优化问题。

②转变思维模式,从纵向一维空间思维向纵向一体的多维空间思维方式转变。

③放弃"小而全、大而全"的封闭经营思想,与供应链中的相关企业建立战略伙伴关系,优势互补,紧密合作。

④建立分布、透明的信息集成系统,保持信息沟通渠道的畅通和透明度。

⑤所有的人和部门都应对共同任务有共同的认识和了解,排除部门障碍,实行协调工作和并行化经营。

⑥风险分担与利益共享。

5.5.2 电子商务改变供应链

近年来,随着网络技术的迅猛发展,国外有很多企业开始把网络技术应用到供应链管理之中,并取得了可喜的进展。因此,基于网络技术的新型供应链——电子商务供应链伴随着电子商务正在兴起。

1）电子商务供应链的组成

互联网技术在促进电子商务迅猛发展的同时，在供应链管理中的应用也已越来越普遍。在企业内部，Intranet 已广泛应用于企业内部供应链管理；在企业外部，Extranet 在实施产业供应链管理方面起着重要作用；而 Internet 对构建全球化网络供应链又具有先天优势。网络技术所独具的费用低廉、兼容性强、操作简单、可跨平台、开放性运作的优势，使其在短时间内迅速成为供应链管理的关键技术，基于网络技术的电子商务供应链正显现出勃勃生机。

在企业内部供应链中，Intranet 把企业内部的各职能部门，如采购、库存、计划、生产、营销等部门连接起来，并把企业各分公司、分厂、子公司和办事处等包括在内；在产业供应链中，Extranet 把企业相关的供应商、客户，如原材料和零部件的供应商、分销商、合作伙伴等通过网络连接起来；而在全球化网络供应链中，Internet 则连接着全球范围内的潜在供应商和潜在客户，为供应链管理范围的拓展打下了坚实的基础。

2）电子商务供应链的主要特点

电子商务供应链借助于网络技术的应用，与传统的供应链相比，具有一些新的特点：

(1) 快速客户响应

电子商务供应链以 Intranet、Extranet 和 Internet 为支撑，并与客户关系管理相结合，使供应链上各企业围绕最终客户的需求形成一条电子化的通路，能对客户的需求作出快速反应。如一个区域分销商或零售商如果得到厂商授权，就可以从任意遥远的地方调动存货来满足客户的需求，甚至可以直接向生产工厂下订单，要求立即生产客户需要的而营销渠道中又没有相应品种的产品。

(2) 供应链和物流高度集成

电子商务供应链通过精细化的存货管理，使生产企业与仓储运输管理部门的物流信息做到有机集成，实时共享，减少物流领域的周转时间，降低物流成本，可显著提高物流效率。

(3) 市场信息集中分析

电子商务供应链通过数字化的分布式信息数据采集，在供应链中的核心企业进行集中分析，可有效地制定统一的营销政策，并可通过基于网络的电子商务供应链管理系统，对营销渠道的广度、长度和深度给予准确的辅助决策，提高营销的效率，降低营销成本。

3）电子商务供应链的主要优势

与传统的供应链相比，基于网络技术的电子商务供应链具有较为明显的优势，具体表现在以下三个方面：

(1) 提高供应链企业间的运作效率

电子商务供应链借助于网络上的搜索引擎，企业可以迅速地搜寻到新的供应商。物色潜在的客户；下游客户可以自助地从在线供应商目录中查找、选择理想的供应商并直接订购商品，而不需要任何人为联络；供应链上不同企业有关配送延迟、缺货、计划装运日期变更、推迟到达等各种变更信息可以实时地为各企业所共享，以便以最快的速度作出调整，减少损失。

(2) 提高客户服务水平

电子商务供应链可以向全球范围内的客户提供每周 7 天，每天 24h 的全天候服务，对客户服务问题有更快响应，减少服务成本和响应时间。而且，通过电子化的供应链，对生产和运输的预测水平也将大大提高，可有效缩短企业的生产运输周期，从而提高客户的满意程度。

(3) 显著降低企业成本

电子商务供应链可以在三方面节约企业的经营成本：

一是互联网将使得供应链内各环节的交易更加直接、高效,在缩短交易时间的同时,使交易成本有效降低。

二是由于供应商和客户可以通过网络充分共享库存信息,及时安排供货与发货,这样可使存货成本进一步下降。

三是由于无纸化的交易、即时化的库存信息沟通使得采购效率显著提高,采购人员的数量将大大减少,采购成本随之降低。

4) 电子商务供应链的职能

电子商务供应链由于网络技术的应用,使得其在订单处理、采购管理、库存管理、生产管理、运输管理、客户服务、需求预测等多方面与传统供应链的运作有很大的区别。

(1) 订单处理

电子商务供应链中的订单基本都是在线生成、在线处理、在线交付,这样做的好处是显而易见的,如订单的管理成本将会大大下降、订单的处理时间将大为缩短、订单的差错率也会因为减少了重复录入而下降。另外,在订单生成之前,供应商价格的在线查询也将提高订单的准确性和有效性。

(2) 采购管理

采购管理是供应链管理的重要环节,在传统条件下,采购工作较为繁杂,牵涉的人力物力很多,效率不高。互联网的应用使得采购工作大大简化,效率显著提高。如通过互联网,可以从供应商那里方便地得到查询回执,可以快速得到不同供应商的报价信息,可以从供应商的目录里直接选择采购商品,也可以使企业与供应商的谈判变得更为方便,传统的面对面的接触可以直接通过网络来完成。

(3) 库存管理

在电子商务供应链中,核心企业与供应商的缺货通信可直接由网络来实现,核心企业还可以通过网络通知客户有关订单处理的延迟或库存告急的信息,并可向管理者提供现场库存商品的情况,以减少库存保留量,降低总的库存维持成本。

(4) 生产管理

在传统的供应链管理条件下,由于缺乏准确及时的有关市场、供应和库存的信息,生产计划和调度存在很大的困难,生产环节的脱节和浪费现象较为常见。而网络技术在生产管理中的应用使得生产过程中的不确定性大大下降,互联网通过改善供应商、核心企业和客户之间的通信来降低在生产调度管理中所出现的信息不同步问题,有利于JIT生产方式的实现。

(5) 运输管理

网络技术在运输管理中同样发挥着重要的作用,如随时可以通过网络查询所运输物品的走向和货品的状态,可以及时公布发货和收货的相关信息,可以通过无线发射装置跟踪运输设备的位置等。可以说,网络是传输与物流相关的信息流的重要载体。另外,与运输相关的保险索赔等也可通过互联网进行跟踪处理,以便在出现纠纷时及时给出索赔报告。

(6) 客户服务

互联网的双向交互功能在为客户提供高水平服务方面同样可发挥着有效的作用,如核心企业通过网络接受客户投诉、向客户提供技术支持、发布有关产品和服务的最新信息、加强与客户的沟通、培育客户的忠诚度等,都可以有效提高客户服务水平。

(7)需求预测

互联网对更好地作出需求预测有很大作用。一方面,供应链内部的客户可以及时把有关需求信息及时传递给供应商,使供应商实现按需生产;另一方面,借助于互联网,生产厂商可以了解本行业的发展趋势、竞争者的动态、客户的各种特殊需求等,以便及时改进生产计划,调整产品结构。

5.5.3 电子商务发展中的供应链管理

供应链管理随着电子商务的发展为越来越多的企业所重视,对我国大多数企业来说,供应链管理与电子商务可以同步实施,相互促进。在电子商务发展的条件下,实施有效的供应链管理,应主要把握以下五点。

1)正确分析企业所处竞争环境

最大限度地满足客户需求是供应链管理的根本出发点,因此供应链管理的第一步就应从客户的需求出发,分析企业当前所处的竞争环境,以便明确企业实施供应链管理的目的和方向。竞争环境分析主要是为了识别企业所面对的市场特征和各种机会,为企业制定切实可行的竞争战略创造条件。

分析企业所处的竞争环境主要通过向供应商、客户及合作伙伴发放问卷调查、实地走访、举行研讨会等形式,明确诸如"客户的真正需要是什么?希望在什么时候、以什么样的价格满足?""供应商能提供什么样的原材料、零部件?它们的信誉、质量和价格水平如何?在市场中的竞争地位怎样?""合作伙伴的优势在哪些方面?如何更好地开展深层次的合作?""现实的主要竞争者是谁?它们的优势和主要策略是什么?有哪些潜在的竞争者?又有哪些是替代品的竞争者?""本企业目前的市场份额如何,价格、质量、服务在市场中处于什么水平?"等。对这些问题的了解越深入、越透彻,越有利于供应链管理的实现。

在电子商务条件下,企业应该把市场竞争环境分析的工作经常化、正规化,要充分利用内联网、外联网和互联网收集分析各种信息,建立起动态数据库,随时为决策提供相应支持。

2)制定切实可行的竞争战略

对企业自身所处的市场竞争环境有比较全面的认识后,就应根据企业所具有的竞争优势,制定切实可行的竞争战略,以便据此选择合适的竞争伙伴。对核心企业来说,供应链管理注重的是企业的核心竞争力,企业凭借自身的核心竞争力与其他企业共同构建供应链。因此,对企业核心竞争力的分析是制定竞争战略的前提和基础。核心竞争力的分析主要针对企业所拥有的各种资源和能力进行客观评价,诸如回答"企业的资源和能力是否有持续的增值潜力?是否稀有?竞争者是否容易模仿?","现有的竞争优势表现在成本、技术、服务还是其他方面?","有哪些措施可以巩固自身的竞争优势?","现有的竞争优势哪些可以与合作伙伴、供应商、客户共同分享?"等。

在制定竞争战略时可参考迈克尔·波特著名的竞争战略理论,他把基本的竞争战略分为三种:总成本领先战略(Overall Cost Leadership)、差异化战略(Differentiation)和目标集聚战略(Focus)。获得总成本最低的地位通常要求企业具备较高的相对市场份额或其他优势,特别需要有充足的低成本的原材料、零部件的供应做保证,换句话说,总成本领先战略需要核心企业与供应商的互动,只有在双方优势互补、互惠互利的前提下才能取得。差异化战略主要是利用企业独特的品牌形象、技术特点、经销网络和客户服务等方面的优势确立客户对品牌的忠诚度,由此使得客户对价格的敏感性下降,为企业赢得超常收益的战略。差异化战略同样要充分发挥供应商和合作伙伴在加强竞争优势中的作用,在多方面加强合作,不断发现新的超过竞争对手的能力。目标集聚战略是主攻某个特定的顾客群、某产品系列的一个细分区段或某一个地区市场,它的前提是企业能以更高的效率、更好的效果为某一特定的战略对象服务,从而超过在更广阔范围内的竞争对手。不难看出,目标集聚战略要求企业专注于特定的客户群,企业只有充分把握这一特定用户群的深层次需求,通过优质的产品、周到的服务、有竞争力的价格等多方面入手,逐渐培养起忠诚度,才能取得持续的、稳定的竞争优势。

当企业追求总成本领先战略时,往往会选择同行业中的领先者作为合作伙伴,以期取得规模经济效益;当企业把差异化战略作为目标时,会较多地考虑选择在品牌、技术、营销渠道、服务等方面有领先优势的供应商和合作伙伴;而对目标集聚战略,企业则会投入大量精力寻找对自己的产品和服务有专门需求的客户,专门为它们量身定做,提供"一对一"的服务。

3)选择合适的供应商

供应商的选择是供应链管理的关键环节,国外的企业都十分重视这一项工作,因为供应商选择不当,不但会影响企业的产品质量、交货期,进而影响企业的盈利能力,而且会错过与其他优秀供应商合作的机会,对企业的发展极为不利。所以,从某种程度上来说,供应链管理是一个供应商的评估、选择和合作的过程,核心企业应建立起严格的供应商评估程序,确定科学的评估标准,选择到最理想的供应商,并与其建立起长期的信任、合作关系。供应商的选择一般包括以下五个步骤:

(1)明确供应商选择的目标

在选择供应商之前,企业首先必须明确供应商选择的目标,这些目标主要可概括为以下5个方面:

①与供应商建立起一种能够不断降低成本,改善产品质量,改进服务的契约关系。

②改变过去那种单纯的买卖关系,或者为了各自利益不断讨价还价的对立关系,建立起以共同利益为基础的、合作的、团队性的关系,致力于高标准的信任和合作。

③与供应商建立起开放、畅通的沟通渠道,实现信息和利益共享、责任和风险共担的目标。

④让供应商不断参与到企业的产品设计与研发、市场开拓和售后服务等环节,同时让供应商充分体验到只有同舟共济,才能共同得益。

⑤共同探索双方业务流程的重组的方法,实现彼此物流的高度一体化,减少中间环节,杜绝各种形式的浪费。

(2)确立供应商评估的标准

对供应商的评估必须有明确的、可以量化的标准,具体可包括以下一些方面:

①具有可资利用的核心能力,能与本企业优势互补。

②拥有与本企业基本相同的价值观和战略思想。

③在成本与价格方面,具有不断降低成本的潜力和努力,才能适应市场竞争和本企业发展的需要。

④在质量方面,有完整的质量保证体系,在发生质量事故时能迅速作出反应,并能提供紧急服务及必要的免费服务。

⑤在后勤方面,能保证及时交货,能有计划地压缩订货时间,能不断减少采购批量,降低企业库存。

⑥在技术能力方面,应具有完善、先进的测试手段,有高水平的研究开发机构,有足够的研发资金的投入,保证产品不断升级换代,适应市场的需要。

对供应商评估的方法一般应坚持"定性与定量相结合,以定量为主"的原则,对可以定量的因素应考虑用适当的权重来评价其重要性,通过打分的方法评价供应商的优劣。

(3)建立公正的评估小组

对供应商的评估应由专门的评估小组来实施,评估小组的成员应来自企业内部的相关部门,如采购部、技术部、质量控制部、生产部、工程部等部门,应选择既有丰富经验,又能坚持公正原则的人员参加。评估小组必须严格按企业制定的评价标准,对不同的供应商给出公正、公平、公开的结果,这样才能保证供应商在今后的合作中同样能以严格的标准要求自己,避免通过不正当手段得利。同时,对那些落选的供应商,只要结果是公正的,也会让他们有明确的目标,以便进一步改进。

(4)通知初选合格的供应商参与评估

当企业初步确定了一部分合格的供应商后,应及时通知他们参与,以确认他们是否愿意与企业建立供应链合作关系,是否有获得更高业绩水平的愿望。企业应尽可能早地让供应商参与到评价的设计过程中来。应该指出的是,由于企业的力量和资源毕竟是有限的,企业只能与少数的、关键的供应商保持紧密地合作,所以参与的供应商数量不宜太多,以免分散精力。

(5)与供应商建立起信任与合作关系

通过与供应商的直接接触或实地考察,基本能确定理想的供应商,接下来就应设法与供应商建立起长期的信任与合作关系。在传统的买卖关系中,企业和供应商一般都从自身利益的角度出发,尽量把责任、风险和损失转嫁给对方,结果往往是两败俱伤。在供应链管理中,企业与供应商之间的相互信任与合作是前提和基础,双方都应改变传统的买卖观念和思维方式,尽量从对方的角度考虑问题,建立起风险、责任和成本共担,利益、市场和成果共享的机制,从而促进供应链管理的高效运作,为双方赢得共同的、持久的竞争优势。

4)逐步完善网络基础

供应链管理的实施必须以完善的网络设施为前提,特别是企业内联网、外联网和互联网的集成,是保证供应链高效运作的基本条件。此外,企业的知识库、电子数据库也是供应链管理的重要组成部分。逐步完善网络基础设施建设,一方面可以方便供应链中的成员能迅速、准确地收集和传递有关商业数据和相关信息,以最快的速度和最有效的方式满足合作伙伴的生产需要,最终以最快的速度和最优质的服务适应最终客户的需要;另一方面,还可以节省传统方式下人工处理业务的相应成本,与业务伙伴、客户共享由于成本降低所得到的各种好处。

对我国企业来说,企业信息化的程度总体水平还较低,企业内联网和外联网的建设还很不完善,相应的知识库和电子数据库在不少企业还是一个空白,尤其需要企业的管理人员提高认识,从提高企业对市场反应能力、增强企业竞争力的角度,不断完善企业的网络基础设施建设,与供应商、销售商和各类合作伙伴共同构筑起一条高效、畅通、反应快速的电子通道。

5)加强协作,及时化解各种矛盾

供应链管理涉及众多的企业和组织,但由于各自目标和利益的不同,在运作过程中出现各种矛盾和冲突是在所难免的,如成本的分摊、利益的分配等,常会出现不协调的现象。因此,作为供应链的各组成部分,都应加强合作和沟通,采取互惠互利、求同存异的原则,从全局观念出发,及时化解供应链管理中的矛盾与冲突,使供应链管理真正成为使各方共同受益的有效途径。作为供应链管理中的各参与方,还应注意加强学习和反馈,及时发现供应链管理中出现的各种问题,共同分享成功的经验和承担失败的教训,使供应链管理切实成为提高企业经营管理水平、增强企业竞争力的重要手段。

5.5.4　案例——戴尔电脑的供应链管理

在全球高技术行业以及个人电脑制造业普遍不景气的大环境下,戴尔公司可谓"一枝独秀"。探究戴尔公司的成功,尤其是近期取得的成功的秘密在于高效率的"供应链"管理。戴尔公司副总裁迪克·亨特在接受美国《商业周刊》专访时透露,高效率的"供应链"对于戴尔公司的业绩而言,"绝对是一个至关重要的因素"。

对于供应链的重视,始于戴尔公司的最高层。戴尔公司总裁迈克尔·戴尔的注意力,一直集中在通过供应链降低物料和产品的成本,最终施惠于众多客户。戴尔公司的物料成本占运营收入的大约74%,公司一年花费在物料上的资金总计210亿美元左右。就此而言,这笔费用只需下降0.1%,其实际效果就远大于提高劳动生产率10%,戴尔公司的库存量相当于大约7天的出货量。鉴于个人电脑制造业的物料成本每星期下降大约1%的状况,高库存一方面意味着占用更多资金,另一方面还意味着使用了高价物料。所以库存量只有一个星期出货量的戴尔公司,相对于库存量相当于四个星期出货量的另一家电脑公司而言,就拥有3%的物料成本优势,反映到产品底价上就是2%或3%的优势。

在戴尔方面,对于世界各地每一家个人电脑工厂的每一条生产线,管理人员都借助于信息和资源管理软件每隔两个小时更新一次零部件的供货安排——只向工厂提供足够两个小时使用的物料。一般情况下,包括手头正在进行中的作业在内,任何一家工厂内的库存量都只相当于大约5h或6h的出货量。这就加快了各家工厂的运行周期,并且减少了库房空间。在节省下的空间内,戴尔公司安装了更多个人电脑生产线。

如此严密的生产安排,需要有一个组织严密的供应商网络,才能保障零部件的准点供应。为此,戴尔公司旗下最大的30家供应商提供了相当于戴尔公司总成本大约75%的物料;而再加上规模仅次于这30家供应商的另外20家供应商,则相当于戴尔公司总成本的大约95%的物料。日常生产运营过程中,戴尔公司每天都要与这50家主要供应商打交道。

与客户保持互动是戴尔公司做得"最漂亮"的事情之一,就是依据"直线订购模式"每天与1万多名客户展开互动。这种互动如今最经常的是通过互联网实现,每天给予戴尔公司1万次机会,可以用于在供应和需求之间取得平衡。即使某一部件将会出现短缺现象,戴尔公司也会提前了解问题,进而着手解决问题。

在与客户互动的过程中,解决部件短缺问题的方法之一,可以是实施某种促销活动。例如,如果短缺索尼牌17in[1]显示器,戴尔公司可以主动向客户提出以低于原价的价格,甚至与

---

[1] 1in = 0.0254m。

17in 显示器相同的价格提供一台 19in 显示器。戴尔公司的管理人员明白,借助于这些手段以及通过设在互联网上的网站对标价和产品组合做实时调整,大量需求将会发生相应变动。这是通过零售渠道施行"直线订购模式"无法实现的。

持续供需平衡是戴尔公司追求的目标之一。戴尔公司的管理层认为,"如果公司能实现持续平衡,就一定能够随时满足客户对于供货的期望。持续平衡还将有助于最大限度地减少过剩和过时的库存。"实际上,戴尔公司从账面上注销的过剩和过时的库存介于物料总成本的 0.05%~0.1%,这在公司全球业务中就是每年大约 2100 万美元。而在个人电脑制造业内,这一比例介于 2%~3%,在其他行业则在 4%~5%。所以说,戴尔电脑的竞争优势是显而易见的,它在全球市场上叱咤风云也就不足为怪了。

5.6 客运物流电子商务

对应货物运输物流在电子商务中的应用发展,近些年客运物流在电子商务领域迅速发展,既包括短途客运物流,又包括远距离客运物流。如汽车租赁电子商务、出租汽车电子商务、公交车出行 App、城际出行 App 等。并由此衍生出智能公交系统、智能车辆管理系统、智能汽车等新型科技系统,最终将形成一个智能的车联网世界。

5.6.1 汽车租赁电子商务

1) 汽车租赁基本概念

租赁是一种以一定费用借贷实物的经济行为,出租人将自己所拥有的某种物品交与承租人使用,承租人由此获得在一段时期内使用该物品的权利,但物品的所有权仍保留在出租人手中。承租人为其所获得的使用权需向出租人支付一定的费用(租金)。

汽车租赁是将汽车的资产使用权从拥有权中分开,出租人具有资产所有权,承租人拥有资产使用权,出租人与承租人签订租赁合同,以交换使用权利的一种交易形式。汽车租赁的实质是在将汽车的产权与使用权分开的基础上,通过出租汽车的使用权而获取收益的一种经营行为,其出租标的除了实物汽车以外,还包含保证该车辆正常、合法上路行驶的所有手续与相关价值。不同于一般汽车出租业务的是,在租赁期间,承租人自行承担驾驶职责。表 5-1 给出出租汽车与汽车租赁的不同。

出租汽车与汽车租赁的比较　　　　　　　　　　表 5-1

内　容	出 租 汽 车	汽 车 租 赁
服务方式	提供车辆,提供驾驶服务	提供车辆,租车人自行驾驶
消费层次	日常出行者	单位法人、自然人
计费方式	计程收费为主	计时收费为主
消费领域	公共交通运输	商品流通
租期	较短(个别包租)	短、长均可,甚至整个汽车寿命期
车型	种类较少	种类较多,租户甚至可指定车型

2) 汽车租赁经营模式

(1) 汽车租赁企业与汽车厂密切合作模式

国际知名的汽车租赁公司无不与知名的汽车生产厂密切合作。当租赁公司的车辆使用到一定时间(一般为8~12个月)后,便由专门部门按标准进行整修,然后由厂家检验、回收、翻新后再投入租赁市场。

(2)特许经营模式

著名的汽车租赁公司以统一的服务标准、统一的公司名称、在其他不熟悉的国家和地区寻找具有一定能力的合作伙伴,在较短的时间内,用少量的投入,广泛拓展业务,形成区域性的、规模化的经营网络。

(3)多元化经营模式

对于经营性租赁企业,同时开展融资性租赁,还可以开展二手车销售、车辆保险等与之相关的多种业务,可起到相辅相成的链式作用。特别是二手车销售业务的开展,可以消化租赁业淘汰的旧车,从而有效地扩展车辆更新的空间和速度。

(4)汽车共享模式

汽车共享是指许多人合用一辆车,即开车人对车辆只有使用权,而没有所有权,有点儿类似于短时间包车。它手续简便,打个电话或通过网上就可以预约订车。汽车共享一般是通过某个公司来协调车辆,并负责车辆的保险和停放等问题。这种方式不仅可以省钱,而且有助于缓解交通堵塞,以及公路的磨损,减少空气污染,降低对能量的依赖性,发展前景极为广阔。

3)汽车租赁现状

在全球千亿美元的汽车租赁业务中,以欧美国家的租赁市场发展最为成熟。国外租车公司拥有全球化的网络,比如世界著名的赫兹公司租赁网络覆盖美、英、加等国的8000多个租车站点,业务涉及150多个国家,营运车辆超过55万辆;安飞士公司的网络遍布全球近150个国家。现今欧美国家的汽车租车,已从"一地租车、异地还车和修车""24h预订服务"发展到信用卡及网上刷卡收费、30km以内免费送取车,24h紧急救援服务等。以汽车租赁的电子商务管理系统为例,发达国家的汽车租赁业以全球数万个租车网点为依托,形成以电子商务为中心的卫星定位系统。如欧洲汽车参与了航空公司的全球调度系统(GDS),通过网络在全世界内处理待预订租赁车辆的业务份额占其总量的15%。此外,欧洲汽车借助点对点租赁、中央预定与车辆适时调度系统的强大租赁网络,亦可在全球任何地点为各种需求的客户提供即时租车服务。

我国汽车租赁业于1989年起源于北京。2015年我国租车市场规模达到520亿元;汽车数量增至53.3万辆。2016年我国租车市场规模约为614亿元。当前,我国汽车租赁业的特点:一是行业呈现快速发展的态势,中国租车市场规模从2005年的50亿元增长至2015年的520亿元,年复合增长率为26.39%,2016年中国租车市场规模约为614亿元;二是已成为新兴的消费模式,租车出行是一种时尚,如旅游、商务、重大社会活动、婚车等;三是汽车租赁业正在向中小城市、乡镇发展;四是市场竞争加剧,中小企业面临困难很多;五是汽车租赁业正逐渐向规模化、网络化方向发展。

伴随电商的迅猛发展,尝试借助电商平台试水电商营销的汽车租赁企业也日渐增多。从我国的汽车租赁公司的互联网平台建设来看,很多大中型汽车租赁公司都已建立电子商务汽车租赁平台。平台根据用户的实际需求,实现了在线车辆预订、车辆信息管理、优惠券管理、团购管理、服务管理等多种功能。目前,我国汽车租赁公司规模较大并且建立互联网租赁平台的有神州租车控股有限公司、北京新月联合汽车、大众租车、上海锦江汽车服务公司等。以上海锦江汽车服务公司的汽车租赁电子商务平台为例,该平台实现用户注册、会员管理、评车管理、网上支付、管理、新闻信息发布管理、手机召车等功能。小型租赁公司也纷纷加大网络推广力度,如与58同城合作,让它们网上店铺的访问量得到很快提升,达到客户来电量增多的目的。但是目前在我国,无论是合资租车公司,还是国营或民企,电子商务的汽车租赁系统一般只有做到"一站式"网络预定,车辆调度基本上靠人工来完成,更谈不上每个站点的每天成本分析及超前的运营战略了。

  这里着重介绍一下汽车共享模式。"汽车共享"这一理念最早于1987年由瑞士发起,在欧洲许多国家和城市获得推广。有调查显示,一辆私家车在一天24h里,真正使用的时间平均不到3h。在共享模式下,一辆汽车可以替代8辆私家车的功能,提高了汽车的使用率,同时减少对道路的占有。对于普通消费者而言,分时租赁共享不仅是一种时尚、经济、便捷、无忧的用车体验,还是应对买车摇号、拥车太贵、通行限号等困难的最佳选择。各类网约车、专车等,都是基于共享理念下的汽车消费和使用新模式。"汽车共享"依托汽车租赁系统,实现用户登录网站预定汽车,网站根据用户的租赁条件,找到合适车款,包括车型、租赁有效时间、所在网点等信息。之后,用户到达还车点,将车辆停放好后,刷卡确认使用结束,完成自助还车。用户可到网点的自助终端上查询还车信息并确认还车成功。到租车点自助终端查询或验证相关信息,刷卡取车。目前来看,共享汽车已经初具规模,但电动汽车仍然存在电量不足的忧虑,而服务网点也没有达到共享单车那样可以随借随还的便捷度。

  4)电子商务对汽车租赁行业的影响

  电子商务系统和网络技术的发展将从不同层次上对汽车租赁企业的企业理念、企业文化、发展战略、管理模式等产生变革性的影响。

  ①电子商务技术的发展加速了信息在空间和时间上的传播速度,打破了原有信息的平衡,企业与外部交流的信息将成为信息的主流。企业管理理念发生了变化,企业更需要外向型的管理思维方式和企业文化,一个封闭的企业文化已经不能适应网络环境下现代汽车租赁企业的发展。被用户和商业伙伴认同的企业文化和能够激发企业员工智慧和创造力的企业理念才能成为竞争中的主流。

  ②企业的发展战略和管理模式也将从资金资源主导型向信息、技术、知识资源主导型转变。未来的汽车租赁企业或许根本不需要拥有自己的汽车,电子商务环境下的汽车拥有者将是汽车制造商,而汽车租赁企业将成为几乎纯粹的中介服务提供商。这应当是网络化汽车租赁企业的发展方向。

  ③网络节点的分布性在拓扑结构上恰恰与汽车租赁企业租赁代理点的分散性具有相同的特点,而通过网络使企业相对集中又恰恰弥补了汽车租赁企业各代理点之间的信息孤立。因此,从一般网络节点的拓扑结构上来看,未来汽车租赁企业的组织结构将与现有网络节点的拓扑结构极为相似。而通过网络技术进行信息处理则能大大消除烦琐的汽车租赁过程给客户带来的负面效应。从而大大提高服务的质量,便于汽车租赁企业经营范围和服务种类的扩展。

  通过电子商务平台,实现企业和客户之间的信息互动与信息共享,在传播企业文化的同时稳定客户关系。利用电子商务技术和网络技术,以计算机管理数据库为基础,投资建立起车辆公司的客户信息管理系统,将车辆公司的用户信息和资料系统地进行归纳和分类,并制定出及时、快速的车辆用户反馈机制,配合各个业务部门为客户提供全方位、及时、优质的一揽子服务方案,开展实时性、跟踪性和终身性的车辆服务,最大限度地提高车辆用户的满意度,创建一个优质的服务品牌。最终实现汽车租赁行业的发展目标,满足我国汽车租赁市场的未来需求。

5)汽车租赁电子商务系统的建设

在汽车租赁企业发展过程中,基于地面内部连锁门店的发展可与以 eBI(Business Intelligent,商业智能)、SRM(Supplier Relationship Management,供应商/合作伙伴关系管理)、CRM(Customer Relationship Management,顾客关系管理)为核心技术的电子商务系统建设同步进行。以深圳至尊汽车租赁公司电子商务系统为例,其系统解决方案如图5-5 ~ 图5-7所示。

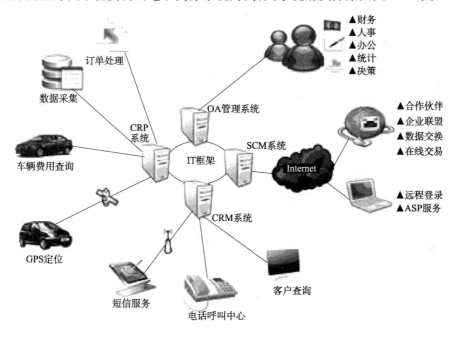

图5-5 系统架构图

5.6.2 出租汽车的电子商务

1)我国出租汽车现状

出租汽车作为由城市公共汽车、地铁、轻轨等构成的客运交通系统的重要组成部分和合理补充,是为广大市民提供客运交通服务的。出租汽车在某种程度上与其他的城市公交方式一样具有社会公用事业性。出租汽车垄断经营一直被社会诟病,随着智能手机和在线支付的不断发展,智能化已经渐渐深入每个行业,出租汽车行业作为城市主要交通工具也同样如此。近几年打车软件的兴起,让人们的出行更加方便快捷。2014年初,滴滴和快的打车软件的迅速发展使出租汽车行业出现变革性的松动,双方的"烧钱"大战也让众多消费者享受到了实惠。2015年初,滴滴与快的合并后,打车软件迎来爆发性增长。但是,滴滴、快滴等平台的驾驶员仍然处于非法营运的状态。2016年7月,交通运输部联合多部门一起发布了《网络预约出租汽车经营服务管理暂行办法》和《关于深化改革推进出租汽车行业健康发展的指导意见》。这意味着政府对网约车这种符合市场发展规律的新兴事物的认同,也将给了网约车一个合法的地位。同时,通过规范网约车的经营管理,倒逼传统出租汽车改善其服务质量,提高管理效率,以降低成本,最终改善城市交通状况,满足乘客个性化需求,也给驾驶员和乘客带来更多的实惠。

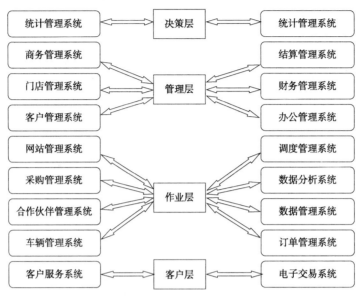

图 5-6　信息子系统的功能划分

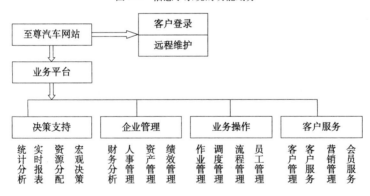

图 5-7　网站

2）出租汽车商业模式分析

根据出行特点,出租汽车分为巡游车和网约车。巡游车是空车行驶揽客的出租汽车,巡游车有出租汽车专用标识,以"扫马路"方式巡游揽客。巡游车即传统意义上的出租汽车。网约车是指乘客通过互联网平台公司提供的智能手机应用软件预约车辆,实现点到点运输服务的出行方式。

（1）传统出租汽车商业模式

传统出租汽车商业模式自1930年产生以来经历了漫长的发展历程,各地区也根据实际情况制定了不同的制度。按经营权、投资主体和管理权三个方面对传统出租汽车的经营模式进行了分类,将传统的出租汽车分为承包经营、挂靠经营、个体经营和公车公营四种模式。

驾驶员驾驶出租汽车的所有收入分为以下几个方面:驾驶员工资、燃料费和管理费用。

如果管理权属于出租汽车公司,那么管理费用包括维修费、保险费、年检费和公司人员的工资和运营费用等。如果管理权属于个人,那么这些相关的费用由个人承担,此外,还需要支付为获取经营权而产生的费用。虽然个体经营可以减少公司运作所产生的许多非必要费用,是一种最直接、有效的方式。但是,全国85%以上的城市都还是将运营权转让给了出租汽车公司,虽然名义上没有拒绝个体驾驶员,但实际上设置了很高的门槛。

对比而言,新兴出现的网约车则不需要缴纳高昂的公司管理费用,平台只会从驾驶员的接单收入中扣除小部分的费用。同时,平台还提供高峰时段的溢价和接单数的奖励等来提高驾驶员收入。另外,网约车驾驶员可以随意选择自己的工作时间和路线。种种的竞争优势都推动着网约车的发展。

(2)网约车商业模式

手机网约改变了传统的打车方式,同时对出租汽车业态也造成了重大冲击。App打车软件不但在移动通信基础上通过定位、邀约、联络、追踪等帮助解决出租汽车市场供需时空匹配的矛盾,而且一并实现了至关重要的网上支付、清算与补贴、服务质量评价、职业信用等信息透明化,充分体现出"互联网+"对传统出租汽车领域的强悍影响力。互联网企业渗入出租汽车业的优势是使时空匹配成本大幅降低,驾驶员和消费者都有更多有用信息并作出选择,驾驶员减少车辆空驶,乘客则有了更多车型甚至价格的选择,高峰期或其他必要时段也可以价格手段增加供给。

①加入网约车流程(以北京网约车办理流程为例)。

A. 申请人取得《网络预约出租汽车驾驶员证》,与取得资质的网约车平台公司签订驾驶员、车辆入网营运意向书。

B. 申请人委托协议接入的网约车平台公司,向市政务中心运输局窗口提出申请,并提交申请材料。

C. 对于符合条件的申请人,运输局应当自接到申请后10个工作日内,向申请人制发《车辆登记变更证明》。

D. 申请人或委托代理人持《车辆登记变更证明》及相关材料,到市公安交通管理部门将车辆使用性质变更为"预约出租客运"。

E. 车辆使用性质变更后,申请人或委托代理人按照国家和本市规定加装车辆卫星定位装置和应急报警装置。

F. 申请人办理完成相关手续,运输局组织车辆勘验,制发《网络预约出租汽车运输证》。审核期限为10个工作日。

②网约车使用流程(以滴滴顺风车使用流程为例)。

A. 滴滴顺风车使用方法(驾驶员):成功安装滴滴顺风车的用户,在打开App后,点击地图上的选项切换为车主即可开始接单。

a. 设置上下班路线,这样就可以看到同行的乘客了。

b. 设置完路线后,点击下方"查看订单",看看有哪些乘客和你同路。

c. 如果不一定是上下班路线,可以点查看附近订单,查看附近有没有即将出发的乘客,有同路的话,就可以正好搭载。

d. 当接单后,一定要联系乘客确定上车时间和地点。

e. 送达目的地后,点击送达乘客,乘客才能支付车费。

f. 送达后,还可以评价所搭载的乘客。

B. 滴滴顺风车使用方法(乘客):乘客的使用方法就相对简单了,只要像坐专车那样输入地点、时间,然后点击发布等待驾驶员接单即可。到达后驾驶员确认,最后付款。

3)国外网约车现状

在日本,出租汽车无需向公司缴纳"份子钱",每月只需按一定比例上交收入即可。正是由于日本出租汽车服务优良,有关法律规定,私家车不得进行收取报酬、具有经营性质的活动。

在2015年,韩国国会通过一项法案,禁止私家车主提供出租汽车服务,该法案成为韩国首部宣布优步等打车软件服务为非法的全国性立法。同年3月,优步在韩国正式停运。

而在新加坡,每一家出租汽车公司均有自己的App打车软件,从而阻断了外来打车软件的侵入。据悉,新加坡在打车软件的管理方面,主要措施包括注册管理和打车费用、防拒载等,并且要求驾驶员必须持有出租汽车驾照,必须提前在新加坡陆路交通管理局申请注册,申请成功者将获得有效期三年的资质证书。美国加利福尼亚州、特拉华州和华盛顿特区分别于2013年和2014年通过新立法,承认了网约车的合法地位。

4)对网约车的一点思考

在创新发展驱动、利益集团博弈、管制政策惯性等诸多因素交织影响下,网约车纳入政府监管实现了对行业和管制政策的重构。社会各界对网约车的态度没有形成共识,尤其是复杂和敏感的价格、数量问题仍存争议。

(1)业态发展要尊重市场选择

《关于深化改革推进出租汽车行业健康发展的指导意见》提出"要统筹发展巡游出租汽车和网络预约出租汽车,实行错位发展和差异化经营",该定位意味着错开两种业态的发展层次和方向。巡游车和网约车营运服务有差异,就改革而言是要遵循各自的竞争力,对两种业态的侧重不偏不倚,尽量少干预。未来的发展既然以融合为方向,那么网约和巡游只是服务的差异。服务的发展方向由乘客的需求决定,而不是简单通过政府以保护哪种业态为目的的简单区分。

(2)约束网约车不正当溢价行为

《关于深化改革推进出租汽车行业健康发展的指导意见》指出"对网约车实行市场调节价,城市人民政府认为有必要的可实行政府指导价",该要求意味着网约车运价原则上实行市场调节价。地方政府承担出租汽车的管理责任,有责约束平台企业利用垄断市场地位的不正当溢价行为。平台在高峰、极端天气的补贴或者溢价是市场调节手段,意在鼓励驾驶员出车。鉴于企业的社会形象和市场信用,无法频繁改动调价的系统和水平。因此政府与企业约定溢价幅度可以作为许可的前提,既可继续发挥其调节的积极作用,也避免过高溢价对乘客的利益损害。

(3)避免降低行业活力的数量调控

《关于深化改革推进出租汽车行业健康发展的指导意见》并没有明确提出要对网约车实行数量控制,但"优先发展公共交通,适度发展出租汽车"的要求,意味着网约车数量应该根据大中城市交通拥堵状况等因素合理确定规模。中小城市网约车数量管制压力较少,道路车辆承载能力饱和的大城市选择合适的路径确定运力规模相对较难。规模调控的具体策略宜选择

"先宽后严",方式适合间接调控。在政策实施的过渡期内对现有网约车规模准入门槛不设置或放宽,数量上采取权宜之计,待市场格局清晰后再对车辆设置门槛做趋严控制。间接调控可以设置一些隐性门槛提高平台运营成本,降低驾驶员从业意愿,削减平台数量扩张的动力,从而最终达到规模控制的目的。

5.6.3 公交出行的电子商务

这里的公交出行的电子商务主要指智能公交系统。智能公交系统是一种先进的全方位公交管理控制系统,是一种实时有效的公交管理系统。美国从20世纪60年代开始研究智能公交系统,并取得突出成就,随后,日本、英国、德国等也加入该研究行列,目前已在日本、美国和欧洲建立起三大研究基地。

我国社会经济的快速发展带来了城市规模的扩大,城市交通运输系统越来越复杂,公众对城市交通的服务质量也提出更高要求。网络技术的发展为智能公交系统建设提供解决契机。我国的智能公交系统虽然起步较晚,但在近年来也得到迅猛发展,基于GPS技术、GIS技术、无线通信技术等的智能公交系统在城市公交运输管理和控制上发挥重大作用,实现数据实时采集、远程控制、快速通信、公交生产运营调度、公交监控、公交信息发布等,为人们带来更满意的公交服务,提高公交车辆的使用价值。主要表现在以下方面:

(1) 出行预报

"互联网+公交"的智能公交查询系统设计通过互联网等方式实时发布交通信息,出行者通过移动终端如手机、Pad等获取所需交通信息,从而制订最有利的出行计划。电子站牌利用目前公交智能调度管理系统的公交车辆GPS到站数据,通过技术对接,建立公交车到站预报系统。

(2) 智能缴费

"互联网+公交"的智能缴费系统通过与各种支付平台的合作完成缴费和刷卡等功能。如通过支付宝钱包充值公交卡;公交集团可与中国电信、中国移动等公司联合推出"公交电子票"应用,人们只要持手机,再下载公交电子车票App,就可以直接刷手机付费,免去使用公交卡的烦琐。

针对智能公交系统架构问题,要基于智能公交系统为相关管理部门提供实时的路况信息这一基本需求,搭建信息采集、公交运营调度、公交监控三个基本模块的架构。具体流程如下:

① 公交车上的终端设备每隔1s采集实时路况信息,包括经纬度、行车速度、方向等,采集车上乘客数、视频、温湿度等基本信息,发送给信息中心。

② 调度中心根据信息中心发布过来的经过处理的信息,对公交车的运营进行实时调度,将调度信息发布给公交车的车载终端设备。信息中心将处理过的信息传递给电子公交站牌、车载导航终端、公交信息门户站等,这些信息发布平台向市民实时传递公交信息,一般包括目前车辆位置、到站时间、出行方案查询、位置查询、路况信息等。

③ 监控中心对处理好的信息进行公交系统的实时监控管理。基于这一业务需求,智能公交系统的业务非常广,数据资源多,需要采集技术、无线通信等技术支持,需要复杂的系统支持业务运转。

1. 物流的三大发展阶段分别是什么?
2. 物流的作用有哪些?
3. 物流作为第三利润源泉主要体现在哪些方面?
4. 电子商务物流有哪些特点?
5. 电子商务对物流有哪些影响?
6. 简述电子商务物流的服务内容。
7. 简述电子商务物流的作用和存在问题。
8. 电子商务物流软技术包括哪些内容?
9. 电子商务物流技术有哪些?
10. 电子商务物流有哪些模式?如何选择?
11. 电子商务对供应链起什么作用?
12. 供应链管理带来了哪些变革?
13. 根据电子商务条件下物流业的发展策略要点,分析本地区电子商务物流的现状,筹划发展电子商务物流的策略和实施方案。
14. 调查本地汽车及相关企业从事电子商务的情况、特点,分析其主要活动模式。
15. 了解本地有哪些企业应用了供应链管理,取得的效果和存在的问题有哪些?

第6章　汽车保险与金融的电子商务应用

> **学习目标**
>
> ▶ **知识目标**
> 1. 能够简单介绍汽车各险种；
> 2. 能够描述汽车理赔的相关知识；
> 3. 能够叙述互联网汽车保险的发展、使用等内容；
> 4. 能够描述互联网汽车金融的现状与发展。
>
> ▶ **能力目标**
> 1. 能够分析车辆出险定损和理赔的程序及主要内容；
> 2. 能够表述机动车保险电子商务作业流程；
> 3. 能够操作使用机动车保险电子商务系统；
> 4. 了解互联网汽车金融。

6.1　汽车保险产品

购车就要买保险，现在的汽车营销企业一般都为购车客户同时办理车辆上户、缴纳车辆购置税、办理车辆保险等相关手续。一个合格的汽车经营者或经纪人不仅要为客户提供汽车产品的选购服务，同时还要成为客户的保险顾问。按照我国机动车保险的惯例，车辆保险通常是以年度为单位办理的。因此，众多的汽车用户，也需要对汽车保险的有关政策规定和业务流程有深入的了解。我国的机动车保险政策在2003年进行了重大调整改革，本节将对机动车保险及相关的知识加以介绍。

2003年1月1日前，我国采用严格的机动车辆保险条款管理制度，各保险公司统一执行2000年由保监会颁布的条款和费率。随着我国汽车工业及汽车市场的快速发展，以及机动车保有量的不断增加，为促进机动车保险业务适应发展的需要、提高管理经营水平和服务质量，保监会规定自2003年1月1日起在全国范围内实施新的机动车辆保险条款费率管理制度，条款和费率实行差异化。2006年7月1日，又将第三者责任险分成交通事故责任强制保险（简称"交强险"）和商业第三者责任险（简称"商三险"），同时将车损险和商三险再次统一，并分为A、B、C三款供保险公司任选其一（天平汽车保险公司除外），即06版条款。2007年4月1日，保监会颁布实施07版机动车保险条款。2008年2月1日，保监会又将交强险的责任限额由6万元提高到12.2万元，将原来的商三险承担的部分保险责任转由交强险承担，同时下调了费率,商三险的费率也进一步下调。

6.1.1 交强险

1)交强险的概念和功能

交强险是我国首个由国家法律规定实行的强制保险险种。交强险是由保险公司对被保险机动车发生道路交通事故造成受害人(不包括本车人员和被保险人)的人身伤亡、财产损失,在责任限额内予以赔偿的强制性责任保险。交强险具有强制性,凡是在我国境内行驶上路的机动车都必须投保交强险。这种强制性不仅体现在强制投保上,也体现在强制承保上,具有经营交强险资格的保险公司不得拒绝承保,也不能随意解除合同。而商三险则属于民事合同,机动车车主或者是管理人拥有是否选择购买的权利,保险公司也享有拒绝承保的权利。

交强险负有更多的社会管理职能。建立机动车交通事故责任强制保险制度不仅有利于道路交通事故受害人获得及时有效的经济保障和医疗救治,而且有助于减轻交通事故肇事方的经济负担。而商三险则属于商业保险,保险公司经营该险种的目的是盈利,这与交强险"不盈不亏"的经营理念是不一样的。

交强险的责任赔偿是,死亡伤残限额11万元、医疗费用限额1万元、财产损失限额2000元;无责任的赔偿是死亡伤残限额1.1万元、医疗费用限额1000元、财产损失限额100元。

2)车船使用税的代缴

车船使用税是指以车船为征税对象,向拥有并使用车船的单位和个人征收的一种税。车船使用税兼有财产税和行为税的性质,还具有单项财产税的特点。

根据规定,车船税的征收对象是依法在公安、交通、农业、军事等车船管理部门登记的车辆。这些车辆中,除拖拉机、军队和武警专用车辆、警用车辆等按规定免税的车辆以外,若纳税人无法提供地方税务机关出具的完税凭证或减免税证明的,纳税人都应按照保险机构所在地的车船税税额标准缴纳车船税。

车船税纳税期限实行按年征收、分期缴纳。机动车的车船税具有涉及面广、税源流动性强的特点,且纳税人多为个人,征管难度较大。另外,纳税人直接到税务机关缴纳税款又存在道路不熟悉、停车困难、花费时间长等种种不便。因此,由保险机构在办理交强险业务时代收代缴机动车的车船税,可以方便纳税人缴纳车船税,提高税源控管水平,节约征纳双方的成本。

新颁布的《中华人民共和国车船税暂行条例》规定从2007年7月1日起,在购买交强险时由保险公司代收车船税,并及时向国库解缴税款。

自2008年7月1日起,向保险公司缴纳车船税时应提供上次投保的保单,以便查验上一年度的完税情况。若上年度未缴纳的,则保险公司除代收欠缴的税款外,还将按日加收万分之五的滞纳金。

保险公司代收代缴机动车的车船税后,要向纳税人开具含有完税信息的保单,作为纳税人缴纳车船税的证明。如需另外再开具完税凭证的,纳税人可以凭交强险保单到保险机构所在地的地方税务机关开具。

《车船税暂行条例实施细则》规定,已完税的车辆被盗抢、报废、灭失的,纳税人可以凭有关管理机关出具的证明和完税证明,向纳税所在地的主管地方税务机关申请退还自被盗抢、报废、灭失月份起至该纳税年度终了期间的税款。纳税人通过保险机构代收代缴车船税后,若在当年发生符合车船税退税条件的情况,可向保险机构所在地的地方税务机关提出退税申请。

3)《交强险财产损失"互碰自赔"处理办法》

"互碰自赔"是指在满足"互碰自赔"的条件下,由各保险公司在本方机动车交强险有责任财产损失赔偿限额内对本车损失进行赔付。其他情形,参照《交强险理赔实务规程》(2008)处理。本办法自2009年2月1日起实施。

"互碰自赔"适用条件:

①两车或多车互碰,各方均投保交强险。

②仅涉及车辆损失(包括车上财产和车上货物)、不涉及人员伤亡和车外财产损失,各方车损金额均在交强险有责任财产损失赔偿限额(2000元)以内。

③由交通警察认定或当事人根据出险地关于交通事故快速处理的有关规定自行协商确定双方均有责任。

④当事人同意采用"互碰自赔"方式处理。

满足"互碰自赔"条件的,事故各方分别到各自的保险公司进行索赔,承保公司在交强险有责任财产损失赔偿限额内赔偿本方车辆损失。原则上,任何一方损失金额超过2000元的,不适用"互碰自赔"方式,按一般赔案处理。即对三者车辆损失2000元以内部分,在交强险限额内赔偿;其他损失在商业险项下按事故责任比例计算赔偿。特殊情况下,参照《交强险互碰赔偿处理规则》(2008)中的相关规定处理。

6.1.2 机动车商业险

机动车商业险的险种主要有:

(1)车辆损失险(简称"车损险")

机动车辆商业保险的险种分为主险和附加险两部分,而车损险是汽车保险中最主要的商业险种,同时也是主险之一。由于使用汽车时的意外事故较多,对于一般车辆而言,最好能买此险种。车损险是指赔偿车辆在使用过程中,由于自然灾害或意外事故造成的车辆本身损失和合理施救费用。

车损险的构成:

①2007-A款构成:家庭自用汽车损失险、非营业用汽车损失险、营业用汽车损失险、特种车保险和摩托车、拖拉机保险共五种。

②2007-B款和2007-C构成:车辆损失险(不含摩托车和拖拉机)。

③2007-D款(天平汽车保险股份有限公司车险产品)构成:车碰车车辆损失险、车辆损失综合险和车辆损失一切险共三种。

我国A、B、C三套条款中的车损险一般对由碰撞、倾覆、坠落、火灾、爆炸、外界物体坠落、倒塌等意外事故和暴风、龙卷风、雷击、雹灾、暴雨、洪水、海啸等自然灾害引起的车辆损失及发生保险事故时被保险人或其允许的合格驾驶员对车辆采取施救、保护措施所支出的合理费用负责赔偿。但对于一些特殊的风险,保险公司是要免赔的,如地震、战争、军事冲突、自然磨损、朽蚀、腐蚀、故障、车轮单独损坏、竞赛、测试、在营业性维修场所修理、利用保险车辆从事违法活动、驾驶人员饮酒、吸毒或注射毒品后使用保险车辆、保险车辆肇事逃逸等特殊风险。

A、B、C三款车损险在自然灾害方面:A款与B款基本相同,但C款增加了台风、热带风暴、雪灾、冰凌、沙尘暴。所以在自然灾害方面,A、B款的赔偿范围最窄,C款的赔偿范围最宽。在玻璃单独破碎险方面:A、B款只赔偿风窗玻璃或车窗玻璃的单独破碎,而C款却赔偿除天窗玻璃外的所有本车玻璃的单独破碎,所以在玻璃单独损坏方面,C款的赔偿范围最宽,而A、B款的赔偿范围窄。在合理施救费用方面:B款明文规定不赔偿停车费、保管费、扣车费以及各种罚款;C款明文规定不赔偿律师费、诉讼费、仲裁费、罚款、罚金或者惩罚性赔款以及未经保险人事先书面同意的检验费、鉴定费、评估费;而A款则没有上述规定,所以在合理施救费用方面,A款对被保险人最为有利,C款最为不利。

(2)商业第三者责任险(简称"商三险")

商三险是指保险车辆因意外事故致使第三者人身伤亡或财产受损,保险人对于超过交强险各分项赔偿限额以上部分予以赔偿的保险。在保险期间内,被保险人或其允许的合格驾驶员在使用保险车辆的过程中发生意外事故,致使第三者遭受人身伤亡和财产直接损毁,依法应由被保险人承担的经济赔偿责任,保险人对于超过交强险各分项赔偿限额以上的部分,按照保险合同的规定负责赔偿。

交强险赔偿限额尽管大幅提高至12.2万,但其中死亡伤残赔偿限额11万元,医疗费用赔偿限额只有1万元,只比原先提高了2000元。另外,财产损失赔偿限额只有2000元,这在稍大一些的事故中显然都是不够用的。事故中造成人员死亡等极端情况毕竟是少数,车主一般都是撞伤了人需要花费医疗费。在交强险中最多只能赔偿1万元医疗费用,而在商三险里面对死亡伤残、医疗、财产等不做分项,如果车主保了10万元保额的商三险,那么即使医疗费花到8万元,也是能根据相关条款给予相应赔偿。而交强险11万元的死亡伤残赔偿限额对一些经济发达地区而言也很难满足赔偿车主承担责任的需要。

所以,商三险可起到补充作用,车主投保了商三险后,一旦发生交通事故,将由保险公司向受害第三方提供赔偿。交强险责任限额提高后,部分车主认为不必购买商三险,是一种认识上的误区。

目前,A、B、C三套行业条款在商三险的赔偿限额的区间上是一致的,只分为5万元、10万元、15万元、20万元、30万元、50万元、100万元及100万元以上7档,客户可任意选择一档。但选择赔偿限额时并不是越高越好,最好考虑保障限额和保费之间的最合理程度。因为商三险从赔偿角度讲是交强险的一个补充,所以一般来说选择15万元或20万元是合理性比较好的。这样,一般发生的第三者事故会在交强险的赔偿区间内,即使造成人员伤亡的事故时,在中等城市20万元的赔偿标准也基本够用(第三者赔偿主要是与当地居民生活水平因素相关)。

(3)车上人员责任险

车上人员责任险是指在保险期间内,被保险人或其允许的合格驾驶员在使用被保险机动车过程中发生意外事故,致使车上人员遭受人身伤亡,依法应当由被保险人承担的损害赔偿责任,保险依照合同的约定负责赔偿。

2007年4月1日起,车上人员责任险实行全国统一,但A、B、C款略有差异。选2007-C款的保险公司将车上人员责任险列为主险,选2007-A款或2007-B款的保险公司可自主决定是否将车上人员责任险列为主险。将车上人员责任险列为附加险的保险公司,必须在投保商三险后方可投保。

车上人员责任险与意外伤害保险有很大区别。车上人员责任险是一种责任保险,而意外伤害保险则是意外险范畴,二者标准是不同的。其次,车上人员责任险是随"车"不随"人"的,不论什么样的乘客,只要在车上,就属于车上人员责任险的保障范围,而意外伤害险则是随"人"不随"车"的,只要是对应的人员投保了,无论在车上、车下的意外,都属于意外险的保障范围。

(4) 全车盗抢险

全车盗抢险是指在全车发生丢失被盗,报案后超过60天还无法寻回时,保险公司负责赔偿的险种。全车盗抢险的保险责任包括:全车被盗抢,经县级以上公安刑侦部门立案证实,满两个月(60天)未查明下落。全车被盗抢过程中,受到损坏需修复的合理费用。全车被盗抢后,受到损坏或车上零部件、附属设备丢失需修复的合理费用。

2007年4月1日起,全车盗抢险实行全国统一,但A、B、C款略有差异。选2007-C款的保险公司将全车盗抢险列为主险,选2007-A款或2007-B款的保险公司可自主决定是否将全车盗抢险列为主险。将全车盗抢险列为附加险的保险公司,必须投保车损险后方可投保。

(5) 主要附加险

① 不计免赔特约条款。

不计免赔特约条款是指把原来合同中规定的应该由被保险人自行承担的免赔金额部分转嫁由保险公司负责赔偿。

由于不计免赔特约条款的保障范围大,费率适中,所以是一个非常好的险种,投保率较高。一般而言,较适合车技不佳的新手,而车技熟练的车主未必要投保该险种。不计免赔特约条款并不是对所有事故都没有免赔的,一般而言主要针对的是主险,如果没有指明附加险包括在内,则是不能全部免赔的。对于车损险,如果有一定的免赔额限制时(如2007-A款),该免赔额的部分还是需要车主"自掏腰包"的。

2007年4月1日起,不计免赔特约条款实行全国统一,但A、B、C款略有差异。

② 玻璃单独破碎险。

玻璃单独破碎险,是指在保险期间内,发生本车风窗玻璃、车窗玻璃等单独破碎时,保险公司按实际损失赔偿。车上玻璃破碎最常见的方式有三种情况,其一是窃贼敲掉侧面玻璃为了偷包;其二是当汽车在高速公路上或者道路行驶条件不好的地区行驶时,溅起的小石子(飞石)将风窗玻璃击碎;其三是高空坠物将风窗玻璃或天窗玻璃砸碎。

2007年4月1日起,玻璃单独破碎险实行全国统一,但A、B、C款略有差异。其中,2007-A、2007-B款只赔偿风窗玻璃或车窗玻璃的单独破碎,而2007-C款却赔偿除天窗玻璃外的所有本车玻璃的单独破碎。

已投保车辆损失险的车辆方可投保玻璃单独破碎险。

③ 车身划痕险。

车身划痕险是指保险车辆发生无明显碰撞痕迹的车身表面油漆单独划伤时,保险公司按实际损失负责赔偿的险种。

车身表面被划伤最常见的方式有两种情况,其一是在停车期间被人用硬物划伤漆面;其二是由于驾驶技术不熟练剐蹭车身表面。一般新车且是新手驾驶员可考虑投保该险种。

已投保了车辆损失险的车辆方可投保车身划痕险。

2007年4月1日起,车身划痕险实行全国统一,但A、B、C款略有差异。

车身划痕险的主要缺点是:因保费相对其他附加险而言较贵,性价比不高。尽管保额由2000元、5000元、10000元和20000元可供选择,但有可能一次理赔只有三四百元,而保费却要好几百元;理赔手续也较复杂。

④自燃损失险。

自燃损失险是指保险车辆在使用过程中,因本车电器、线路、供油系统故障或货物自身原因起火燃烧,造成保险车辆的损失而由保险人承担的赔偿责任。

通常的机动车辆是不需要投保自燃损失险的,但是以下一些情况需要考虑投保:

A. 因某种爱好或需要车辆经过改装,如改装音响、防盗器、电动天窗,增加动力等,使电路超负荷而容易引起自燃。或增加了触点、插座等,增加了潜在漏电的隐患。

B. 使用年限较长(10年以上)的车辆,因电线老化容易引起自燃。

C. 车辆因事故其电路或器件经过维修,电路、油路及其周边机件有较大的改动。

D. 使用频率高的汽车(如公交车、某些私家车),因很少有时间检修再加上线路易老化短路,自燃的概率较大。

E. 长时间使用空调的汽车(如出租汽车),因发动机负荷大且电线易老化,所以容易引起自燃。

F. "超载车"(如货车),因发动机过热且钢板几乎被压平,发生机械摩擦而容易引起自燃。

G. 该附加险由各保险公司自己拟定,但必须购买了车损险后方可投保。

⑤新增设备损失险。

新增设备损失险是指保险车辆除出厂时原有各项附属设备外,被保险人另外加装或改装的设备及设施。如加装了高级音响、防盗设备、GPS,加改了真皮或电动座椅、电动升降器、氙气大灯等。

新增设备损失险是指专门针对车辆新增加设备而进行保障的险种。

新增设备损失险的优点是保费不贵,性价比极高,如车主新增加了氙气大灯,保费只要100元左右,最高可以赔偿5000元;其缺点是投保手续复杂,需要验车,需要新增器具的发票。

6.2 汽车保险理赔

6.2.1 理赔工作的概念及意义

理赔是保险工作中的重要环节,保险属于经济范畴,也属于历史范畴,其定义一般可以表述为:保险是以法令或合同形式,集合多数经济单位或个人,根据合理计算,共同建立专用基金,对特定危险事故所致损失或约定事件的发生给予经济补偿或给付的一种社会互助性质的经济制度。保险所体现的是人与人间的经济关系,即通过保险将社会上具有相同危险的人们组织起来,使大多数人用分摊损失的方法对其中少数人在遭遇自然灾害、意外事故等不幸事件后所造成的经济损失给予补偿的一种特殊的经济活动。理赔是指保险合同所约定的保险事故(或保险事件)发生后,被保险人(或投保人、受益人)提出赔偿给付保险金请求时,保险人按合同履行赔偿或给付保险金的行为过程。

保险理赔的社会意义可以从两个方面来考察。第一,从保险职能来看,保险的产生和发展都是由于保险具有组织经济补偿这一个职能,保险以组织分散的保险费方式建立保险基金,其目的是用来对财产损失或人身事件进行经济补偿。保险金的职能和基本目的,都充分地说明了经济补偿最终通过保险理赔来实现。第二,从保险金合同关系来看,投保人与保险人订立保险合同,以缴付保险费为代价,其目的在于约定的保险事故或事件发生时,能换取保险金赔偿或保险金。保险人在履行赔偿或给付义务时,也就是具体体现了保险组织经济补偿的职能。

保险理赔工作的意义:从保险经营角度来观察,具有改善经营的作用。第一,在保险业工作中,宣传是否深入、标的是否合法、承保手续是否齐全、保险金额是否恰当、保险费率是否合理等,平时往往不易觉察,但在理赔时,存在的问题就会被发现。因此,理赔工作也是检验业务质量的重要环节。第二,通过理赔,保险的职能和作用得到具体、实际的显示,事实证明,这是保险最有说服力的高效宣传。因此,理赔工作能直接影响保险业务的开展,有利于扩大业务。第三,通过理赔工作的进行,对每一受损案件进行调查分析,总结有关的经验教训,能进一步掌握灾害事故的发生规律,发现防灾防损中存在的问题。因此,理赔工作能为防灾防损提供依据,有利于加强保险的防灾防损。

6.2.2 理赔工作的一般原则

理赔人员的职责是处理赔案,同被保险人协商如何解决赔案,作为汽车理赔人员,必须十分熟悉汽车保险条款和保险单的条件,也必须熟悉汽车结构原理和国家有关法律等。理赔人员在处理赔案时,必须遵循"主动、迅速、准确、合理"的原则,而处理汽车险赔案时尤其如此。

汽车如经常出事,要主动研究其主要原因;汽车在交通要道上出事,必须迅速出动调查,因为时间一长,合适的见证人就难以找到。此外,估计损失要准确,确定损失大小和各工费用要合理。

"主动、迅速、准确、合理"四个因素中,迅速对汽车险来说特别重要。迅速报案,及时处理赔案并使汽车得到及时修理,使汽车很快修好,并恢复使用。尤其是营业用车,还要产生营业损失,时间因素显得更为重要。

6.2.3 汽车保险理赔流程

机动车辆出险一般可分为三类:保险车辆(含投保的挂车)发生全车被盗窃、被抢劫、被抢夺,报全车盗抢险;保险车辆出险受损,报车损险;保险车辆出险致使第三者遭受人身伤亡或财物直接损失,报第三者责任险。现将上述三类车辆出险的理赔程序分述如下:

1)全车盗抢险理赔程序

(1)接待报案,核查底单

这部分工作一般由接待报案员负责,主要工作有:

详细询问并记录车辆盗抢的时间、地点、经过;盗抢车辆的型号、制造年份、重置价值、发动机号码、车架号码等。

要求被保险人在地级市以上报纸上刊登《寻车启事》,并要求提供保单正本、行驶证、附加费证、车钥匙、购车发票、车辆完税证明(或免税证明)等,并由经办人员签收。

指导被保险人如实填写《出险通知书》;在《出险通知书》上加盖收件章,载明报案年月日时分。

查阅保单副本批单副本,核实保费收缴情况,确定公司应否负盗抢赔偿责任。

根据所了解的情况登录《保险车辆盗抢登记簿》并按规定将案情报上级公司。

(2) 收集资料,调查取证

接待报案员将有关资料移交车辆盗抢专职调查员,由调查员从多条途径对车辆盗抢情况进行调查、了解、取证。

到发生盗抢的地点进行现场查勘,找有关当事人(如保安、目击者等)询问并记录案发的情形。

从该车的销售部门及机电公司了解该车的购买价和实际价,参照保险金额,判断被保险人有无保险欺诈行为。

到车管所核对盗抢车辆的档案,查实其车型、牌号、制造年份、发动机号码、车架号码等是否与《出险通知书》上填写一致。

从当地公安机关了解案件的侦破近况,并协助其加强对盗抢车辆的侦破工作。根据调查情况填制《查勘报告》。

(3) 逐级审核,归档结案

这部分工作一般由缮制赔案人员负责。

三个月未被破获的被盗抢保险车辆,要求被保险人提供公安部门出具的车辆盗抢未破获证明。

由被保险人填写《权益转让书》,将盗抢车的追偿权转让给承保公司。

按《机动车辆出险索赔所需资料》要求,收集有关资料及单证,根据条款确定赔付金额,缮制《赔款计算书》。

(4) 按规定逐级复审并报上级公司,核批后赔付归档

加强对盗抢寻回车的管理。

盗抢车经公安部门破案寻回的,其奖励费由承保公司按公安部文件规定给付,须单独归档,统一管理。

盗抢寻回车原则上退回被保险人抵减赔款,确因工作需要收回的,需报上级公司有关部门批准方可留用。

2) 车损险理赔程序

(1) 接待报案

接待报案员负责指导出险保户配合承保公司的理赔工作,负责有关理赔方面的答疑咨询,负责与保户进行联络并将有关资料及时反馈相关部门,负责受理公司系统内异地委托代理查勘业务的接待工作。

接待报案员应向报案人提供有关单证,进行逐项填写(接电话报案,由内勤填写)并由保户填写《出险通知书》。接待报案员还要查阅业务留存的有关资料,核定承保内容及保费收缴情况。根据条款规定和已填写的《出险通知书》,初步判定是否属承保公司应负赔偿的责任。无误后,填写《出险案件登记簿》立案编号,并将有关资料提交查勘定损人员。

(2) 送修

由送修人员负责出险事故车送厂修理的具体落实。送修人员按照事故的定损价格、送修,

或按被保险人的要求送修。一般保险公司没有专门的送修员,可以由查勘员兼任。

(3)定损估价

由查勘定损员负责对送达指定汽修厂内(含非指定修理厂)及未送达指定修理厂出险事故车的查勘定损估价,受理外埠事故车查勘定损估价,受理公司系统内异地委托代理查勘业务的查勘定损估价。

定损核价人员在接到任务及有关资料后,应利用必要的设备和手段做好查勘工作。对事故车及受损部位进行拍照。

根据查勘情况,应用所掌握的汽车专业知识和修理专业方面的知识,弄清事故原因及损伤形成的因果关系。正确区分:哪些是汽车本身故障所造成的损失,哪些是汽车正常使用过程中自然磨损、老化造成的损失,哪些是使用维护不当造成的损失,哪些是损伤产生后没有进行正常的维修维护致使损失扩大而造成的损失。依照机动车保险条款所列明的责任范围,明确事故车损伤部位和赔付范围。在定损估价过程中,遵循能修不换的保险补偿原则,并参照当地的修理工时价格和零配件价格对事故车的损伤部位逐项进行审定,做到合理准确地定损估价。

(4)核赔

由核赔人员(缮制赔案员)负责从保险条款上和技术上对赔案进行分析审批,档案卷宗管理及分析统计。

核赔人员向保户和有关部门、人员收集索赔资料及有关单证,根据所查明的事故损失原因、涉及的部位和损失范围,按照保险条款规定确定赔偿范围及赔付金额。编制《赔款计算书》,缮制赔案,按照公司要求认真做好超权限赔案的审批上报工作,并按照核赔人的权限范围最终审定。

在赔案审批前,参考修理签订的项目和金额,估算未决赔款,录入电脑,统计未决赔款金额及赔付率。赔案审批后,按实际赔付录入电脑,统计已决赔款金额及赔付率。

6.2.4　第三者责任险理赔程序

1)接受出险通知

接待报案员在接待被保险人报案时,应根据被保险人填具的《出险通知书》详细询问并记录:

被保险人的名称、保单号码、驾驶员情况、车辆型号、牌照号码、发动机号码等。

出险日期、出险地点、出险原因及经过。

第三者人身伤亡及财物情况。

伤者姓名、性别及就医时间、医院名称、地址。

第三者受损财物的所有人名称、种类及存放地点。

2)核实承保情况

承保公司在接到《出险通知书》后,应即查阅公司业务留存的保单副本、批单副本及保费收据,核实其承保内容及保费收缴的情况,无误后在《出险通知书》上加盖收件章,载明年月日时分。车险业务内勤须填写《出险案件登记簿》,编号立案,并及时将有关资料转交现场查勘人员。

3)查勘定损

现场查勘人员接到通知后,应立即赶到现场进行查勘、定损。

对出险现场全景、受损财物、事故发生的全貌、局部损坏的部分进行拍照,并绘制现场草图。

伤者及受损财物是否属第三者,是否确属保险金责任范围。

对第三者财物进行定损估价,第三者车辆损失参照《车损险理赔程序》处理。

至伤者就医医院了解事故发生的经过、治疗情况及所需医疗费用。

对于定损困难的第三者财物损失及人身伤害案,应及时聘请技术部门的专家或工程技术人员协助作出技术鉴定后,再定责定损,以防损失扩大和盲目处理。

根据查勘定损情况填制《查勘报告》,并在上面写明处理意见。

4)核赔归档

交警部门对事故作出裁决后,被保险人应将事故责任判定书、损失赔偿裁决书、医院诊断证明或法医鉴定书、医药费发票、损失清单、修理费发票等有关单据送交承保公司,承保公司根据《机动车辆保险条款》、查勘审定的责任以及单证、票据等确定其赔偿范围及赔付金额。

对第三者赔偿要根据当地《道路交通事故处理办法》,认真审核,看是否合理,是否以责论处,对不合理的费用和间接损失要剔除;对未经承保公司许可,而保户自愿支付的款项,应由保户自负。

若第三者赔偿费用超过保单载明的第三者责任险每次事故最高赔偿限额,则按最高赔偿限额计算。

缮制《赔款计算书》,根据规定报各级核赔人审批,在赔案未最终核定前,不得对赔偿金额有任何预告或承诺。

由车险业务内勤将有关资料整理、归档。

6.3 互联网汽车保险

互联网的快速便捷性、自由开放性和以 App 为主的应用服务的互动共享性大大提升了保险的无纸化和智能运作,突破了营业时间和地域的限制,有效地加快了受理速度和理赔过程。因此国内各大保险公司纷纷开辟了保险的移动互联网渠道,通过借助第三方平台或自主开发线上直销、移动 App 应用等多途径试水移动互联网保险,这就推动了汽车与互联网保险的结合,在汽车市场上的保户们开始从各个切入口尝试进入传统车险行业。

据盈灿咨询统计,截至 2016 年 6 月底,互联网保险第三方平台已超过 60 家,有以下集中业务类型:车险智能推荐、比价;协助理赔服务;自主定制类车险服务;UBI 车险服务;其他业务服务,如交强险比价和车险消费分期,维护美容、理赔、违章、年审上门代办等增值服务。

我国汽车保险的电子商务业务已经全面开展,现以中国人民财产保险股份有限公司在其电子商务平台上开展的与汽车保险电子商务业务为例做简要介绍,中国人保财险电子商务平台网页首页包括车险报价、保单及理赔查询、保费支付、保单下载等内容,如图 6-1 所示。

6.3.1 车辆网上投保

进入网站后,点击车辆所在地选项,如图 6-2 所示,即进入该城市财产保险公司电子商务平台的"车辆及保险信息"及"联系人信息"网页,用户可按照网页的相关提示逐项填入相关投保信息,填写完成后点击"立即报价"即向保险公司递交了投保信息,如图 6-3 所示。续保报价可点击"续保报价"进行续保操作。

图 6-1　中国人保财险电子商务平台网页首页

　　　　　　　　　a)　　　　　　　　　　　　　　　　　　b)

图 6-2　车险报价与车辆及联系人信息填报

6.3.2　机动车投保流程

进入网站后,在主页左下角点击"网上投保流程介绍"即可进入"机动车辆投保流程"网页,如图 6-3 所示。

图 6-3　机动车辆投保流程

机动车辆投保流程共分为 9 个步骤,用户可点击"新手上路"进入流程操作窗口。按照电脑屏幕的提示操作,即可了解流程步骤和内容要求。

第一步:进入机动车保险页面。

第二步:保险产品和支付方式选择。

第三步:输入个人信息。

第四步:确定行驶区域。

第五步:进入精确报价页面,选择优惠套餐。

第六步:确认系统提供的报价。

第七步:确认支付的保费之后,进入个人信息填写,如实详细填写个人信息,以确保能够快速收到保单。

第八步:对填写的个人信息和投保信息进行核对然后点击确认。

第九步:自由选择支付方式完成投保。

6.3.3　机动车辆理赔流程

进入网站后,在主页左下角点击"理赔知识"即可进入"理赔服务指南"网页。该网页包括机动车辆理赔服务 5 个方面的内容,分别是保险理赔服务流程、保险理赔案件赔付时限、赔案索赔车辆清单、联系电话和投诉电话和查看理赔服务程序公示全文。用户可按照电脑屏幕的提示及个人索赔的需要点击相应内容操作,即可完成车辆索赔,如图 6-4 所示。

6.3.4　车险保单及理赔查询

点击"保单及理赔跟踪"即可进入"查询保单信息"和"查询理赔信息"网页,如图 6-5 所示。按照电脑屏幕上的"查询条件"及其他相关提示填入保单号码信息和被保险人证件号信息,即可进行查询。

图 6-4 理赔服务流程

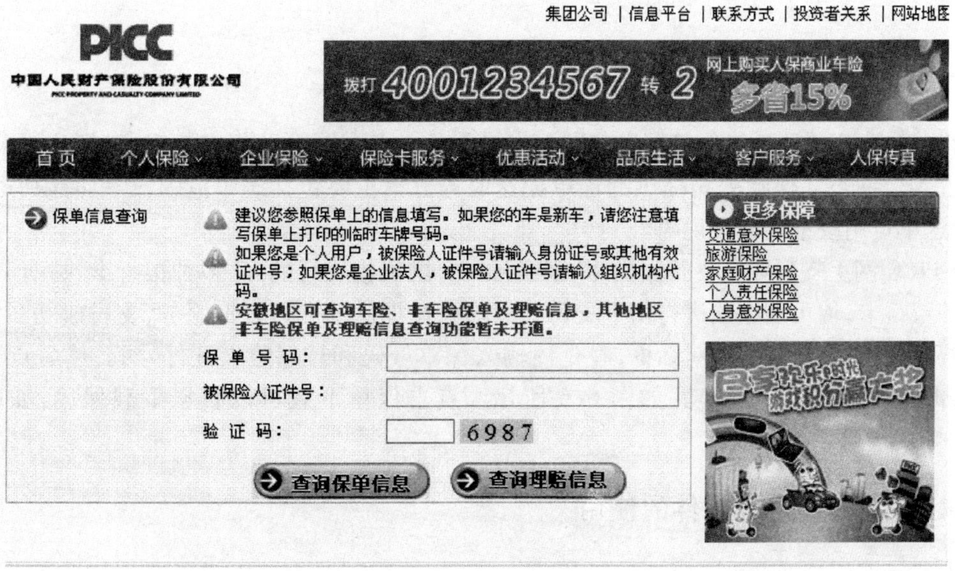

图 6-5 保单及理赔查询网页

6.3.5 车辆保险网上服务

在主页该栏目共开设"点击咨询""用户留言""投保理赔帮助"和"我的保险箱"4个栏目;机动车辆保险页面开设了"人保车险专属服务""用户帮助""投保帮助""车险常识"和"理赔知识"等栏目;此外还有"车险条款查询"栏目。

如点击"点击咨询",可选择"在线交谈"中的"车险业务",与服务人员就车险相关问题进行咨询交谈。此外,还有"机器人应答"与"我要留言"栏目,用户可根据自己的需要与实际情况选择接受服务的方式,留言的内容可按照网上提供的格式内容有针对性地予以填写。

对一些与车险有关的包括常见问题解答设置在"投保理赔帮助"栏目内。栏目内提供了理赔注意常见问题提示,主要有"按新车购置价和按实际购置价投保有什么区别""车辆出险造成他人受伤,伤者的误工费该如何计算""车辆在A地投保在B地出险,该如何处理""以前在别的保险公司投保的车辆几年未出险今年想转到人保财险能否享受到优惠?如可以,如何计算"等。

如果咨询的内容不在常见问题范围且又比较多时,可在电脑屏幕显示的栏框内写信件,发电子邮件咨询。

随着手机App软件的日益流行,各大财产保险公司纷纷推出App软件供保户小额投保财产险;或借助微信等信息平台提供理赔服务,例如中国大地保险江苏分公司2016年4月推出微信理赔服务,无需现场查勘,操作方便、快捷。被保险人出险后,只要按照该公司提供的微信理赔指引,将三证一卡、车损照片通过微信发送至查勘员,查勘员根据照片对案件审核、定损,便可快速完成理赔过程。中国大地保险江苏分公司理赔部负责人表示,微信理赔服务主要针对5000元以下的单、双方无人伤保险事故,推出3个月来已处理案件近4000件,大部分当天结案,当日赔付,大大加快了理赔时效。

6.3.6 保费支付与保单下载服务

有的保险公司还开展保单配送与网上支付服务。点击网页上相应按钮,会打开保单配送与网上支付网页。保险公司提供的保单配送服务方案主要包括送单范围、送单时限、送单费用、免送单费用政策及相关说明。

e-PICC网上支付业务支持国内17家银行和金融机构发行的60多种银行卡,持有其中任何一种银行卡,均可在全国进行网上支付。保险公司提供了支付查询服务,支付成功后,点击支付查询按钮,会出现一个对话框,在框内输入保单号码和被保险人证件号码,然后点击"确定",即可查询支付是否成功,如图6-6所示。点击保单下载可以直接下载保单,如图6-7所示。

6.3.7 其他网络软件的使用

在机动车保险业务中,还广泛采用其他一些软件或系统,主要有投保客户信息资源库、投保查询系统、车辆数据信息系统、车辆定损系统、车辆理赔操作系统等。由于涉及各保险公司的商业秘密和版权问题,这里不做具体介绍。

第6章 汽车保险与金融的电子商务应用

图6-6 保费网上支付帮助网页

图6-7 电子保单下载

6.4 互联网汽车金融的现状与发展

传统的汽车金融业务主要是解决汽车产业链上经销商对资金的部分需求和汽车消费信贷,但是汽车产业链很长,每一个环节都需要资金的拉动,从而为互联网金融平台提供了切入的机会,例如融资租赁这种新模式,除了资金能力以外,还需要有行业经验,这就将传统汽车金融放贷机构与互联网汽车金融平台放到同一起跑线上;同时,由于我国汽车金融公司成立相对较晚,这些公司对于互联网的接受程度高,普遍开设网站,有网络获客的渠道,所以传统汽车金融公司与互联网汽车金融公司的区别并不明显,特别是我国电子商务发达,线上的消费金融业务发展很快,促进了汽车金融零售信贷的互联网化。目前,我国互联网汽车金融的商业模式主要包括消费金融、P2P 网贷、众筹和互联网保险四种,如图 6-8 所示。

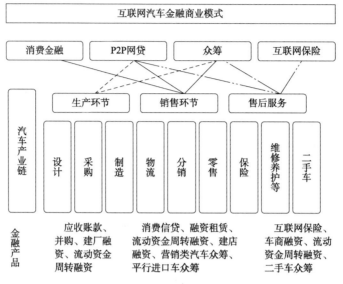

图 6-8　互联网汽车金融场景图

首先,在汽车销售环节,对于消费信贷、融资租赁、经销商的流动资金周转和扩建融资、进口车融资等多个方面,都有互联网金融业态切入,如 P2P 网贷、众筹、互联网消费金融。其次,在汽车售后环节,互联网保险大放异彩。2013 年 11 月,众安在线财产保险股份有限公司成为我国首家专业互联网保险公司,随后,安心财产保险有限责任公司、泰康在线财产保险股份有限公司相继获批成立。目前,众安保险和平安保险已经联合发布了国内首款专业互联网车险品牌"保骉车险"。因为大数据技术的出现和应用,使得 UBI(根据使用付费)、"一人一车一价"的先进保险理念成型,反过来也提高了人们对信用的价值认同,促进了我国信用体系的建设。另外,在车商贷款、二手车众筹平台都已经取得了很大的进展,市场规模不断扩大。最后,在汽车生产环节,互联网汽车金融的业务不多。一方面是汽车生产需要大量资金,一般会从传统提供汽车金融服务的机构来借款,如银行、融资租赁公司;另一方面,现阶段传统汽车金融放贷金钩的资金成本要更低,吸引了大量的企业客户。不过,以 P2P 网贷和众筹为代表的互联网金融平台,已经在互联网汽车金融业务上有了尝试,其发展更多的是对传统汽车金融的补充。但是,传统汽车金融放贷机构已经意识到互联网汽车金融业务的价值,在互联网技术的普及下,汽车金融服务有望在更广阔的场景下得到应用。

6.4.1　互联网汽车金融的现状

1)P2P 网贷

目前,P2P 网贷平台提供的汽车金融产品,主要面向车主(企业或个人)和车商,包括新车和二手车的金融服务,借款用途包括资金周转、购车垫资款、购车分期贷款等,多数以车辆作为抵押或者质押作为风控措施。可以说,汽车金融对于 P2P 网贷平台来说是一块巨大的"蛋糕",同时随着汽车保有量的上升,也蕴藏着巨大的发展潜力。

盈灿咨询数据统计发现,车贷业务在大多数平台的业务发展中占据着一席之地,这主要由于征信体系建设尚不完善的背景下,以车辆抵押贷款为首的抵押贷款发展更为容易,风控把握相对简单,占据着 P2P 网贷行业发展的重要地位。

2) 消费金融

汽车消费金融主要存在于销售环节中,为方便消费者提前购车提供贷款服务。除了银行传统车贷业务和新型信用卡分期之外,在互联网汽车消费金融层面,包括了汽车金融公司线上分期贷款、互联网金融公司汽车消费分期贷款、二手车电商金融业务和汽车融资租贷业务等。这种互联网分期模式具有速度快,手续办理简单等特点,越来越受到消费者的认可。当然,一些小额贷款公司及担保公司也加入了其中,促进了汽车消费金融市场的多样化。

此外,汽车后市场争夺战日趋激烈,靠免费洗车、上门维护、发红包等引流方式已经不再能吸引用户,汽车后市场服务平台逐渐开始融合金融产品,让车主在生活场景中享受消费折扣、理财、增值等金融服务,达到优化车主资金安排,让车主享受更便捷的服务体验。

3) 众筹

目前,汽车众筹市场份额 95% 以上为二手车众筹。众筹平台与二手车商合作,二手车商在平台上发起众筹,由平台审核车辆信息,再由投资人自行判断项目车辆的价值,并据此决定是否出资,成功募集到目标资金后,二手车的所有权由平台代为持有,接着平台会根据意向客户的报价由所有投资人投票通过后将其销售出去,赚取到的差价根据投资人投资比例进行分配,所有的投资人也兼有合伙人的角色;最后再将本金和收益返回给投资者。据盈灿咨询不完全统计,截至 2016 年 6 月底,全国汽车众筹平台已累计成功筹资 30.32 亿元;汽车众筹行业累计投资人数达 19.54 万人,人均投资额达 1.55 万元。

风险和投资是相随相生的,二手车众筹项目存在的风险。主要体现在道德风险、二手车筛选及销售风险,以及由于监管方面没有对众筹行业的信息披露有具体规定,因此可能存在的平台信息披露风险。

随着互联网汽车金融行业迅速发展,多样化的业务模式和产品种类的不断涌现,但互联网汽车金融作为新生事物,业务模式和产品服务仍处于摸索的阶段,在发展中难免存在一些问题:首先,汽车产业链金融服务开拓不足,服务模式单一。我国汽车产业链比较长,因此汽车金融领域也比较广泛。从汽车生产阶段开始,到汽车的流通销售、消费和使用、维修维护、二手车交易和租赁等环节,都有大量金融服务需求。目前,互联网汽车金融服务对汽车零售市场以及汽车后市场的金融服务拓展速度较慢。虽然互联网汽车金融服务模式日益丰富多样,但大部分的业务都是围绕汽车销售环节开展,如汽车消费借款、汽车分期消费、汽车融资租赁等业务,模式较为单一。有些业务模式仅仅是将传统的汽车金融服务搬到互联网上,但其本质没有发生变化。互联网汽车金融市场拓展领域以及业务模式的雷同,也导致目前互联网汽车金融领域同质化现象比较严重。其次,监管不完善,存在政策风险。现阶段我国尚未出台针对互联网汽车金融行业的相关监管政策,关于汽车金融公司的各项监管办法也并没有涉及互联网汽车金融业务。目前出台的《关于促进互联网金融健康发展的指导意见》仅对互联网金融各业态监管职责进行分工,明确了互联网金融各业态业务边界。互联网金融业态中 P2P 网贷、众筹、互联网保险作为互联网汽车金融服务的主要参与者,P2P 网贷、互联网保险已经出台了相应的监管细则,但是众筹平台的监管细则尚没有出台,依然存在一定的监管风险。再次,我国征信体系并不完善。我国征信机构从事企业征信服务的比较多,但从事个人征信业务的较少,并且服务机构的规模偏小,提供的信用服务也比较单一。公共征信机构提供个人信息,多以商业银行提供的银行账户、银行房贷、车贷等信息为主,对于分散在各事业单位的信息整合和共享机制尚没有达成,并且征信机构之间对自己掌握的信息采用垄断保护,个人征信信息整合存在一定的困难。同国外相比,我国征信体系和信用制度的发展尚未完善,可能导致互联网汽车金融服务机构对借款人的真正信用水平,贷款用途以及偿还能力缺乏有效的判断,从而导致信贷坏账率的提高、债务追偿困难等问题,不利于我国互联网汽车金融信用消费业务的开展。最后,行业面临来自金融和互联网的双重风险。相对于传统的汽车金融行业,互联网汽车金融行业本身不但面临汽车金融领域的风险,还面临着来自互联网的风险。互联网相关的密钥管理、加密技术、TCP/IP协议安全性等技术都直接关系到用户资金的安全,互联网开放式的特点更容易遭受计算机病毒和电脑黑客的攻击。互联网汽车金融本质上也是金融,因此互联网汽车金融服务机构还要防范流动性风险、信用风险等金融风险。例如,借款人由于种种原因,不愿或者无力履行还款付息义务,而导致信用风险的发生;对于汽车抵押业务来说,如果抵押物无法及时变现,则极易受到流动性风险的冲击。目前,我国互联网汽车金融服务机构对汽车后市场金融服务领域的渗透并不高,金融服务主要集中在二手车市场以及融资租赁市场。汽车后市场互联网金融服务正处于发展的初期,市场参与者还处在摸索的阶段,市场集中度比较分散,但整体发展速度较快。

6.4.2 互联网汽车金融的发展

目前,我国的汽车消费市场增速放缓,市场参与者纷纷布局二手车金融市场、融资租赁市场、汽车金融保险市场等利润较高的汽车金融产业。随着互联网和汽车金融的不断融合以及我国征信体系的完善,未来互联网汽车生态将日益丰富,竞争也会更加激烈。

首先,互联网汽车金融将成为未来汽车产业新的利润增长点。与发达国家相比,我国汽车金融的渗透率较低,相比成熟的汽车金融市场,我国汽车金融市场上升空间很大。目前80后、90后已经成为新的汽车消费主体,他们更能接受汽车金融的消费理念,对互联网的依赖度也更高,汽车金融的互联网化迎合了他们的消费习惯,也极大地加快了汽车产业转型和刺激汽车消费。根据盈灿咨询测算,到2018年我国互联网汽车金融的市场规模将达到1.85万亿元,其中互联网汽车消费金融的市场规模将高达1.2万亿元,未来互联网汽车金融行业前景广阔。

与此同时,我国汽车后市场金融服务存在巨大的发展潜力。我国汽车消费增速仍然以中高速增长,未来汽车后市场规模仍将进一步扩大,消费者对汽车维修、美容,二手车金融等需求将增多,后市场服务提供商也将增多,为汽车后市场金融服务的发展提供了广阔的空间。汽车后市场金融服务涵盖了消费者买车后所需要的一切金融服务,包括二手车金融、融资租赁、汽车保险、汽车维修及零配件、汽车装潢美容、汽车运动等产业的金融服务。

此外,随着近年来政府不断加大"三农"政策的落实力度,农民的收入和消费水平出现显著的提高。2015年以来,财政政策和货币信贷政策不断出台,支持农村金融服务创新,引导金融机构加大对"三农"的支持力度。在银监会发布的《关于做好2016年农村金融服务工作的通知》文件中,明确支持汽车金融公司、消费金融公司持续加大对农村地区消费信贷产品的投放和创新力度。我国农村汽车金融市场比较广阔,未来可能是互联网汽车金融服务机构占领的新高地。农村市场汽车金融服务将成为未来最大蓝海。

再加上市场进入者增多,跨界合作将成为常态。除了互联网公司、P2P 网贷平台、众筹平台、保险公司外,汽车电商平台、租车公司等汽车相关业态也开始涉足互联网汽车金融领域。厂商、经销商等传统的汽车企业凭借其原有的业务优势,与互联网企业、金融机构等新进入者合作将形成优势互补。汽车厂商可以与汽车金融公司合作,消费者在厂商的官网上就可以申请贷款。租车公司可以与保险公司合作,为用户提供在线保险服务。众筹平台可以与二手车电商平台合作,为用户提供理财服务。采用跨界合作的方式进入互联网汽车金融业务不但能防范金融、技术、市场等风险,还能更好地开拓市场,因此未来市场参与者之间跨界合作将成为常态。

当然,未来互联网车贷市场仍将是机遇与挑战并存。尽管目前 P2P 车贷业务的发展规模不能和信用贷相比,但是 P2P 车贷业务未来的发展规模、新业务模式依然可以期待。在征信体系尚不完善成熟的背景下,抵押贷款仍然是风险控制最为简单的模式。而车辆抵押贷款相比房地产抵押贷款具有金额小、更便于处置、操作办理简便的优势。同时,车辆抵押贷款业务流程标准化,诸如进行 GPS 技术定位跟踪等技术已经十分成熟。随着监管细则的出台,汽车消费贷款和汽车抵押贷款将成为众多的 P2P 网贷平台业务转型的首选,未来互联网车贷市场的竞争将更加的激烈。对于目前以车贷为主业的 P2P 网贷平台已经具有了一定的市场影响力和先发优势,相比未来新进入者在竞争中占据优势地位。

目前,移动互联网已经得到快速的发展和普及,手机成为主要的上网终端,对移动电话用户的渗透率也在逐年上升。互联网汽车金融是依托于互联网而产生的,随着互联网的发展其业务模式也将发生改变。现在,互联网汽车金融服务机构除了通过官网,还可以通过手机 App、微信等工具,以更方便、更快捷的方式,为用户提供金融服务。未来在移动互联网快速发展的大趋势下,各大互联网汽车金融服务机构将不断开发和优化移动端口。

6.5 互联网汽车金融的运营模式

互联网金融是一种新兴金融,其依托在互联网工具之上,例如搜索引擎、云计算、大数据等,主要作用是融通资金、支付以及作为第三方信息中介,是互联网精神渗透到传统金融行业中所催生的领域。例如,2015 年 2 月 5 日,浙江慧博网络科技有限公司推出了旗下连锁汽车金融服务平台"e 车宝",该服务平台不仅可以网络远程申贷,更有落户全国各主要城市的直营门店,线上和线下经营互相交织,形成覆盖全国的汽车金融服务网络,提供信用评级、车辆评估、客户增信、风险控制、资金管理、资产处置等服务。"e 车宝"的特色还在于,其推出的车贷产品主要服务于小微企业,以平滑其资金缺口、帮助其资金周转。同时,"e 车宝"还将在全国范围内收集流动性好、风险低、回报高的优质债权,以进一步打通资本与汽车金融的连接通道,将汽车打造成简便的融资工具。

6.5.1 C2C 综合服务平台模式

汽车后市场发展到今天,从洗车、维护、美容,到二手车交易、维修,每个领域都涌现出了无数的 O2O 创业者;与很多二手车交易平台一样,汽车后市场的 C2C 平台模式广受欢迎,以 2016 年估值过亿且完成 A 轮融资的 C2C 汽车综合服务平台"我是车主"为例,作为综合汽车服务平台,"我是车主"连接了车主和汽车服务人员(如车险从业人员、汽修技术员等),打破了传统的车主与商家模式,整个交易过程更加开放透明,通过竞价机制,节省了成本和中间环节,还可以通过平台代办服务享受更多的快捷便利服务。其次,"我是车主"提供了新的索赔解决办法,将车主和专业的技术服务人员连接在一起,面对保险公司的不再是非专业的车主本人,而是专业的技术服务人员,为车主争取合理、合法、合情的利益;也将促进保险公司业务人员转型,彻底改变以往传统保险公司"重业务,轻服务"的经营方式,大大提升了客户满意度。但是,"我是车主"作为第三方服务平台,其未来的发展道路也面临着服务的标准化和加强平台对服务人员监控等问题的挑战。作为第三方,为用户提供统一标准化的服务,对提供车险服务的第三方人员有更好的监控,才能更好地提升用户体验。

6.5.2 汽车电商模式

以汽车之家、易车网为代表的媒体汽车电商平台纷纷通过与汽车金融公司合作率先推出了各种金融服务。汽车之家推出了分期购车,易车网则推出了买新车贷款、汽车保险、理财产品等。与此同时,各类二手车交易平台也开始布局互联网汽车金融,例如通过金融切入二手车电商的平安好车、有信;人人车、车猫网在完成融资后,很快就推出了金融服务。

从用户需求的角度来看,作为新车和二手车的交易平台,通过线上购车的用户当中有相当一部分用户会有贷款的需求。尤其是一些经济实力并不是很强的年轻人,汽车贷款和分期付款对于他们来说是一个很好的选择。通过贷款、分期付,一方面能够拉动汽车的销售;另一方面也能够借此抢占整个汽车金融市场,推出各种汽车理财产品。此外,与保险公司合作推出汽车保险也是顺其自然,还能提升用户购车体验。

从流量入口的角度来看,易车网、汽车之家作为国内两大汽车媒体平台,聚集了大量的汽车爱好者,具有明显的入口优势。这些平台凭借着电商运营积累了大量忠实用户和有效数据,其中新车用户数据占比非常大,与他们合作的金融公司能够凭借专业的数据分析及线上风险评估工具,有效地将专车购车群体从平台庞大的数据库中筛选出来,为这类用户群体提供更便捷的购车服务。

从申请汽车贷款的速度和审核条件来看,这类平台往往都不会受到户籍限制,也无须不动产抵押,从申请到放款的速度会比较快,而且分期还款的时间也会比较长。过去,汽车金融在国内的发展速度一直比较缓慢,主要原因之一就是汽车贷款的审核速度慢,而且获准的门槛比较高、银行办理时间长。而这类平台所推出的互联网汽车金融对于很多消费者来说,大大提升了用户体验。

但是汽车电商推出汽车金融服务同样存在一定的不足:

①汽车电商平台虽然是采取跟其他汽车金融公司合作的方式,但仍然是一种 B2C 的方式,消费者的选择余地较小。而且电商平台的立场仍然会更倾向于金融公司,而不是消费者,这免不了会造成用户服务体验的不足。

②汽车放贷的坏账率相对来说比较高,电商平台自身并不具备风险掌控能力,完全依赖于与其合作的公司,一旦坏账率过高,对于电商平台而言也会存在一定的风险。

6.5.3 汽车厂商模式

汽车厂商推出金融服务由来已久,其目的和电商平台一致,意图通过金融贷款来吸引消费者购车,丰田、大众、上海通用等汽车厂商纷纷投推出了汽车贷款、分期付款、保险等,如今它们通过线上、线下相结合的方式来推广自己的金融服务,汽车厂商直接进军互联网金融也是优势明显。

①对于汽车金融公司来说,消费者不仅可以通过4S店直接申请办理,而且在厂商的线上官网也能够办理申请。对于汽车厂商来说,最终消费者的交易是要到线下。通过4S店,消费者能够直接面对面地接触到汽车销售人员,这时,选择保险、贷款服务往往会直接发生在店里,也就是说汽车厂家所推出的金融服务更容易人消费者认可和接受。

②相对银行贷款而言,汽车厂商推出的金融贷款对于户口、房产等硬性条件都没有过多要求,放贷方式也相对比较灵活,买车用户可以通过分期来付款。此外,汽车厂商的金融公司相对更容易申请到较长还款期,通常为3年左右,在一定程度上减轻了车主的还款压力。

③汽车厂家通过多年的运作,已经积累了大量的忠实品牌客户,有了这个庞大的用户基础,它们进一步向这些用户推出各种金融理财服务也更容易被车主所接受。而汽车厂家推出分期付款、贷款等各种金融服务同样也能拉动厂家汽车的消费。

目前,汽车厂家所推出的金融服务在体量上仅次于传统银行,但是在互联网时代下,它们却很难成为主流。主要原因有:传统汽车厂商在线上的运作能力是它们比较薄弱的地方,目前它们大都采取与各大电商平台合作的方式来线上销售汽车。但是这些线上平台并不像4S店一样,汽车厂商具有直接掌控的能力,因此汽车厂商要想在线上推出各种金融服务难度相对比较大,只能通过自家的官网,但是却缺乏人口流量优势。过去在线下从事汽车金融,汽车厂商们相比银行会有比较明显的优势,但是如今线上众多互联网汽车金融平台的灵活性甚至更胜于汽车厂商金融,如何迎接这类平台带来的挑战是汽车厂家金融公司所面临的一大困难。

6.5.4 汽车金融P2P模式

这类平台非常多,有综合类的人人贷、陆金所、拍拍贷等,也有众多垂直于汽车金融的P2P平台,诸如微贷网、利聚网、理财范等。P2P汽车金融的兴起对于过去传统的汽车金融具有比较大的冲击力,尤其是对于传统银行。其一,相比过去传统的银行汽车放款,互联网金融完全可以打破银行在制度上、市场推广上的障碍。目前,P2P金融已经得到了央行的认可,洗牌虽然不可避免,但是对于整个行业的发展而言有着极大的规范作用。80后、90后正在成为汽车消费的主力大军,而这部分人脑海中往往都有着互联网金融概念,他们接受P2P的过程也会比较容易。其二,无论是从贷款的申请、放款的周期还是还款的时间上来看,P2P平台相对更加灵活,尤其是对于一些金额不是特别大的汽车贷款来说,P2P理财充分的灵活性是其最大的优势,这对于很多崇尚简洁的年轻人来说具有非常大的吸引力,同时P2P的放贷方式也大大节省了消费者购车的时间成本。其三,不仅仅是在汽车放贷上,P2P在汽车金融理财上也具有比较明显的优势。进入门槛相对较低,门槛最低的甚至1元就可以购买汽车金融理财产品,而且收益率相对来说较高,这对于投资者来说具有十足的吸引力。尤其是在股市不景气的态势下,很多人都把资金转移到了各种P2P理财平台上。

当然,P2P汽车金融理财也存在非常大的风险:高收益与高风险往往成正比。目前国内P2P平台所提供的产品收益率大都在8%~20%,如此高的收益率一旦出现大规模用户套现或者到期兑付的情况,平台就难以在短时间内支付大量的利息,导致用户流失,情况严重时平台很可能会支撑不下去。很多P2P平台对于汽车贷款的用户没有任何抵押要求,为了吸引用户,它们的申请条件非常宽松,加上风控能力较差,这将导致平台的坏账率比较高。尽管一些平台设立了逾期坏账垫付资金的措施来保证投资人的资金安全与收益,但这并非长久之计,一旦坏账率超过风控能力范围,平台必将面临倒闭风险。

6.5.5 巨头综合模式

对于汽车金融这个后市场最大的肥肉,互联网巨头们不可能会轻易放过。阿里通过与50多家汽车企业达成合作,为雪铁龙、日产、别克、力帆等车型提供贷款服务。百度则通过推出百度汽车平台,与各大银行、P2P理财平台等达成了贷款保险等业务方面的合作。而腾讯、京东入股易车网,也开始了汽车金融的布局,腾讯理财通此前就与一汽大众奥迪展开过品牌跨界合作,推出"奥迪A3,购车即理财"的活动。巨头们切入到整个汽车金融市场,具有比较明显的优势。

首先,从流量和人口的角度来看,阿里巴巴有天猫、淘宝、支付宝,百度PC端有百度搜索、移动端有手机百度,腾讯则利用微信这个强大入口,京东也有京东商城。不得不承认,巨头们的优势是其他任何平台都无法比拟的,一方面,巨头们布局新车和二手车交易;另一方面,巨头们也通过各种合作来推出相关汽车金融服务,相比其他平台而言,巨头更容易获取银行、汽车厂商的直接合作。

其次,不管是从品牌影响力,还是从资金实力上来说,巨头们都更容易获得用户的信任,它们的风控能力也更强。金融毕竟不同于其他理财产品,用户自然更愿意选择更加可靠信任的平台来为自己服务。随着监管细则的出台,央行对于金融理财平台的注册资金也会有一定的要求,未来很多实力较弱的平台将面临倒闭风险。

最后,巨头们在大数据挖掘上具有非常明显的优势,通过对用户的金融数据挖掘进而对该用户进行深入分析,能够很好地预估出该理财用户的资金实力、个人信用度,这个对于金融平台的发展来说至关重要。与此同时,对于资金和数据安全的保护能力,也是巨头们相对于传统企业和其他平台的优势。

但是对于互联网巨头们来说,它们把自己的触角伸到其他领域,会具有其他平台不具备的优势,对于汽车金融主要存在以下两个难点:

①巨头们的综合实力的确更强,但是它们的业务范畴较广,因此每个领域所投入的人力、物力、资金相对有限,这就导致它们在某些垂直细分领域不一定能够战胜创业平台。

②巨头们布局汽车金融才刚刚开始,目前对于整个汽车金融业务的冲击力并不大,最重要的是巨头们面临着来自其他平台的竞争,这些平台在布局汽车金融的过程中已经积累了一定的用户基础并建立起了自身的竞争壁垒,要打破这个壁垒对于巨头们来说难度不小。

6.5.6 经销商模式

4S店是汽车厂商的直接代理商,一般在一个城市只有一家4S店或者几家4S店,4S店往往由厂商直接掌控。而汽车经销商大多作为4S店的二级代理商,可以代理多个品牌,也可以销售二手车。一些实力比较强的连锁汽车经销商就会针对消费者推出自己的分期付款业务、保险业务等,有的也推出自己的线上电商金融平台。

①相比传统银行而言,汽车厂商推出的金融公司甚至还可以灵活地采取旧车置换抵首付款的方式,这种方式对于很多想要以旧换新的车主来说省了不少力气。二手车车主只需要把

旧车置换给新车经销商,就可以冲抵首付款换取新车,免除了对二手车市场不能及时过户的一些担忧。

②尽管目前很多消费者都会选择线上交易平台进行预订车,但是最终的交易还是要通过线下来完成。在店里购车,在该店里直接选择保险、分期付款等汽车金融服务也是非常自然的,这一点和汽车厂家在4S店推出的金融服务具有同等的优势。

③相比银行的汽车贷款来说,汽车经销商的分期付款的申请条件相对比较简单,这对于前来购车的用户吸引力比较大。同时,汽车经销商也会通过与其他汽车金融公司、保险公司达成合作来为消费者提供汽车金融服务,并进行分成,获取更多的利润来源。

但是经销商作为传统的线下汽车零售商,在未来的互联网时代要想在汽车金融领域有一番较大的作为也具有一定的难度,毕竟他们做汽车金融的劣势是比较明显的。

①从资金实力上来说,即便是实力比较大的汽车经销商在资金实力上也会相对比较弱小,更何况他们有相当大一部分资金要用于店面的资金周转,所以经销商在进行汽车金融运作时往往都需要借助银行和金融机构的力量。

②在互联网时代下,缺乏足够线上人口和资本实力的汽车经销商,只能通过与其他互联网平台进行合作来销售汽车,而这类平台往往都会推出自己的汽车金融服务,这是这类平台最大的盈利来源,他们不可能将其交给汽车经销商。

总体看来,汽车后市场是整个汽车产业链利润最大的一部分,而汽车金融则又是汽车后市场利润最丰厚的一部分,不管是汽车厂商还是互联网巨头,都不会放过这一块肥肉。随着互联网汽车金融的兴起,人们对于汽车金融的接受度越来越高,传统银行在汽车金融的市场占有量将会进一步下降,未来巨头和垂直细分的汽车金融服务平台都将占有一定的市场份额,市场的竞争将会更加激烈。

1. 机动车保险的险种有哪些?
2. 什么是车辆损失险?
3. 简述汽车保险理赔的流程。
4. 以某保险公司网站为例,简述车辆网络投保的流程。
5. 以某保险公司网站为例,简述车辆网络理赔的流程。
6. 简述互联网汽车金融的现状。
7. 简述互联网汽车金融的运营模式。
8. 调查或实习办理汽车保险的业务过程。
9. 汽车出险定损及理赔的业务过程实习并对主要环节进行把握。
10. 上机实习车辆网上投保和车辆保险网上服务。

参 考 文 献

[1] 邓爱民,张国方.物流工程[M].北京:机械工业出版社,2002.
[2] 刘仲国,何效平.汽车服务工程[M].北京:人民交通出版社,2004.
[3] 邹向,黄仲景.汽车经纪人培训教材[M].北京:人民交通出版社,2005.
[4] 魏修建,等.电子商务物流[M].北京:人民邮电出版社,2001.
[5] 张连富.物流学[M].北京:人民交通出版社,2005.
[6] 宋华,胡左浩.现代物流与供应链管理[M].北京:经济管理出版社,2000.
[7] 唐春林,等.电子商务基础[M].北京:科学出版社,2000.
[8] 陈梅梅.电子商务实务[M].上海:东方出版中心,2001.
[9] 姚国章.电子商务与企业管理[M].北京:北京大学出版社,2002.
[10] 崔介何.电子商务与物流[M].北京:中国物资出版社,2002.
[11] 梅绍祖,等.电子商务与物流[M].北京:人民邮电出版社,2001.
[12] 张洪源.汽车商务[M].北京:人民交通出版社,2004.
[13] 李大军.电子商务[M].北京:清华大学出版社,2002.
[14] 岳云康.电子商务实训教程[M].大连:东北财经大学出版社,2008.
[15] 彭朝晖,倪红.汽车备件管理[M].北京:人民交通出版社,2010.
[16] 夏耩.互联网+公交的智能公交查询系统设计[D].四川:成都理工大学,2016.
[17] 牛艳丽.汽车电子商务[M].武汉:武汉理工大学出版社,2008.
[18] 彭鹏,彭思喜.汽车电子商务[M].北京:机械工业出版社,2016.
[19] 吴泗宗.汽车电子商务[M].北京:机械工业出版社,2007.
[20] 冯霞.汽车电子商务[M].青岛:中国海洋大学出版社,2011.
[21] 张洪源.汽车商务[M].北京:人民交通出版社,2004.
[22] 王保华,邓召文,等.基于"互联网 + 汽车"战略的汽车产业发展政策思考[J].拖拉机与农用运输车,2017(4):1-3.
[23] 吴凯.基于J2EE的汽车租赁系统研究[D].天津:天津大学,2014.
[24] 左洁麓.汽车租赁管理系统的设计与实现[D].长春:吉林大学,2016.
[25] 韩洪涛.一嗨租车的发展战略研究[D].上海:上海交通大学,2015.
[26] 刘亮明,向坚持,等.乘客视角的新型网约车与传统出租车商业模式对比分析——以滴滴出行为例[J].企业之窗,2017(3):116-119.
[27] 荣朝和,王学成.厘清网约车性质 推进出租车监管改革[J].中国交通观察,2016(1):4-10.